Wenn das Meer die Liebe trägt

Das Buch

Als der Seemann Stead Mitte der vierziger Jahre im Hafen von Sydney ankommt, freut er sich, Marina wiederzusehen. Die Frau, mit der er vor dem Krieg drei magische Tage – und Nächte – verbrachte. Doch Marina ist nicht da. Seit fünf Jahren ist sie verschwunden. Weder ihre Mutter noch ihre Freunde wissen, wo sie steckt, es gibt nur ein paar versprengte Hinweise. Angeblich soll sie sich damals auf den Weg nach London gemacht haben. Aber ob sie dort noch ist? Mitten im Krieg? Von Sydney aus macht Stead sich auf die Suche nach seiner großen Liebe und folgt ihren Spuren um die halbe Welt …

Lange hat Marina in Sydney gewartet, immer in der Hoffnung, dass Stead zu ihr zurückkommen kann. Sie macht sich auf den Weg nach London, um Stead dort zu suchen, doch das Schicksal meint es anders mit ihr: Sie landet zwar in London, aber es verschlägt sie auf eine weitere große Reise. Shanghai und Singapur sind die neuen Stationen auf ihrem abenteuerlichen Lebensweg, immer auf der Flucht vor dem Krieg, immer auf der Suche nach einem sicheren Hafen. Nie gibt sie die Hoffnung auf, eines Tages Stead wiederzusehen …

Die Autorin

Mardi McConnochie hat mehrere Romane und Jugendbücher geschrieben und ist auch Drehbuchautorin. Sie wohnt mit ihrem Lebensgefährten James Bradley und ihren zwei Töchtern in Sydney.

MARDI
McCONNOCHIE

Wenn das Meer die Liebe trägt

Roman

Aus dem australischen Englisch
von Marie Rahn

List Taschenbuch

Besuchen Sie uns im Internet:
www.list-taschenbuch.de

FSC
www.fsc.org
MIX
Papier aus verantwortungsvollen Quellen
FSC® C083411

Deutsche Erstausgabe im List Taschenbuch
List ist ein Verlag der Ullstein Buchverlage GmbH, Berlin.
1. Auflage Oktober 2013

Titel der Originalausgabe: *The Voyagers* (Penguin Australia)
Umschlaggestaltung: bürosüd° GmbH, München
Titelabbildung: © by Victor Keppler / Getty Images
Satz: Pinkuin Satz und Datentechnik, Berlin
Gesetzt aus der Caslon und AvantGarde
Papier: Pamo Super von Arctic Paper Mochenwangen GmbH
Druck und Bindearbeiten: CPI – Clausen & Bosse, Leck
Printed in Germany
ISBN 978-3-548-61179-2

Für Annabelle und Lila, in Liebe

Landurlaub, 1943

Er war sich nicht sicher, ob er noch den Weg zu ihrem Haus wusste.

Ihre Adresse hatte er schon vor langem verloren, und als das Schiff in den Hafen einlief, versuchte er angestrengt, sich an Einzelheiten zu erinnern – welche Bahn, welcher Vorort, welche Straße? –, die ihm den Weg zu ihr weisen würden.

Wenn er an sie dachte, saß sie immer im Vorderzimmer und spielte Klavier. Ein Lichtstrahl, in dem Staubteilchen tanzten, fiel durchs Fenster, streifte ihren Rücken und brachte ihr Haar zum Leuchten. Musik strömte aus ihr heraus, durch ihre schönen, starken Arme, ihre kräftigen Finger, durch die Tasten aus Elfenbein und die komplexe Mechanik von Hämmern, Filz und Draht. Der Klang ergoss sich ins Zimmer und hinaus auf die Straße. Eine ganze Weile stand er einfach nur da und betrachtete sie, ihr welliges kastanienbraunes Haar, das im Licht der Sonne glänzte, und ihr kurzärmliges Kleid, meergrün oder vielleicht auch aquamarin, das lose auf ihren gebräunten Armen lag, sich in die Kurve ihrer Taille schmiegte und sich über die Rundung ihres Pos spannte. Es lag nicht einfach nur daran, dass er ein Matrose und lange Zeit auf See gewesen war – es war etwas an diesem Mädchen, das auf einer harten Bank saß und Klavier spielte, das ihn ergriff und ihn wie angewurzelt stehen bleiben ließ. Dann drehte sich die junge Frau um und sah ihn, und irgendwie war es um ihn geschehen.

Marina. So hieß sie. Marina.

Er hatte drei kostbare Tage Landurlaub. Als die Flotte in den Hafen von Sydney einlief, beobachtete er, wie das Licht des Spätnachmittags auf dem Wasser glitzerte und die dunkelgrünen Bäume von den Steilhängen bis zu den kleinen Stränden hinunterkrochen, und war froh, am Leben zu sein. Im Hafen wimmelte es immer noch von Fähren, Schleppern, Dampfern und Passagierschiffen – und auf den Kais drängten sich Zivilisten, die eifrig Flaggen und Fähnchen schwenkten und sie jubelnd willkommen hießen, während tausend hungrige Soldaten und Matrosen auf Fronturlaub sich auf dem Deck drängelten, um einen ersten Blick auf die Freiheit zu erhaschen.

»Was willst du als Erstes machen?«, brüllte Lamb über den allgemeinen Tumult hinweg.

»Besaufen wir uns.«

»Sollten wir uns nicht erst einen Platz zum Schlafen suchen?«

»Ist mir ganz egal. Hauptsache, erst mal runter vom Schiff.«

»Was meinst du, Steady? Irgendwelche Ideen?«

»Ich muss jemanden besuchen«, sagte Stead.

»Hey, ist sie hübsch?«

»Hat sie vielleicht ein paar Freundinnen?«

»Keine, die sich mit so hässlichen Typen wie euch abgeben würden«, antwortete Stead.

»Ach, sie ist also zu gut für uns!«

»Was macht sie dann mit einem Kerl wie ihm?«

»Komm schon, Steady. Wer ist die Gnädigste?«

»Nur ein Mädchen, das ich von früher kenne.«

»Du hast wohl in jedem Hafen ein Mädchen, was?«

»Hey, wir reden hier über Steady.«

»Verrate uns wenigstens, wie die Kleine heißt.«

Aber mehr würde Stead ihnen nicht sagen. Fünf Jahre waren vergangen, seit er sie das letzte Mal gesehen hatte, und bis vor kurzem hatte er nicht mal mehr an sie gedacht, doch jetzt, da er ihr so nahe war, hasste er jede Sekunde, die er noch auf dem Schiff festsaß, wo er doch einfach nur an Land wollte, um sie zu sehen.

Gott sei Dank – endlich war sein Dienst vorbei. Seine Füße berührten festen Boden, und er ging, nein lief fast die Straße herunter.

Irgendwie gelangte er in die richtige Bahn und fuhr im Stehen Straßen entlang, die nach wie vor vom Krieg unberührt schienen. Er hatte so viele zerstörte Hafenstädte gesehen, aber diese war immer noch ziemlich genau so, wie er sie in Erinnerung hatte: protzig und zusammengestoppelt, eine moderne Stadt der neuen Welt, jung und unfertig. Das Licht war so grell, dass es weh tat. Die Menschen waren braungebrannt, hochgewachsen, gut genährt und breiteten sich so entspannt und unbekümmert aus, dass man einen Eindruck von Weite bekam. Die Straßen waren breit, der Himmel erstreckte sich über ihnen, und die Menschen nahmen viel Platz für sich ein, aber die Münder, denen ihre Stimmen entströmten, waren so schmal wie Briefschlitze.

Die Bahn hielt ruckend und quietschend, setzte sich ruckend und quietschend wieder in Bewegung und brachte ihn rüttelnd immer näher zu ihr. Wie würde sie nach all den Jahren aussehen? Wie war für sie der Krieg? Er versuchte, sich vorzustellen, wie sie in einer Fabrik arbeitete oder Signale für die Armee entschlüsselte – das würde sie können, sie war schlau –, doch es gelang ihm nicht. In seinen Gedanken war sie in jenem goldenen Moment in den letzten Tagen vor dem Krieg eingeschlossen wie ein Insekt in Bernstein.

Nun war er endlich da, an ihrer Haltestelle, also zog er an der Schnur, die Glocke ertönte, die Bahn hielt langsam, und er sprang ab, auf die Erde, die ihm nach den Monaten auf See fremdartig und unangenehm fest vorkam. Forsch schritt er auf ihre Straße zu.

Die Straße führte bis zum Hafen, und vom oberen Ende aus wirkte es, als könnte man direkt vom Bürgersteig in die Tiefe steigen. Am unteren Straßenende glitt ein Boot durch sein Sichtfeld.

Er erinnerte sich noch an den Baum vor ihrem Haus. Der blühte jetzt, und in seinem Geäst lärmten rote, grüne und blaue Vögel. Er konnte nicht sagen, ob sich das Haus verändert hatte. Zwar erinnerte er sich an den Blick durch das Vorderfenster, aber nicht an das Haus selbst.

Inzwischen war seine Sicht von Spitzengardinen versperrt. Als er durch sie hindurchspähte, erblickte er das gute Vorderzimmer mit dem riesigen Klavier, doch das Zimmer selbst kam ihm kleiner, schäbiger und enger vor. Trotzdem war es ihres. Seine Stimmung stieg. Irgendwo im Haus spielte ein Radio – also war jemand daheim. Sie vielleicht?

Er trat zur Haustür und klopfte.

Eine Frau öffnete. Sie war dünn und wirkte müde und grau – ihre Haut war fahl, als wäre sie zu Tode erschöpft. Ihm fiel allerdings sofort die Ähnlichkeit auf. Etwas an ihren Augen und auch an ihrem Knochenbau. Eine Sekunde lang dachte er, es wäre ihre Großmutter. Dann durchzuckte ihn jedoch die Erkenntnis, dass es ihre Mutter war.

»Tut mir leid, Sie zu stören, Ma'am. Mein Name ist Stead. Ich bin ein Freund von Marina.«

Ihre Augen leuchteten mit schmerzlicher Hoffnung auf.

»Haben Sie sie gesehen? Wissen Sie, wo sie ist?«, fragte sie und trat einen Schritt auf ihn zu.

1938 war er zwanzig und fuhr bereits drei Jahre zur See, auf einem Trampschiff namens *Fortuna*. Es war ein hässliches kleines Boot mit rostigweißem Anstrich und unverwechselbarem blauen Schornstein. Der Kapitän war ein Schotte mit buschigem Bart und bleichen, starren Augen, aber die Mannschaft war ein gemischter Haufen aus Iren, Brasilianern und Jugoslawen. Es gab nur zwei Amerikaner: Stead und seinen besten Freund Slick. Slick war nur wenige Jahre älter als Stead und hatte ihn, als er an Bord kam, unter seine Fittiche genommen. Bevor Stead auf der Suche nach Arbeit an die Docks gelangte, war er noch nie auf See gewesen, hatte das Meer nicht mal gesehen. Slick hatte seine Ausbildung an Bord und darüber hinaus übernommen, hatte ihm beigebracht, wie man das Deck schrubbte und den Kessel heizte und, noch viel wichtiger, wie man Mädchen und Sprit, Essen und Spaß in den entlegensten Winkeln der Erde fand. Seit Stead die *Fortuna* betreten hatte, die, wie sich herausstellte, nur ziemlich selten nach Amerika fuhr, war er überall gewesen – in Wladiwostok, auf Madagaskar und den Falklandinseln –, aber meist hatten sie in Südostasien zu tun. Nach ein paar Monaten waren sie in Sydney gelandet, um Kaffeebohnen und Elfenbein aus- und Passagiere und wollene Unterhemden einzuladen. Da sie nur für drei Tage im Hafen liegen sollten, waren die beiden Amerikaner direkt nach dem Löschen der Fracht von Bord und unterwegs. In null Komma nichts hatte Slick ein Mädchen klargemacht – »Die Kleine ist eine echte Augenweide, Stead!« – und sich für den Abend verabredet.

Slick und Stead – das klang wie eine Nummer beim Varieté, und das waren sie auch. Slick war der redselige

Frauenliebling voller Witze, Pläne und Sprüche, die die Mädchen zum Lachen brachten. Stead war der Stichwortlieferant, der die Pointen vorbereitete und die nicht so hübschen Freundinnen der hübschen Mädchen begleitete. Er hatte immer genug Geld in den Taschen, um das Bier und die Taxis zu bezahlen, bewahrte seinen aufbrausenden Freund vor Schlägereien und rettete ihn ein-, zweimal nur durch sein gesetzestreu und verlässlich wirkendes Auftreten vor dem Kittchen.

»Sie hat auch eine Freundin für dich, Stead. Hört sich an, als wäre sie genau dein Typ.«

»Also hässlich?«

»Nett. Ernsthaft«, erwiderte Slick lachend.

»Geht also zum Lachen in den Keller.«

»Wenn sie Roma nur ein bisschen ähnlich ist, kommst du gar nicht so schlecht weg«, erklärte Slick und rieb sich grinsend vor Vorfreude die Hände. »Unser Plan ist also folgender: Heute Abend gehen wir zuerst mit ihnen tanzen – machen uns einen schönen Abend, fühlen mal vor. Wenn das gut läuft, gehen wir morgen Abend mit ihnen ins Kino – bisschen Händchen halten, bisschen knutschen, was so drin ist –, und am letzten Abend gehen wir mit ihnen in den Luna Park.«

»Und was ist da so besonders dran?«

»Dort ist es wie im Paradies«, sagte Slick grinsend. »Vertrau mir. Der Luna Park hat's bis jetzt immer gebracht.«

An jenem Abend fuhren sie mit Schwärmen von heimkehrenden Arbeitern in der Bahn und schlenderten den Hügel hinauf. Um sie herum wurden Kinder hereingerufen, setzten sich Männer und Frauen zum Tee an den Tisch, die Welt kam zur Ruhe und driftete ganz langsam auf Abendessen und Schlafenszeit zu, doch für Slick und Stead fing der Tag gerade erst an. Slick kannte ein Lokal, wo man bis tief in die Nacht tanzen konnte. Die Mädchen warteten schon, die Jagd war daher eröffnet.

Roma hatte darauf bestanden, dass die Männer am Ende der Straße auf sie warteten, damit sie nicht von ihren Eltern gesehen wurden. Sie verkaufte Herrentaschentücher in einem Kaufhaus in der Innenstadt und hatte ihren Eltern erzählt, sie ginge mit ein paar Kolleginnen tanzen. Während sie also warteten und rauchten, fing Slick an, von den Mädchen zu schwärmen, mit denen er bei seinen früheren Besuchen in Sydney ausgegangen war.

»Edith. Meine Herren, Edith war ein Wahnsinnsweib. Blonde Haare, Titten bis hier …«

»Sie haben alle Titten bis hier«, bemerkte Stead milde.

»Und was konnte die Kleine tanzen! Sie wollte, dass ich sie heirate, mit nach Hollywood nehme und aus ihr einen Star mache.« Slick lachte liebevoll. »Und dann Eileen. Oder wie hieß sie? Eileen? Irene?«

»Doreen.«

»Genau. Doreen. Junge, war die eine Augenweide.«

Slick brachte sich gerne in Stimmung, indem er sich an frühere Eroberungen erinnerte. Offenbar fand er das sowohl beruhigend als auch stimulierend, und Stead hatte das alles schon so oft gehört, dass es ihm zum einen Ohr hinein- und zum anderen wieder hinausging. Als er seine Aufmerksamkeit von seinem Freund abwandte, fiel ihm plötzlich auf, dass irgendwo in der Nähe Musik ertönte, klassische Musik, Klaviermusik. Zuerst dachte er, es käme aus dem Radio, doch dann merkte er, dass der Klang nicht aus einem Lautsprecher kommen konnte, dazu war er zu frisch und klar. Irgendwo in einem dieser Häuser spielte jemand Klavier.

Solche Musik hatte Stead noch nie gehört. Seine Eltern hatten, wenn überhaupt, nur Kirchenmusik gehört; und seit er zur See fuhr, war er Slick in Bars und Lokale auf der ganzen Welt gefolgt, wo man Musik zum Trinken und Tanzen spielte – aber so etwas niemals. Auf seinem ersten Schiff hatte der Zahlmeister ein Grammophon und sechs Opernplatten gehabt, die er immer wieder spielte. Stead verstand Opern nicht, weder die Musik noch den Text, vor allem nicht die Sängerinnen mit ihren schmerzhaft hohen Stimmen. Es war ihm unbegreiflich, wie man so klingen konnte – oder warum man so klingen wollte. Doch die Musik, die er jetzt hörte, war tief und fließend und bewegte sich rasch und rhythmisch in einer Weise, dass er ans Meer denken musste, wie es sich weiträumig und komplex verschob, so dass jeder Augenblick und jeder Tag anders waren, und darin oder besser gesagt darunter waren die Gezeiten, die das Wasser rund um den Erdball zogen und mit ihnen die Schiffe und die Menschen, die Wale und die Fische und alles Treibgut. Noch nie hatte er gehört, dass Musik derart vielschichtig und vielfältig sein konnte; bis dahin war sie immer etwas Einfaches, Unterhaltsames gewesen, das man mochte oder nicht, zu dem man tanzte oder eben nicht. Dies hier war keine Musik zum Tanzen. Er war sich nicht sicher, wozu sie überhaupt gedacht war. Aber sie sprach etwas in ihm an, und er wünschte, er fände eine Möglichkeit, darauf zu antworten. Schon fragte er sich, aus welchem Haus sie kam, da hörte er Slick sagen: »Hier ist sie ja!« Er drehte sich um und sah Slicks neues Mädel auf sie zukommen.

Roma war eine dralle Blondine, schätzungsweise nicht älter als neunzehn. Als Slick sie begrüßte und Stead vorstellte, verstummte die Musik.

»Wo hast du deine Freundin gelassen?«, wollte Slick wissen.

»Sie wohnt da drüben«, antwortete Roma. »Ihr seid früh dran. Ich wollte sie zuerst abholen, aber die Möglichkeit habt ihr mir jetzt genommen.«

»Du fühlst dich wohl nur in Begleitung sicher, wie?«, fragte Slick grinsend.

»Ach, gefährlich kommst du mir eigentlich nicht vor«, erwiderte Roma und ging ihre Freundin abholen.

Marina hatte welliges kastanienbraunes Haar und war still und zurückhaltend, wenn auch nicht unfreundlich. Eigentlich hatte Stead sie fragen wollen, ob die Musik, die er gehört hatte, von ihr gespielt worden war, doch er fühlte sich zu unbehaglich, um sie das gleich bei der ersten Verabredung zu fragen. Zuerst hatte er überhaupt nicht gewusst, worüber er sich mit ihr unterhalten sollte, aber dann war der Abend besser gelaufen, als er sich das vorgestellt oder erhofft hatte, so als hätte ein Zauber auf ihnen gelegen. Also war er am nächsten Tag wiedergekommen in der Hoffnung, noch mal die Musik zu hören, in der Hoffnung, dass sie sie spielte.

Die Straße wimmelte von Frauen, die Besorgungen machten, putzten und einkauften. Er stand an einer Ecke, hoffte, nicht verdächtig zu wirken, rauchte und lauschte und wurde dafür mit Tonleitern belohnt, gleichmäßigen, linear und monoton an- und absteigenden Tönen, die sich irgendwann in zwei Richtungen teilten wie zwei Gleise.

Ihn überkam der unbezwingbare Drang, dem Klang zu folgen, in das Fenster zu spähen und den Ursprung dessen zu finden, was ihn am Abend zuvor so bewegt und bezaubert hatte. Aber wie schrecklich wäre es, wenn nicht sie es war, die auf dem Klavier spielte. Die Magie des gestrigen Abends hatte mit der Musik begonnen, und in seinem Kopf war sie irgendwie mit dem Stoff dieser Träume verbunden, so dass Mädchen, Gefühl und Geheimnis ineinander verwoben waren. Würden sich seine Gefühle für Marina verändern, wenn sie nicht der Ursprung dieses Zaubers war?

Er zögerte, spürte, wie seine Zweifel ihm zusetzten, wollte es einerseits genau wissen, wusste allerdings, dass die Enttäuschung das Ende bedeuten würde. Doch noch ehe er einen Entschluss gefasst hatte, ging er schon langsam die Straße entlang und blickte müßig in die Fenster jedes Hauses, an dem er vorbeikam – sie alle standen nah an der Straße und waren nur durch kleine Rasenflächen oder Blumenbeete vom Bürgersteig getrennt. Während die Tonleitern immer wieder hinauf- und hinunterliefen, versuchte er, nicht wie ein Einbrecher auszusehen. Als er ihr Haus erreichte, blickte er hinein, und da saß sie, in ihrem Vorderzimmer, im Profil, die Miene konzentriert, den Blick nach innen gerichtet. Die Tonleitern strömten in die Morgenluft, und am silbrigen Ton des Klaviers erkannte er, dass er am Abend zuvor ohne jeden Zweifel sie gehört hatte. So stand er da, betrachtete sie in ihrem aquamarinblauen Kleid, hoffte, sie würde irgendetwas spielen wie am Abend zuvor und ihm etwas von der neuen Welt zeigen, in der sie lebte, doch dann blickte sie auf und sah ihn, worauf ihre Hände verharrten und die Musik verstummte. Sie lächelte ihn an.

»Du bist früh dran«, bemerkte sie.

»Tut mir leid, aber ich kann mich nicht an Sie erinnern«, sagte Marinas Mutter.

Sie saßen im Vorderzimmer und tranken Tee. Marinas Klavier stand neben ihnen, mit geschlossenem Deckel, verstaubt und bedeckt mit einem Zierdeckchen. An der Wand hingen Fotos – ein Soldat aus dem Ersten Weltkrieg, ein Hochzeitsfoto, Porträtaufnahmen von Marina und ihrer Schwester Bea, wie sie nachdenklich ins Weite blickten.

»Wann haben Sie meine Tochter kennengelernt?«

»Vor dem Krieg. Durch ihre Freundin – Roma.«

Die Mutter lächelte. »Ah ja, Roma. Ein sehr munteres Mädchen. Sie ist inzwischen verheiratet.«

»Ah«, sagte er höflich.

»Sie wohnt aber immer noch in der Nähe. Hat ein kleines Mädchen, das knapp zwei ist, und ein zweites ist unterwegs. Ihr Mann ist bei der Air Force.« Sie schwieg kurz. »Und Sie sind bei der Navy?«

»Ja. Aber davor fuhr ich auch schon zur See.«

»Also sind Sie Berufssoldat?«

»Nein, Ma'am. Nur Matrose.«

»Ach.«

Schweigen breitete sich aus, und in diesem Schweigen nahm er Missbilligung wahr. Er nippte an seinem Tee, und seine Hände kamen ihm plump und unbeholfen vor, so als könnte er jeden Moment die zarte alte Teetasse fallen lassen. Er hörte, wie sie gegen die Untertasse klirrte.

»Was ist denn jetzt mit Marina?«, fragte er. »Als ich sie kennenlernte, wollte sie nach London.«

»Ja«, sagte ihre Mutter. Sie setzte ihre Teetasse sachte auf ihrem Schoß ab und betrachtete sie. »Sie ging nach London, und als sie da war, passierte irgendetwas. Was genau, weiß ich nicht. Und dann verschwand sie.«

»Sie verschwand?«

»Das letzte Mal hörte ich 1939 von ihr, kurz vor Ausbruch des Krieges. Sie schrieb mir, ich sollte mir keine Sorgen machen, und dann hörte ich nie wieder von ihr.«

Stead wusste nicht, was er darauf sagen sollte.

Ihre Mutter stellte die Teetasse auf ein Beistelltischchen und sah ihn so direkt an, dass ihm unbehaglich wurde.

»Wie gut kannten Sie meine Tochter?«, erkundigte sie sich.

Er wusste sofort, wovon sie sprach, und im Bewusstsein dessen schoss ihm Schamesröte ins Gesicht.

»Ich kannte sie zwar nicht lange«, antwortete er, »aber ich glaube, ich kannte sie ziemlich gut.«

»Wann genau lernten Sie sie kennen?«

»Im Juni 1938.«

»Direkt danach ist sie gefahren.« Wieder schwieg sie kurz. »Also haben Sie sie seitdem nicht mehr wiedergesehen?«

»Nein.«

»Sie haben sich in London nicht mit ihr getroffen?«

»Nein, Ma'am.« Er spürte, dass sie ihm nicht glaubte.

Er konnte sich vorstellen, woran sie dachte: Ihre Tochter war ein anständiges Mädchen, jung, talentiert und wohlerzogen. Die Mutter war zwar inzwischen arm, aber das war nicht immer so gewesen, das sah er an ihren Kleidern, an dem feinen alten Porzellan und ihrer aufrechten Haltung. Irgendwann in ihrer Vergangenheit hatte sie Geld gehabt. Seine eigene Familie war bitterarm, und er spürte die Schande deswegen immer noch in den Knochen, so wie Dreck unter den Fingernägeln. (Er hatte seine Nägel geschrubbt, bevor er hierherkam, doch der unsichtbare Dreck, der Dreck der Herkunft, das Eigentliche, war immer noch da.) Und jetzt saß er hier und trank Tee, kam sich vor wie ein Elefant im Porzellanladen und gab sein Bestes, wie ein Gentleman zu wirken, während er in Wirklichkeit nur zur See fuhr, nicht bei der Marine, sondern als stinknormaler Seemann. Wie kam einer wie er dazu, hier aufzutauchen und nach ihrer Tochter zu fragen? Im besten Fall gefährdete es ihren guten Ruf. Im schlimmsten Fall war es fragwürdig oder sogar verdächtig. Schließlich wurde ihre Tochter nun vermisst.

»Ma'am, hoffentlich denken Sie nicht schlecht von mir, weil ich einfach so hier auftauche. Marina ist ein nettes Mädchen. Ein richtig gutes Mädchen. Sie hat nicht – ich meine, ich würde nie –« Er merkte, dass er ins Stammeln geriet und rot wurde. »Tut mir leid, dass ich Ihre Zeit in Anspruch genommen habe.« Er stellte seine Teetasse ab und stand auf. »Ich sollte jetzt besser gehen.«

Marinas Mutter stand ebenfalls auf. »Es tut mir sehr leid, Mr Stead. Aber es scheint, Sie haben Ihre Zeit vergeudet.«

»Vielleicht taucht sie ja wieder auf«, sagte er und hörte selbst, wie unbeholfen und plump sich das anhörte. »Es ist Krieg – ich meine, da weiß man nie –«

»Da haben Sie wohl recht«, entgegnete sie mit spröder Stimme. »Man hört die seltsamsten Geschichten über Menschen, die für tot erklärt wurden und dann gesund und munter wiederkommen.«

Er wandte den Blick ab vor der schrecklichen Starre in ihrem Gesicht und fragte sich, ob seine eigene Mutter sich auch so fühlte. Das hatte er sich schon lange nicht mehr gefragt. Er war auf einer Farm aufgewachsen, die allerdings ein steter Anlass zur Sorge gewesen und Jahr für Jahr mehr zerfallen war. Und mit ihr die Familie: hier ein Bruder, da eine Schwester, bis nichts mehr übrigblieb. Das harte Leben hatte seiner Mutter zugesetzt, bis sie nur noch ein Schatten ihrer selbst war, und Zärtlichkeit war als Erstes auf der Strecke geblieben. Aber sie war seine Mutter und musste ihn irgendwann einmal geliebt haben.

»Danke für den Tee«, sagte er und gab ihr die Hand.

Ihm schwirrte der Kopf, als er auf die Straße hinausstolperte. Seit er erfahren hatte, dass sie Kurs auf Sydney nahmen, hatte er sich ihr Wiedersehen vorgestellt. Würde sie froh sein, ihn noch einmal zu treffen? Überrascht? Er fragte sich, ob sie sich in all der Zeit verändert hatte. Obwohl sie nach ein paar Jahren in London sicherlich erwachsener wäre, war er doch überzeugt, dass sie im Grunde noch dasselbe Mädchen geblieben war. Seltsam, ihm war nie in den Sinn gekommen, dass sie für immer nach London gegangen sein könnte. Die Erinnerung an sie war so unauslöschlich mit Sydney verbunden – sie war ein Teil dieser Stadt, wie diese Stadt ein Teil von ihr war. Es fiel ihm schwer, sie sich in London oder irgendwo anders vorzustellen. In seiner Phantasie drang immer Musik aus dem geöffneten Fenster, genau wie beim ersten Mal, und wenn er ihren Namen riefe, würde sie sich umdrehen und ihn sofort erkennen, und er würde sagen: »Weißt du noch, wer ich bin?«, und sie würde antworten: »Aber natürlich«, und dann würde er sie entweder küssen oder auch nicht – das hatte er noch nicht entschieden. Aber jetzt stand er hier, und alles war ganz anders. Marina war nicht nur fort, sondern galt als vermisst.

Während er mit der Bahn zurück in die Stadt fuhr, durchströmten ihn immer mehr verwirrende Gefühle. Bisher war ihm nicht klargewesen, wie sehr er sich auf ihr Wiedersehen gefreut hatte. Die Enttäuschung darüber, dass sie weg war, wich nicht mit dem ersten Schock, sondern wuchs und breitete sich aus. Je mehr die Nachricht in sein Bewusstsein sank, desto tiefer wurde seine Enttäuschung. Es war, als würde die ganze Welt an Farbe verlieren. Das kam ihm widersinnig vor, schließlich hatte er sie nur drei Tage gekannt, und seitdem war eine Menge geschehen. Sie war nur irgendein Mädchen, und die Welt war voll davon. Doch ihm fiel kein anderes Mädchen ein, das er nur halb so gemocht hatte.

Als er am Nachmittag von Bord ging, hatte er kaum darauf geachtet, was seine Kumpel vorhatten. Er war überzeugt gewesen, Marina zu treffen, und hatte nicht beabsichtigt, mit ein paar Seemännern die Stadt unsicher zu machen. Aber jetzt, da sein Plan fehlgeschlagen war, schloss er sich unwillkürlich dem Strom der Uniformierten an, die von den Lichtern von Kings Cross angezogen wurden. Seine Kumpane waren auf der Suche nach etwas zu essen, zu trinken und flachzulegen – wenn auch nicht unbedingt in dieser Reihenfolge –, und weil er selbst nichts Besonderes mehr vorhatte, hielt er Ausschau nach Bekannten, in der Hoffnung, sie würden dem Abend eine Perspektive geben und ihm dabei helfen, den strahlenden, strotzenden, animalischen Optimismus wiederzufinden, der ihn wenige Stunden zuvor vom Schiff hatte springen lassen.

Auf der Darlinghurst Road schlug ihm der rothaarige stoppelbärtige Lamb auf die Schulter: »Hey, Steady. Wo ist dein Mädchen?«

Die anderen umringten ihn. »Ja, genau! Wo ist die Traumfrau?«

»Die hat nur einen Blick auf ihn geworfen und gesehen, dass sie was Besseres verdient hat.«

»Falls sie überhaupt existiert.«

Seine Kumpel lachten.

Stead konnte sich nicht dazu durchringen, ihnen die Wahrheit zu erzählen – das Seltsame daran (Vermisst? Wie war das möglich?) und seine Enttäuschung. Also sagte er nur: »Sie ist weggezogen.«

»Pech«, erwiderte Lamb. »Aber was soll's, es gibt noch mehr Fische im Teich.«

»Hey, Steady, du kennst dich doch hier aus. Wo kann man in dieser Stadt ein anständiges Steak essen?«

»Vergiss doch das Steak! Wo sind die Weiber?«

Stead ließ sich von der Meute mitziehen: dem lärmenden Lamb, dem sturen Wachowski, dem unbeschwerten Lenny Green und dem witzigen, schnell redenden und impulsiven Duyker, der klein und mager war und den Hang hatte, sich in Schlägereien ziehen zu lassen. Sie schwärmten durch Straßen, die vor Männern und Frauen in Uniform wimmelten, vor Australiern, Amerikanern und anderen. Ein Flair von Karneval lag in der Luft, so als wäre Vergnügen nur kurz im Angebot, und man müsste zuschnappen, wo es sich einem bot. Die Luft auf ihrer Haut war berauschend weich, der Himmel wurde im Schwinden des Tageslichts immer tiefer, und die jungen Frauen auf der Straße sahen braun, biegsam und wunderschön aus, jede einzelne.

Sie fanden ein Café, das gerammelt voll war mit lärmenden Seemännern, die sich Steak und Eier einverleibten, dazu randvolle Gläser mit sahniger australischer Milch und amerikanischen Apple Pie, und kaum waren ihre Teller abgeräumt, wurden sie von weiteren hungrigen Seemännern beiseitegedrängt, denn offenbar hatte die halbe Flotte ihre menschliche Fracht auf den Circular Quay gespien. Und so fanden sich die fünf auf der Straße wieder und sahen sich nach einem Lokal um, wo sie ihr mitgenommenes Bier trinken, ein paar Mädchen kennenlernen, Musik hören und tanzen konnten.

»Hey, Kumpel«, schrie Duyker zu niemand Besonderem, als sie sich wieder der Menge anschlossen. »Wo kann man hier Tanzmusik hören?«

Sie folgten jedem Hinweis, den sie bekamen, und schoben sich durch überfüllte Clubs und Tanzlokale. Stead war es eigentlich egal, wo sie landeten, genau wie den anderen, aber Duyker hatte so seine Ansichten über Musik und außerdem die fixe Idee, dass es woanders immer besser war. Also waren sie eine halbe Stunde hier und eine halbe Stunde dort, und überall tönte Duyker, es wäre zu langweilig, zu nüchtern, zu voll mit hässlichen Mädchen, bis Wachowski genug hatte. Als sie im vierten Tanzlokal landeten und Duyker immer noch nicht zufrieden war, sagte er: »Hier gibt's Bier, hier gibt's Mädchen, die tanzen können, und ich hab keine Lust mehr, zu laufen. Du kannst dich gerne noch woanders umsehen, Kumpel, aber ich bleibe hier.« Und kaum hatte Wachowski sich einen Platz gesucht, schlossen sich die anderen ihm an, entspannten sich und fingen an, sich zu amüsieren.

Stead ging an die Bar, um Bier zu holen, Lenny suchte nach einem Tisch, und Lamb, Wachowski und Duyker machten Jagd auf Mädchen.

Schwer war es nicht. Mädchen, die vor dem Krieg nicht im Traum daran gedacht hätten, tanzen zu gehen und mit Unbekannten zu sprechen, fühlten sich in der seltsamen neuen Welt, in der sie nun lebten, befreit und hatten ihr Talent entdeckt, Spaß zu haben, zu flirten und nur den Augenblick zu genießen. Die GI, die Infanteristen der US Army, witzelten gerne, dass alle australischen Mädchen sich einen amerikanischen Ehemann angeln wollten, doch Stead konnte das nicht bestätigen. Die Mädchen, die er kennengelernt hatte, wollten nur Spaß, einfach Spaß: eintauchen in eine Welt aus Tanz und Ausgelassenheit, aus Trinken und Flirts, die nichts bedeuteten und normalerweise auch zu nichts führten. Am Ende des Abends würden die meisten von ihnen Arm in Arm mit ihren Freundinnen davonziehen und ohne einen Blick zurück den letzten Bus zu ihren Wohnungen, Unterkünften oder Elternhäusern nehmen. Diese Mädchen waren nicht auf Ehemänner aus, nicht mal auf Nylonstrümpfe oder Schokolade. (Das hatte er noch nie verstanden – dachten die Mädchen wirklich, die Navy verteilte Nylonstrümpfe?) Befreit von den Beschränkungen des normalen Lebens während des Kriegs, wollten sie sich einfach amüsieren. Das war gleichzeitig faszinierend und verwirrend, denn sie waren nicht unanständig oder das, was man früher für unanständig gehalten hätte; es waren anständige Mädchen aus gutem Haus, zumindest hatte es den Anschein. (Natürlich waren es auch nicht die sittsamsten Mädchen; solche hätten nichts mit Amerikanern zu tun haben wollen, solche sparten sich für die Ehe mit einem netten Australier auf, so als wäre es allein schon Sünde, mit einem Yankee zu tanzen oder neben ihm im Kino zu sitzen.)

Mit den Biergläsern in den Händen bahnte sich Stead seinen Weg zurück zum Tisch, wo sich seine Freunde mit einer Gruppe australischer Krankenschwestern unterhielten. Die Pärchenbildung hatte schon angefangen. Stead fand sich neben einer Brünetten namens June, die eine Kerbe auf dem Nasenrücken hatte, was nahelegte, dass sie normalerweise eine Brille trug, die sie an diesem Abend jedoch zu Hause gelassen hatte. Er stellte ihr die üblichen Fragen: Woher kommst du? Bist du schon lange in der Stadt? Bist du gern Krankenschwester? Wie findest du die Musik? Und dann hörte er zu, wie sie losplapperte, seine Fragen beantwortete und über sich selbst sprach. Eigentlich fand er, dass sie sich gut verstanden, aber nach und nach beschlich ihn ein Gefühl von Einsamkeit, obwohl er nicht wusste, warum, denn June war ein ziemliches Energiebündel. Trotzdem war er erleichtert, als Lamb aufsprang und fragte: »Wer hat Lust, zu tanzen?« Stead atmete auf, als June ihn erwartungsvoll ansah, obwohl er kein großer Tänzer war, und dann bahnten sie sich alle einen Weg in die kochende Menge, die nur aus Füßen, Ellbogen und fliegenden Locken zu bestehen schien. Während er sein begrenztes Repertoire aus Schritten, Figuren und Drehungen abspulte und June so eifrig wie ein Welpe um ihn herumhüpfte, wollte die Einsamkeit nicht von ihm weichen, und wieder hatte er das Gefühl, dass etwas fehlte, etwas Entscheidendes, und dass dieses Etwas Marina war.

Während er mit June tanzte, war er mit den Gedanken in einem anderen Tanzlokal von Sydney, viel protziger als das hier, bevor der Krieg ausbrach und die Amerikaner den Jitterbug einführten, an dem Abend, als er Marina zum ersten Mal traf. Sie trug ein blaues Samtkleid, wie ein kleines Mädchen, das Prinzessin spielt, und er war ganz benommen, weil er so viel Glück hatte und sie mit ihm ausging – damals wollten Mädchen wie sie nichts mit Matrosen zu tun haben, aber Roma war abenteuerlustig und ließ sich auf Slick ein. Stead hatte nie gelernt, wie man sich mit Mädchen unterhielt, und wenn sein bester Freund ihn tanzen sah, bemerkte er immer, er sähe aus wie ein Kalb im Sonntagsanzug. Aber irgendwie schien das alles unwichtig zu sein, denn Marina war wie jemand, der auf den Sonnenaufgang wartete: Kaum war sie über ihre anfängliche Zurückhaltung hinweg, sprudelte sie nur so über vor Fragen, Theorien und Ideen, so dass er gar nicht genug Wörter fand, um mit ihr mitzuhalten. Sie wollte alles über ihn wissen: woher er kam, was er gesehen hatte und wie die Welt war. War er in London gewesen und in Paris, in Ägypten und China? Hatte er dies gesehen und das gelesen, war er dort gewesen und hatte jenes getan? Welcher war der wunderbarste Ort, den er je gesehen hatte, und welcher der schrecklichste? Und der seltsamste? Hatte er immer zur See fahren wollen, und hatte er *Moby Dick* gelesen, und stimmte es eigentlich, dass Seeleute nicht schwimmen konnten? Sie jedenfalls konnte schwimmen wie ein Fisch, sie liebte das Wasser, sie sah sich auch gerne die Schiffe im Hafen an und fragte sich, wohin sie wohl fuhren. Er war überwältigt von ihrem verzweifelten Wunsch, das zu sehen, was sie »die Welt« nannte, und konnte ihr einfach nicht begreiflich machen, dass er anfangs nur durch reinen Zufall in einer Hafenstadt gelandet war. Er war auf einen Güterzug gesprungen, der ihn dorthin gebracht hatte, und dort hatte er gehört, dass es vielleicht Arbeit an den Docks gab, also war er dort hingegangen, hatte erfahren, dass es Arbeit auf einem Schiff gab, und sie genommen. Nicht weil er sich so entschieden hatte, sondern weil es sich anbot und damit mehrere Probleme auf einmal gelöst waren. Einmal an Bord, war es gar nicht mehr romantisch, auch nicht aufregend, sondern schwer, und die Zeit wurde ihm lang, und die Bedingungen waren hart, und wann immer er in einen Hafen kam, war ihm nie etwas anderes in den Sinn gekommen, als sich zu freuen, wieder festen Boden unter den Füßen zu haben, etwas zu trinken, sich etwas anzusehen und ein bisschen Spaß zu haben, bevor es Zeit wurde, wieder in See zu stechen. Doch als er sie über einige der Dinge sprechen hörte, die er hätte sehen können, wenn er gewusst hätte, dass es sie gab – Museen, Parks, Wasserfälle, Kunstgalerien und alle möglichen ausgefallenen Orte, die er nie im Leben aufgesucht hätte –, dämmerte ihm langsam, dass er vielleicht ein anderes Leben beginnen konnte, dass die Welt nicht nur aus unterschiedlichen Biersorten in unterschiedlichen Häfen bestand, und ihn beschlich der Wunsch, der Mensch zu sein, den sie in ihm sah, damit er ihr einige ihrer Fragen hätte beantworten können.

Diese Gedanken beschäftigten ihn jetzt durch ein halbes Dutzend Tanznummern hindurch, doch dann sah er, dass June sich mit der Hand ihr Gesicht fächelte und seine Freunde zum Tisch zurückstrebten. Also sagte er: »Zeit für ein Päuschen?«, und sie nickte eifrig. Sie setzten sich, es gab noch mehr Bier und Cola, und sie begannen, sich wieder zu unterhalten, und Stead erzählte June, wie er einmal bei Tagesanbruch allein durch Bangkok spaziert war und einen Tempel gesehen hatte, der im verhangenen Morgenlicht in leuchtenden Farben erstrahlte und vor jungen Affen und Tausenden von Katzen wimmelte. Doch bevor er die ganz besondere Atmosphäre dieses Tempels beschreiben konnte – die gewesen war, als träte man aus der modernen Welt in eine stillere Vergangenheit, in der die Zeit anders verstrich –, merkte er, dass sie ihm nicht mehr richtig zuhörte. Daher verstummte er, und June stellte ihm keine Fragen mehr, und schon bald lachte sie über Lambs Witze und zeigte Stead die kalte Schulter, und als der Abend sich dem

Ende näherte, war sie die Erste, die auf ihre Uhr blickte und etwas von Bussen sagte, woraufhin er sich ohne Bedauern von ihr verabschiedete. Da die anderen Mädchen mit ihr verschwanden, befanden sich die Männer an einem weiteren kritischen Punkt: bleiben, weiterziehen oder sich langsam einen Platz zum Schlafen suchen?

»Wohin jetzt?«, fragte Lamb.

Lenny gähnte schon, wollte aber nicht der Erste sein, der aufgab. Wachowski wollte mehr Bier, Lamb wollte mehr Mädchen; Duyker stand unter Strom, zuckte geradezu, so gereizt und unzufrieden war er. Und betrunken. Sie alle waren betrunken und wollten sich weiter betrinken. Also nahmen sie alle noch ein Bier für den Weg und drängten wieder hinaus in die Nacht. Es waren kaum weniger Menschen auf den Straßen, die Stimmung hatte sich allerdings verändert. Am unsicheren Gang und den ausholenden Gesten der Passanten, an den gelockerten Krawatten der Männer und den verrutschten Frisuren der Frauen sah man, dass schon seit Stunden getrunken wurde. Die Rufe waren lauter, frivoler und fordernder, und die Atmosphäre ausgelassener Kameraderie war zu etwas Entgegengesetztem, Gefährlichem geronnen. Erst jetzt fiel Stead auf, wie feindselig manche Aussies die Amerikaner ansahen, wenn sie an ihnen vorbeigingen, vor allem, wenn diese in Begleitung australischer Mädchen waren. Er sah Männer, die in Rinnsteine brachen und gegen Wände pinkelten, und Pärchen, die in schmutzigen Gassen knutschten oder noch weiter gingen; überall wurde geschoben, gedrängelt und geschubst. Wachowski und Duyker fingen an zu streiten, ob sie in Kings Cross bleiben oder ihr Glück etwas weiter unten in Bondi versuchen sollten, wo es Duykers Aussage nach angeblich auch Tanzlokale gab. Stead stand bei ihnen auf dem Bürgersteig, um abzuwarten, wohin sie als Nächstes gingen, da trat ein farbiger GI aus einem nahe gelegenen Café. Er hatte ein australisches Mädchen bei sich – eine Weiße –, und sie hakte sich bei ihm unter und ging mit ihm die Straße hinunter. Stead schockierte dieser Anblick. Er beobachtete das Pärchen neugierig und merkte am stocksteifen Rücken des Mannes und dem schrillen Geplapper und Gekicher der Kleinen, dass sich beide mehr als bewusst waren, wie sehr sie auffielen. Köpfe fuhren herum, und sie waren kaum zwanzig Meter gegangen, als sich ein weißer GI ihnen in den Weg stellte, die junge Frau finster anstarrte und sagte: »Belästigt dieser Mann Sie etwa, Ma'am?«

Sie drängte sich enger an den Farbigen. »Nein, wieso?«, antwortete sie. »Kein bisschen.«

Der weiße GI wandte sich an den Farbigen. »Warum verschwindest du nicht einfach?«, fragte er.

»Ich wüsste nicht, wieso«, erwiderte dieser.

Und dann eskalierte die Situation. Der weiße GI stieß dem schwarzen die Faust ins Gesicht, und seine Kameraden eilten ihm zu Hilfe. In dem Getümmel wurde die junge Frau zur Seite gestoßen und fing an, den weißen GI und seine Freunde zu beschimpfen. Daraufhin mischten sich ein paar Australier ein, vorgeblich, um sie zu verteidigen, aber sie schoben sie einfach aus dem Weg und stürzten sich auf die weißen GIs. Beim ersten Anzeichen von Ärger schnellte Duykers Kopf herum, und obwohl er weder den Anfang der Prügelei noch deren Ursache mitbekommen hatte, warf er sich mit schwingenden Fäusten ins Getümmel. Der Kampfeslärm war wie ein Sirenenruf, denn jetzt tauchten noch mehr GIs auf, weiße und schwarze, und Aussies auch, alle unwiderstehlich angezogen vom Tumult. Kaum war Duyker dabei, folgten Wachowski und Lamb, und schließlich blieb es Stead und Lenny überlassen, in den Strudel aus Stiefeln und Fäusten, Blut und Spucke zu waten, in den sie sich so freudig gestürzt hatten, und sie herauszuziehen. Stead entdeckte, dass Wachowski mit einem australischen Flieger rang, und zwängte sich mit seinem großen Körper zwischen sie, um sie auseinanderzureißen.

»Lass uns verschwinden, bevor die Militärpolizei kommt«, sagte er und hielt seinen Kumpel davon ab, jedem eine zu verpassen, der ihn komisch ansah. Als er anfing, ihn zum Rand der Menge zu ziehen, ertönten Pfiffe, und allgemeines Rufen und Rennen setzte ein. Aus dem Nirgendwo traf ihn eine verirrte Faust, streifte seinen Wangenknochen und schmetterte gegen seine Augenhöhle, doch er machte sich nicht die Mühe, sich nach dem Schläger umzusehen. Als Cops und Militärpolizisten die Menge durchkämmten, zerrte er Wachowski frei und drehte sich um, um nach den anderen Ausschau zu halten. Einen Augenblick lang sah er Duyker, der konzentriert und begeistert mit gebleckten Zähnen Aussies mit Schlägen und Tritten traktierte, und kurz darauf schloss sich die Menge wieder, und er verlor ihn aus den Augen. Aber da die Militärpolizei jetzt ankam, war der Kampf vorbei, und nur die eifrigsten Schläger nahmen nicht die Beine in die Hand. Stead und Wachowski rannten mit der Menge, bis sie die Militärpolizisten hinter sich gelassen hatten und dann die Cafés, die Kinos und Nachtclubs, bis nichts mehr da war, wohin sie hätten gehen können, und sich nur noch der lange, langsame Abstieg in den Sonntagmorgen vor ihnen erstreckte.

»Weißt du, wo du heute Nacht schläfst?«, fragte Stead.

Wachowski schüttelte den Kopf. »Du?«

»Auch nicht.«

»Dann fangen wir wohl mal besser an zu suchen.«

Sie gingen zurück in die Stadt, in der Hoffnung, etwas in einer der Unterkünfte zu finden, die für Soldaten auf Landurlaub eingerichtet worden waren, aber diese waren alle voll.

»Versuchen Sie's mal in Bondi«, sagte eine der Frauen beim zweiten Haus, das sie aufsuchten. »Dort gibt es vielleicht noch was.«

Die Bahn ratterte mit ihnen nach Bondi Beach, doch da sah es nicht anders aus: Alle Betten waren belegt.

Also liefen sie zur Strandpromenade, wo Soldaten mit ihren Mädchen spazieren gingen.

»Sollen wir irgendwo anklopfen?«, fragte Wachowski.

Stead schüttelte den Kopf. »Ich schätze, wir übernachten am Strand«, sagte er.

Sie gingen zum Strand, der kühl und feucht war und übersät mit leeren Flaschen und Körpern, die entweder schliefen oder im Schutz der Dunkelheit miteinander herummachten. Das Meer war ruhig und schlug nur leise zischend ans Ufer. Sie gingen so lange am Strand entlang, bis sie einen relativ menschenleeren Abschnitt fanden, und ließen sich dort mit dem Gesicht zum Meer nieder.

»Das war ein guter Abend«, sagte Wachowski.

»So ist es«, bekräftigte Stead.

»Aber ich hätte jetzt nichts gegen ein richtiges Bett.«

»Ich auch nicht.«

»Andererseits: Könnte schlimmer sein, oder?«

»Zum Beispiel zurück auf dem Schiff.«

Sie grinsten und hielten immer noch ihr Gesicht zum Meer gewandt. Selbst in der Dunkelheit spürte man seine gähnende unermessliche Weite, fremd und feindselig.

»Was machen wir morgen?«, fragte Wachowski.

Sie hatten nur drei Tage Landurlaub und wussten aus Erfahrung, dass selbst die ihnen jederzeit gestrichen werden konnten. Ein Tag war bereits weg, daher wollten sie so viel wie möglich in die ihnen verbliebene Zeit quetschen, doch Stead erinnerte sich nur zu gut daran, wie unglaublich ruhig die Sonntage in Sydney sein konnten. Mit etwas Glück konnte man ein Päckchen Zigaretten kaufen, mehr nicht. Die Kinos, die Cafés, selbst die Bibliotheken und Museen waren geschlossen. Etwas zu essen bekam man ausschließlich in Hotels, und auch das nur zu strikt begrenzten Zeiten. Seit seinem letzten Aufenthalt in der Stadt war das zwar etwas besser geworden: Man konnte auch woanders einen Happen zu essen finden und, wenn man Glück hatte, eine Dusche, aber trotzdem hatte man einen endlos langen Tag vor sich, der ausgefüllt werden wollte.

»Immerhin wäre da noch die Kirche«, sagte Stead, worauf Wachowski lachte.

Dann schwiegen sie beide, und Stead legte sich in den Sand und sah hinauf in den Himmel, der sich zugezogen hatte und den Mond verbarg. Er ertappte sich dabei, dass er an Marina dachte. Sie und er waren am Ende eines anderen langen Abends an einem anderen Strand gelandet, wo sie sich die Sterne anschauten und sich leise unterhielten, bis er sie küsste und sie ihn ließ. Was war aus ihr geworden? Wo war sie?

Geschrei und Gelächter weckten ihn am nächsten Morgen. Es war noch früh, und alles strahlte wunderschön. Der Sand war hell und sauber, das Wasser einladend blau, und überall um ihn herum sah er Männer, die sich auszogen, ins Wasser rannten und spritzend und brüllend herumtobten.

Wachowski hatte sich auf einen Ellbogen gestützt und beobachtete sie. »Willst du auch?«

»Nein«, sagte Stead. »Suchen wir uns was zu essen.«

Sie aßen und gingen dann zum Circular Quay, wo Wachowski vor der Sydney Harbour Bridge ein Foto von sich machen lassen konnte. Sie trafen auf Freunde und zogen ziellos herum, um sich die Zeit zu vertreiben. Stead schloss sich ihnen an, aber in seinem Kopf nahm langsam eine Idee

Gestalt an. Er wollte Roma besuchen – nur um der alten Zeiten willen.

Als seine Kumpel am Montag einkaufen gingen, suchte er noch einmal Marinas Mutter auf, um sie nach Romas Adresse zu fragen. Sie gab sie ihm, fügte jedoch warnend hinzu: »Vielleicht rufen Sie besser vorher an. Sie ist jetzt verheiratet.«

Da Marinas Mutter kein Telefon hatte, musste er aus einer öffentlichen Telefonzelle anrufen.

»Hallo?«

»Spricht dort Mrs Mainwaring?«

»Ja, am Apparat.« Roma hatte eine ziemlich unsichere Telefonstimme.

»Sie werden sich wahrscheinlich nicht mehr an mich erinnern, aber wir haben uns 1938 kennengelernt, vor dem Krieg. Mein Name ist Stead. Ich war ein Freund von Slick. Willie Bascombe?«

»Slick Willie Bascombe«, wiederholte sie vorsichtig, und dann fiel der Groschen. »Willie! Willie aus Philadelphia! Er ist mit mir in den Luna Park gegangen und hat versucht, mir einen Teddybär zu schießen, und sich fast mit dem Typen vom Stand geprügelt, weil er argwöhnte, dass das Spiel getürkt war.«

»Es war getürkt«, warf Stead ein und lachte.

»Er war schon toll«, sagte Roma und verfiel in ihre normale Art, zu sprechen. »Was treibt er jetzt so? Seid ihr noch Kollegen?«

Stead spürte, wie etwas in ihm schlingerte, als er antwortete: »Nein, Ma'am. Nicht mehr.«

»Ach«, sagte Roma und klang leicht enttäuscht. »Wahrscheinlich hast du's schon gehört, aber ich bin jetzt verheiratet.«

»Ja, habe ich. Meinen Glückwunsch übrigens.«

»Danke.« Sie schwieg kurz. »Und, was führt dich nach Sydney? Fährst du immer noch übers blaue Meer?«

»Ich bin jetzt in der Navy.«

»Oh«, sagte sie und klang gleich munterer. »Mein Mann ist bei der Air Force. Natürlich ist er momentan nicht da. Also, warum kommst du nicht auf ein Tässchen Tee vorbei?«

»Das wäre sicher nett«, erwiderte Stead.

»Ich würde mich sehr freuen«, bekräftigte Roma. »Wie bist du übrigens an meine Telefonnummer gekommen?«

»Marinas Mutter hat sie mir gegeben.«

»Ach.« Wieder schwieg sie einen Moment. »Tja, dann komm doch vorbei, und ich mach schon mal Tee.«

Die Roma, an die er sich erinnerte, war ein abenteuerlustiges Mädchen mit frechem Blick, das offenbar für jeden Spaß zu haben war – doch Letzteres trog. Stead wusste noch, wie Slick sich nach ihrem Auslaufen darüber beschwert hatte, dass er ihr nicht an die Wäsche hatte gehen können, obwohl er sie mit Geschenken und Komplimenten überhäuft und ihr die beste Zeit ihres Lebens beschert hatte. Die Roma, die Stead nun die Tür öffnete, war hochschwanger, ihr Haar war dunkler, und ein blondes Kleinkind, das ihn mit großen Augen schweigend anstarrte, hing ihr am Rockzipfel. Das Mädchen, das er damals kennengelernt hatte, befand sich in jenem kurzen, aufregenden Augenblick vor dem Eintritt ins Erwachsenenleben, als alles noch möglich schien: Sie hatte Filmstar werden wollen, das wusste er noch, oder einen Millionär heiraten. Damals umgab sie die magische Aura sexueller Verheißung (die ihn eingeschüchtert hatte, er verstand nicht, woher Slick den Mut nahm, derart provokativ mit ihr umzugehen, obwohl es ihr gefiel). Jetzt hingegen war aus der Verheißung Realität geworden: Nicht nur ihr hochragender Bauch zeugte von Sexualität, sondern auch ihre riesigen

Brüste, ihr rundes Gesicht und ihre geschwollenen Beine. Seit seiner frühen Kindheit war Stead keiner Schwangeren mehr so nahe gekommen, und er merkte, dass er nicht wusste, wohin er schauen sollte. Ihr Körper kam ihm vor wie eine Mahnung: Du hast also von Sex geträumt? Dann sieh es dir gut an, Freundchen. Denn das genau bedeutet Sex.

Sie führte ihn in ihr Vorderzimmer – Spitzenvorhänge, das gerahmte Foto eines Fliegers mit wahrhaft prächtigem Schnauzbart – und bot ihm Tee und Scones an.

»Ich erinnere mich an dich«, sagte sie. »Slick und du wart wie Pech und Schwefel.« Sie schwieg kurz. »Reeny hatte ein Auge auf dich geworfen.«

»Im Ernst?«

»Ach, komm schon! Das war doch offensichtlich.«

»Tja, ich hatte auch ein Auge auf sie geworfen«, bekannte er scheu.

»Was du nicht sagst!«, erwiderte Roma. »Und jetzt bist du nach all den Jahren zurückgekommen, um bei ihr vorbeizuschauen.«

Aus ihrem Mund klang das dumm.

»Tja, das hoffte ich«, sagte er.

»Du warst schon immer ein Stiller. Aber vor denen muss man sich in Acht nehmen.«

Er sah sie fragend an.

»Ich muss zugeben, ich kam ins Grübeln, als sie nach London ging und sich in Luft auflöste. Ich hab mich immer gefragt, ob ihr was abgemacht hattet und du dort aufgetaucht bist, um sie mitzunehmen.«

»Ich? Nein.« Er schwieg und stellte es sich kurz vor: eines der hohen, düsteren englischen Wohnhäuser, Marinas Gesicht an der Tür, ihre Überraschung, die sich zu Freude verwandelt, als sie ihm in die Arme fällt und er sie küsst. Aber so wäre es niemals gewesen, selbst wenn er sie suchen gegangen wäre. Als sie nach London ging, hatte sie sich bereits in ein Abenteuer gestürzt, von dem sie damals in Sydney noch nichts ahnte. Oder war es schon da gewesen, als er sie traf, hatte unter der Oberfläche geblubbert und war zu ihr hindurchgesickert? Das würde er nie erfahren.

»Glaubst du, das ist passiert? Dass sie jemanden kennengelernt hat und durchgebrannt ist?«

»Das ist die einzig vernünftige Erklärung«, sagte Roma. »Jahrelang hat sie nur davon geredet, auf diese Musikhochschule zu gehen – wirklich jahrelang. Ich hab noch nie ein Mädchen getroffen, das von Musik so besessen war. Sie hat jeden Tag geübt. Keinen einzigen Tag geschwänzt. Das heißt, jetzt, wo ich darüber nachdenke, hat sie doch ein einziges Mal geschludert: nämlich als wir mit Slick und dir zusammen waren. Damals hielt ich das für ein gutes Zeichen – ich war immer der Meinung, sie müsste auch mal fünf gerade sein lassen. Man muss doch auch mal Spaß haben. Aber als sie verschwand –« Sie verstummte. »Gut möglich, dass du für all das verantwortlich bist. Schließlich warst du der Erste, der das arme Ding auf Abwege geführt hat.«

Sie zog ihn auf, und er lachte, doch als er sie anblickte, musterte sie ihn mit zusammengekniffenen Augen.

»Ja«, wiederholte sie langsam. »Vor den Stillen muss man sich in Acht nehmen.«

Wieder spürte er, wie ein Gefühl der Scham ihm langsam aus der Brust den Hals hinauf bis ins Gesicht kroch. Er hoffte nur, Roma würde es nicht merken.

»Du und Marina wart beste Freundinnen, oder?«

»Davon gehe ich aus«, sagte Roma etwas empfindlich, als hätte die Frage einen wunden Punkt berührt.

»Ich hatte gehofft, du hättest vielleicht etwas gehört – irgendwas, das du Marinas Mutter nicht erzählt hast.«

»Wieso sollte ich was vor ihr geheim halten?«

»Vielleicht weil Marina dich darum gebeten hat.«

»Angenommen, das stimmt, warum sollte ich es dann dir erzählen?«

Wo hatte sie das nur gelernt? Dieses hochmütige, eingeschnappte, alles persönlich nehmende Beleidigte-Leberwurst-Gehabe? Die Roma, an die er sich erinnerte, lachte gerne, war unerschrocken und nicht so leicht aus der Fassung zu bringen. Aber jetzt schien jeder seiner Sätze ein größerer Affront. Doch ein Affront wogegen? Es ergab einfach keinen Sinn.

»Tja, weil ich gehofft hatte, sie wiederzusehen, und deine Hilfe sehr zu schätzen wüsste.«

Wieder kniff sie die Augen zusammen und musterte ihn, während sie auf ihrem Stuhl hin und her rutschte, um ihre massige Gestalt zurechtzurücken. Da bemerkte er an ihrem Leib eine verstörende Wellenbewegung, die trotz ihres Kleids zu sehen war, als etwas Winziges sich gegen ihre Bauchdecke drückte und sich in seinem warmen Nest rührte und drehte.

»Ich weiß auch nicht mehr als ihre Mutter«, erwiderte Roma. Doch sie dachte über etwas nach, und schließlich fügte sie fast widerstrebend hinzu: »Obwohl ich ein Gerücht gehört habe.«

»Was für ein Gerücht?«

»Ich kannte jemanden, der jemanden kannte, der auf demselben Schiff wie Marina war, und diese Frau hörte, dass ein alleinstehendes Mädchen auf dem Weg nach England in Schwierigkeiten geraten war. Sie meinte, alle hätten darüber geredet, aber den Namen der Kleinen hätte sie nicht herausgefunden.«

Die Vorstellung war so schockierend, dass er ein lautes Summen im Kopf hörte und den Bus, der die Straße hinunterbrummte, und das Kleinkind, das im Garten sang und mit einem Stock herumschlug, nur noch gedämpft wahrnahm. Marina? Schwanger?

»Und du glaubst …« Er wollte es nicht aussprechen.

»Auf gar keinen Fall«, sagte Roma und bedachte ihn mit einem harten Blick. »Ich kenne Marina. So eine ist sie nicht.«

Nun begriff er, gegen welchen Affront sie sich empörte. Hatte ihre beste Freundin …? Wirklich? Und nie ein Wort darüber verloren?

Er wusste nicht, was er zu ihr sagen sollte.

»Aber das ist jetzt Schnee von gestern«, erklärte Roma, immer noch eingeschnappt. »Meiner Meinung nach hat sie auf dem Schiff irgendeinen Typen kennengelernt und ist mit ihm durchgebrannt.«

Er ertappte sich, dass er nickte, obwohl der Gedanke an eine verheiratete Marina schmerzte.

»Aber das erklärt immer noch nicht, warum sie sich nie bei ihrer Mutter gemeldet hat.«

»Nein«, sagte er tonlos.

»Alle waren so enttäuscht von ihr, weil sie nach alldem, was sie für sie getan hatten, nicht auf diese tolle Musikhochschule gegangen ist. Mit der Zeit wären sie allerdings darüber hinweggekommen. Das ist noch lange kein Grund, für immer unterzutauchen.«

»Nein«, wiederholte er.

»Aber das beweist wohl nur, dass man einen Menschen nie wirklich kennt. Sosehr man auch davon überzeugt ist.« Sie beäugte ihn gehässig.

»Stimmt«, sagte er. »Das ist wohl wahr.«

Furcht beschlich ihn, als er sich von Romas Haus entfernte. In seinem Magen schwappte zu viel Tee um die Scones.

Marina? Schwanger?

War das möglich? Ja.

Hat er je an diese Möglichkeit gedacht? Niemals.

Denn schließlich war es nur einmal gewesen, und die Erinnerung daran war mittlerweile nur noch verschwommen und verzerrt: sein letzter Abend in Sydney, Fish und Chips und Bier, die Lichter des Luna Park (ja, genau an dem Abend, als Slick sich fast mit dem Mann vom Schießstand anlegte) und Marina, biegsam, leicht erregbar und bereit für ein Abenteuer. Nur einmal.

Dann fiel ihm das holländische Mädchen ein.

Er hatte es in den hektischen Wochen kurz nach Pearl Harbor auf der *Fortuna* kennengelernt, als die Japaner über den Pazifik fegten und jeder, der konnte, sich auf irgendein Schiff rettete, um sich in Sicherheit zu bringen. Kabinen, Frachtraum und Deck waren bis auf den letzten Quadratzentimeter vollgepfropft mit Zivilisten aus Java, meistens Frauen und Kinder. Er hatte die junge Holländerin eines Tages im Maschinenraum entdeckt, wo sie weinend in einer Nische hockte. Er hatte ihr gesagt, dass sie nicht dort sein durfte, und dann hatte er gefragt, ob alles in Ordnung sei, und sie hatte ihn verwirrt angestarrt und ihm in einer unverständlichen Sprache geantwortet – was es war, erfuhr er erst später. Sie war groß, schön und teuer gekleidet, wie all die weißen Frauen aus den Kolonien. Ihre Haut und ihr Haar waren sehr hell, und sie hatte große blaue Augen wie Wedgwood-Untertassen voller Tränen. Sie trocknete sie sich mit einem Taschentuch und verschwand. Zwei Tage später fiel sie eine Gangway hinunter und brach sich den Knöchel. Er hatte gesehen, wie sie, sich windend und stöhnend, auf einer Bahre auf die Krankenstation getragen wurde. Der Schiffsarzt steckte ihr Bein in Gips, doch noch auf der Krankenstation passierte etwas mit ihr, etwas, was nie richtig geklärt werden konnte, aber man fand sie halb bewusstlos in einer Blutlache. Etliche Geschichten kursierten an Bord. Einige sagten, es wäre eine Stricknadel gewesen, andere meinten, irgendein medizinisches Instrument. Sie war natürlich schwanger und fuhr nach Hause zu ihrem Mann, der offensichtlich nicht der Vater ihres Kindes sein konnte, da sie bereits seit Monaten getrennt waren. Sie überlebte zwar, weitere Einzelheiten wurden allerdings nicht bekannt. Aus dem Arzt war nichts herauszukriegen, und sie blieb für den Rest der Reise im Bett.

Zumindest war sie nicht über Bord gegangen. Das passierte häufig genug. Menschen, die in eine ungewisse Zukunft fuhren, Menschen mit zu vielen Geheimnissen, Problemen oder Schwierigkeiten. Sie gingen über Bord und verschwanden einfach, und wenn sie es nachts taten, bestand nicht die geringste Chance, dass man je nach ihnen suchen würde.

Ach, Marina.

Er sah auf seine Uhr. Bis achtzehn Uhr musste er sich wieder an Bord melden. Der Nachmittag neigte sich dem Ende zu, und er hatte noch die lange Busfahrt zum Kai vor sich.

Sein Landurlaub war vorbei.

Die Reise nach London, 1938

Lieber Stead,
eigentlich bin ich schon seit zwei Tagen auf See. So lange habe ich gebraucht, bis ich mich gut genug fühlte, um Dir zu schreiben. Anfangs war ich fürchterlich seekrank, aber jetzt geht es mir gut.

Bei meiner Abreise drängten sich so viele Leute auf dem Kai, als wäre die ganze Welt gekommen, um sich von mir zu verabschieden. Mutter war da, und ich war so aufgeregt und ungeduldig, endlich wegzukommen, dass ich nichts von dem sagte, was ich hätte sagen sollen. Doch kaum hatten wir den Hafen verlassen und das Schiff fing an zu schaukeln (und mein armer Bauch mit ihm), tat ich mir sehr leid. Ich fragte mich, ob ich jetzt sterben müsste (!), und wünschte nur, meine Mutter wäre bei mir.

Aber ich wünschte wirklich, ich wäre vor meiner Abreise netter zu ihr gewesen und hätte mich anständig von ihr verabschiedet, nicht so hastig. Nun komme ich mir undankbar vor und bin traurig. Doch ich glaube, was wir fühlen, wissen wir immer erst im Nachhinein, wenn wir die Zeit haben, darüber nachzudenken. Wie sehr Du mir fehlen würdest, habe ich auch erst bemerkt, als Du weg warst.

Deine Marina

Lieber S,
die Kabine teile ich mir mit drei anderen Mädchen: Clarissa, Myrtle und Betty. Wir haben Etagenbetten – so eine Enttäuschung! Ich hatte auf Hängematten gehofft. Myrtle und Betty schlafen auf der einen Seite, Clarissa und ich auf der anderen (ich oben). Myrtle und Betty sind dicke Freundinnen und wollen zusammen in London arbeiten. Ihre Seite der Kabine sieht aus, als wäre ein Laden für Unterwäsche explodiert. Sie finden alles höchst spaßig und verbringen den ganzen Tag damit, unerbittlich nach Dingen zu fahnden, über die sie sich lustig machen können. Sie können sehr witzig sein, vor allem Betty, die Schlauere von beiden, aber mich schaudert's, wenn ich daran denke, was sie wohl hinter meinem Rücken über mich sagen. Jedenfalls haben sie befunden, dass Clarissa ein fürchterlicher Snob ist. Clarissa fährt zu ihrem Verlobten nach Schottland. »Er ist Arzt«, sagt sie in gedämpftem, ehrfürchtigem Ton, wenn sie von ihm spricht. Betty und Myrtle fragen sie neuerdings immer wieder: »Sag mal, Clarry, was ist dein Verlobter noch?«

Clarissa hält Myrtle und Betty für gewöhnlich, obwohl sie das nicht gesagt hat. Das muss sie auch nicht, sie behandelt sie wie Fremde, die mit ihr in der Schlange anstehen, und spricht nur mit ihnen, wenn es nicht zu vermeiden ist.

Wenn das nicht mal übel endet!

M

Lieber S,
ich habe den Orchesterchef des Schiffs kennengelernt. Er heißt Maurice, und Myrtle findet ihn umwerfend. Betty zieht sie deswegen ständig auf. »Er hat ein Auge auf dich geworfen, Myrt! Hast du gesehen, wie er das Mädchen im roten Kleid angestarrt hat? Ich hab der Kleinen gesagt, sie soll sich in Acht nehmen. Ich sagte: ›Halt dich von ihm fern, sonst kratzt dir Myrt die Augen aus!‹« Lächerlich.

Im Tanzsaal gibt es ein Klavier, das tagsüber kaum genutzt wird, und Maurice hat gesagt, ich könnte darauf üben, wann immer ich wollte. Als ich ihn das erste Mal ansprach, wirkte er etwas unschlüssig, aber dann spielte ich ihm ein Nocturne von Chopin vor, was ihn offenbar überzeugte.

Wie schön es war, wieder zu spielen! Zwar bin ich erst seit einer Woche von zu Hause weg, eine Woche ohne Klavierspielen fühlte sich allerdings sehr merkwürdig an, leer und formlos. Daheim stehe ich jeden Morgen auf und spiele erst einmal zwei Stunden, aber bevor ich Maurice traf, konnte ich das nicht mehr. Wenn Roma hier wäre, hätte sie mir sicher gesagt, ich sollte das Beste daraus machen: »Sind doch Ferien, Reeny! Wieso amüsierst du dich nicht einfach?« Aber ich fühlte mich nur verloren. Als wäre ich nicht ganz ich selbst.

Seltsam, wie etwas so sehr ein Teil von einem wird, dass man nicht mehr ohne dies leben kann. Ich fühle mich wie ein verheddertes, verknotetes Wollknäuel und muss mich jeden Morgen am Klavier wieder ordentlich zusammenstricken. Vielleicht kannst Du Dir das nicht vorstellen, doch nach meiner morgendlichen Übungsstunde fühle ich mich ganz ruhig und gelassen, so als wäre alles so, wie es sein soll, am rechten Platz und brächte mich durch einen weiteren Tag. Dann kann ich mich allem stellen, was getan werden muss. Die Musik nur zu hören reicht nicht, ich muss sie spielen. Ich glaube, es geht darum, dass Hände und Augen, Ohren und Kopf zusammenarbeiten.

Nur ein einziges Mal hat das nicht funktioniert, und zwar, als Du da warst – und noch mehr, nachdem Du wieder weg warst. Wenn ich mich dann ans Klavier setzte, fand ich mich nicht in die Musik ein. Ich war abgelenkt und nervös, und eigentlich wollte ich nur weg vom Klavier, hinaus, um Dich zu sehen. Das war schon schlimm, als Du die paar Tage da warst und ich weglaufen konnte, um mich mit Dir zu treffen. Aber noch schlimmer, als Du weg warst und mir nur noch der normale, fade Alltag blieb und ich für nichts mehr die Ruhe hatte. Das ist vergangen – heute Morgen erst habe ich zwei Stunden gespielt und mich am Ende einfach herrlich gefühlt. Ich bin gerade aus dem Tanzsaal gekommen, um diesen Brief zu schreiben, was wahrscheinlich auch meine Überschwenglichkeit erklärt.

Ich kann es kaum abwarten, in London zu sein, meine Lehrer kennenzulernen und auf Konzerte zu gehen. Man hat mir gesagt, dass man praktisch jeden Abend irgendwo Musik hören kann – unvorstellbar! Das wird der Himmel auf Erden!

Und ich kann es kaum erwarten, dass endlich Silvester ist. Ich hoffe, Du hast dein Versprechen nicht vergessen?

M

Lieber S,
mehrfach am Tag ertappe ich mich dabei, wie ich an Dich denke und mich frage, wo Du wohl bist und was Du machst. Hier wird es wärmer und wärmer, und ich frage mich, ob es dort, wo Du bist, auch warm ist, oder ob Du ans andere Ende der Welt abgedampft bist, um eine Ladung Rentierfell oder Eisbärpelz aufzunehmen. Denkst Du auch manchmal an mich, wenn Du in Deiner kleinen Koje hockst? Ich hoffe es.

Gibt es wirklich den Aberglauben, dass man keine Frauen an Bord eines Schiffes bringen soll? Ich denke, bei einem Passagierschiff kann das nicht sein, doch ich bin sicher, es irgendwo mal gelesen zu haben. Ich weiß noch, wie Du mir gesagt hast, Du hofftest, eines Tages ein eigenes Boot zu haben. Zwar will ich Dir wirklich kein Pech bringen, aber solltest Du jemals der Kapitän auf der Fortuna *werden, dann müsste ich mit Dir kommen. Ich könnte es nicht ertragen, wenn Du ohne mich um die Welt segeln würdest. Ich versichere Dir, ich wäre ein guter Matrose – schließlich bin ich inzwischen seeerfahren. Vielleicht könnte ich Schiffskoch werden (nicht dass ich kochen könnte). Wir müssten auch Platz für ein Klavier schaffen, aber irgendwo wird es wohl ein ungenutztes Eckchen geben, oder?*

Wie sehr wünschte ich, Du wärst jetzt hier oder, noch besser, ich wäre bei Dir, in Deiner Koje, bei Dir.

M

Lieber S,
Seltsamerweise bin ich wieder seekrank. Kann das bei Seeleuten schon mal vorkommen, nach Deiner nautischen Erfahrung?

M

Zuerst war es nur nachmittags: Auf einmal wurde ihr sehr übel, das verging allerdings, wenn sie etwas aß.

Dann kam es auch morgens. Sie wachte auf, und ihr war schlecht – nicht genug, um sich zu übergeben, aber doch schlimm. Den ganzen Tag über kam und ging diese Übelkeit, ganz weg war sie eigentlich nie.

»Alles in Ordnung mit dir?«, fragte Clarissa, als sich Marina schon eine Woche krank fühlte. Mittlerweile war es so schlimm geworden, dass sie sich tagsüber in ihrer Kabine aufs Bett legen musste.

»Mir ist ein bisschen schlecht, und irgendwie werde ich das nicht los«, sagte sie.

»Aufgepasst, Clarry«, gluckste Myrtle. »Du liegst direkt im Schussfeld!«

»Vielleicht solltet ihr beiden die Betten tauschen«, fügte Betty hinzu.

»Oder du gehst mal zum Schiffsarzt«, schlug Clarissa vor.

Marina war bis jetzt immer unverwüstlich gesund gewesen, daher war sie überzeugt, es würde ihr von allein wieder bessergehen. Aber es wurde nicht besser. Die Tage vergingen, doch immer wieder überkam sie Übelkeit. Betty und

Myrtle fingen an, sie grübelnd anzusehen, und das machte Marina Angst, obwohl sie nicht wusste, warum.

Ein paar Tage später verharrte Betty an der Tür, als Myrtle und Clarissa schon zum Frühstück gegangen waren. Marina fühlte sich zu elend, um aufzustehen.

»Warst du schon beim Arzt?«, fragte Betty.

»Nein.«

Betty sah sie an – fast mitleidig, als wüsste sie etwas, das Marina nicht wusste. »Ich glaube, es wäre besser.«

Marina spürte, wie Furcht sie beschlich, als Betty die Tür schloss und den anderen zum Frühstück folgte. Was ist bloß los mit mir?, fragte sie sich, als die Möglichkeit von etwas Furchterregendem, Gefährlichem in ihr Inneres sickerte. Sie war noch nie ernsthaft krank gewesen. Wie sollte sie damit zurechtkommen? Was sollte sie tun? Sie sah sich in der nüchternen Kabine um, in der überall verstreut Myrtles und Bettys Sachen lagen, und fühlte sich schrecklich allein. Sie wünschte, ihre Mutter wäre hier.

Eine halbe Stunde lang lag sie nur da und ertrug ihr Elend, während Wörter wie Malaria, Denguefieber und Cholera vor ihrem inneren Auge auftauchten. Ich könnte hier, auf diesem Schiff, sterben, dachte sie. Sie stellte sich vor, wie man sie in ein Leichentuch wickelte und sie auf See begrub. Wie alle an Deck standen und zusahen, wie sie über Bord glitt.

Doch ein Teil in ihr wusste, dass es in Wahrheit keine tropische Krankheit war. Der Blick, mit dem Betty sie bedacht hatte – ein wissender, mitfühlender Blick –, wollte für jemanden mit Denguefieber nicht recht passen.

Als sie draußen Schritte hörte und dachte, es wäre vielleicht Betty, die vom Frühstück zurückkam – oder schlimmer noch, Betty und Myrtle mit ihren scharfzüngigen Witzeleien –, schwang sie die Beine über die Bettkante und ließ sich zu Boden sinken.

Der Schiffsarzt erinnerte sie ein bisschen an ihren Arzt zu Hause: Er war ein älterer Engländer mit silbergrauem Haar und stark gebräuntem, ledrigem Gesicht. Er begrüßte sie onkelhaft freundlich, und sein Lächeln bedeutete ihr, dass sie eine junge Frau bei offenbar bester Gesundheit war, dass er aber dennoch bereit war, sie anzuhören. Als sie ihre Symptome beschrieb, war sie überzeugt, er würde ihr versichern, es handle sich nur um eine Magenverstimmung, nichts, worüber man sich Sorgen machen müsse, sie brauche nur viel Ruhe und werde in ein paar Tagen wieder putzmunter sein.

Doch noch während sie sprach, sah sie, wie ihm ein Gedanke kam und sich daraufhin seine Miene veränderte. Das onkelhafte Lächeln schwand, und plötzlich sah er sie so erschreckend kühl an, dass ihr Herz wieder anfing zu rasen.

»Glauben Sie, es ist etwas Ernstes?«, fragte sie stockend.

»Besteht die Möglichkeit, dass Sie schwanger sind?«, fragte er zurück.

Vor lauter Schock schoss ihr das Blut ins Gesicht, und ihr wurde schwindelig. »Schwanger?«

»Ja.« Er blickte auf das Formular, das sie ausgefüllt hatte. »Sie sind unverheiratet?«

»Ja.«

»Verlobt?«

»Nein.«

»Haben Sie einen Freund?«

»Äh …«

»Miss, kennen Sie die Voraussetzungen für eine Schwangerschaft?«

Einen Augenblick lang verstand sie nicht, was er meinte. Dann wurde es ihr klar. »Oh. Ja. Ich meine, ja … ich weiß, was dazugehört.«

»Und?«

»Sie meinen – ob ich es getan habe?«, flüsterte sie.

»Ja.«

Da sie den Tränen nahe war, brachte sie es kaum heraus: »Nur einmal.«

»Würden Sie sich dann bitte hinter dem Wandschirm ausziehen und hinlegen«, sagte der Arzt und machte sich nicht mal die Mühe, seine Missbilligung zu verbergen.

Zitternd ging sie hinter den Wandschirm und zog sich aus, aber ihre Finger gehorchten ihr kaum, so dass sie Schwierigkeiten mit den vielen kleinen Knöpfen und Schlaufen hatte.

Als sie sich auf die Untersuchungsliege gelegt hatte, kam der Arzt mit verschlossener Miene zu ihr und positionierte sich am Fußende. Eine Mischung aus Verstörung, Scham und Empörung überkam sie, als ihr aufging, dass er sie dort unten untersuchen wollte, und als hätte er gespürt, was sie empfand, bemerkte er: »Wenn Sie Ihre Beine früher zusammengehalten hätten, wären Sie nun nicht in dieser Lage.«

Sie schloss die Augen, weil ihr die Tränen kamen, und wandte den Kopf, um nicht zu weinen, während er sie untersuchte. Seine Finger taten ihr nicht weh, doch sein Eindringen kam ihr brutal und erschreckend intensiv vor.

»Sie können sich jetzt wieder anziehen«, sagte er.

Schweigend gehorchte sie, sie war wütend auf ihn und zitterte immer noch, der Drang, zu weinen, war allerdings verschwunden, zumindest vorläufig. Als sie wieder auf dem Stuhl Platz nahm, konnte sie ihm einigermaßen gefasst in die Augen sehen.

»Sie sind schwanger«, erklärte er. »Wahrscheinlich in der achten Woche. Wissen Sie, wann Sie das letzte Mal Ihre Menstruation hatten?«

Sie schüttelte den Kopf.

Er notierte sich etwas und schüttelte dabei leicht den Kopf, als wäre dies ein weiterer Beweis ihrer moralischen Verworfenheit.

»Ihr Baby wird Anfang März kommen«, verkündete er. »Sobald Sie in London sind, wird einiges vorzubereiten sein, aber dazu haben Sie wohl noch ausreichend Zeit. Es gibt Einrichtungen für Frauen in Ihrer Lage, und ich glaube, in einigen kann man für die gesamte Dauer der Schwangerschaft bleiben. Ich werde Ihnen eine Adresse geben.«

Sie sah zu, wie er sein Adressbuch aufschlug, darin blätterte und dann anfing, eine Adresse aufzuschreiben. Sie geriet in Panik, so dass ihr Herz wieder zu rasen anfing und sie eine Gänsehaut bekam.

»Aber – gibt es nicht – ich meine – können Sie nichts tun?«

Sie war nicht bereit für ein Kind. Was sollte sie mit einem Kind? Es war einfach nicht möglich. Das musste ein Irrtum sein, und wenn nicht – nun, war er nicht Arzt?

»Da gibt es nichts zu tun«, erwiderte er, leicht empört. »Sie haben sich die Suppe eingebrockt, jetzt müssen Sie sie auslöffeln.«

Er schrieb die Adresse zu Ende und reichte sie ihr.

»Schreiben Sie dorthin. Dann wird man Ihnen mitteilen, was Sie tun müssen, um aufgenommen zu werden.«

Sie nahm den Zettel. »Danke.«

»Haben Sie noch Fragen?«

Fragen? Sie konnte kaum einen klaren Gedanken fassen, also schüttelte sie den Kopf.

»In vier, fünf Wochen sollte die Übelkeit vergehen«, sagte er kalt. »In der Zwischenzeit sollten Sie es mit häufigen kleinen Mahlzeiten versuchen. Tee und Toast oder Gebäck. Sollten Sie Probleme haben – Schmerzen oder Blutungen –, kommen Sie zu mir. Aber Sie sind jung und kräftig. Da sollte es keine Probleme geben.«

»Danke, Herr Doktor«, sagte sie, ganz das höfliche, wohlerzogene Mädchen, das sie war, und verließ seine Praxis.

Benommen ging sie den Korridor hinunter. Vor Schock war ihr so schwindelig, dass sie zu schweben meinte. Schwanger. Die Erkenntnis schien in ihr zu wachsen, sich auszudehnen und alles andere zu verdrängen. Schwanger. Sie war nicht dafür geschaffen. Sie würde aufs Konservatorium gehen. Sie würde Konzertpianistin werden. Schwanger. Das Baby sollte im März kommen. Aber das war unmöglich. Im März würde sie sich auf ihre Prüfungen vorbereiten.

Auf einmal war sie an Deck und ging an der Reling entlang, ohne auf die Gesichter zu achten, an denen sie vorbeikam. Ihre Mitreisenden sonnten sich, plauderten miteinander, lasen und hielten nach Walen oder anderen Schiffen Ausschau, alles, um die Langeweile eines weiteren Tags an Bord mit immer demselben öden Meer und immer demselben öden Himmel und immer denselben, zunehmend öder werdenden Gesichtern um sie herum zu vertreiben.

Was sollte sie tun? Sie kannte niemanden, der je in einer solchen Lage gewesen war. So etwas passierte nur unanständigen Mädchen. Und sie war keins, ganz gleich, was der Arzt dachte.

Sie hatte niemanden, an den sie sich wenden konnte. Niemanden, dem sie es erzählen konnte. Sie hatte keinerlei Freunde an Bord. Stead war irgendwo auf See und damit unerreichbar. Ihre Mutter war in Sydney, ihre Schwester weit weg in Paris, und selbst wenn sie sich dazu durchringen konnte, es ihnen mitzuteilen – obwohl sie es nicht konnte, sie konnte es einfach nicht –, was sollten sie dann tun? Sie befand sich auf einem Schiff. Um sie herum das Meer, so weit das Auge reichte. Sie würde bis zum nächsten Hafen warten müssen, um einen Brief abzuschicken, und wer weiß, wie lange es dauern würde, bis sie Antwort bekäme? Die Zeit arbeitete jetzt gegen sie.

Wie angenehm es doch gewesen war, die Fahrpläne der

Schiffe zu studieren, die Zeiten zu addieren, auszurechnen, wie lange es bis nach London dauern würde, dann zwei Wochen für Wohnungssuche und Eingewöhnung hinzuzufügen, bevor das Schuljahr begann, über den Unterschied in den Jahreszeiten nachzudenken – in Sydney war im September Frühlingsanfang, mild, feucht und aufregend, während in London der Herbst anbrach. Vor ihrer Abreise war sie mit ihrer Mutter einen Mantel kaufen gegangen, im Winterschlussverkauf, den besten, den sie finden konnten. »Fühl mal diesen Stoff«, hatte ihre Mutter gesagt. »Darin wird dir niemals kalt werden.« Oh, es war ein so schöner Mantel, und eigentlich konnten sie ihn sich nicht leisten, aber ihre Mutter hatte ihn ihr trotzdem gekauft. Wie stolz sie gewesen war und wie aufgeregt, obwohl es bedeutete, dass bald beide Töchter auf der anderen Seite der Erdkugel waren.

Als Marina an den Mantel dachte, kamen ihr die Tränen. Ihre Mutter hatte so hart gearbeitet, um ihr diese Reise zu ermöglichen; gearbeitet, gespart und gekämpft. Von dem Moment an, da der Brief vom Konservatorium eingetroffen war, hatten sie nur noch überlegt, wie man das nötige Geld dazu auftrieb. Ihre Mutter, die bereits viele Stunden als Lehrerin arbeitete, nahm einen zweiten Job an und gab keinen Cent mehr für sich selbst aus. Ihre alte Schule, die Schule, in der ihre Mutter immer noch unterrichtete, hatte Kuchenstände und Konzerte organisiert, um Geld für sie zu sammeln. Sie dachte an die eifrigen Mädchen, die Kuchen verkauften und Eintrittskarten verlosten, und an die aufgeregten Gesichter ihrer früheren Lehrerinnen, als sie ihr die Hand schüttelten und ihr alles Gute wünschten, darüber redeten, welch wunderbare Chance das war und wie viel Glück sie hatte. All diese Frauen, Frauen wie ihre Mutter, die im Ersten Weltkrieg ihre Männer und Verlobten verloren hatten und daher all ihre Energie in ihre Arbeit, ihre Schule und ihre Schülerinnen steckten. All die Liebe, Hoffnung und Fürsorge, mit denen sie sonst ihre eigenen Kinder überhäuft hätten, wurden nun auf Mädchen wie sie gerichtet. Sie dachte an das letzte Konzert vor ihrer Abreise, das sie in der Schulaula gegeben hatte, und an die stolzen Gesichter dieser klugen, hart arbeitenden, liebevollen Frauen. Was würden sie wohl sagen, wenn sie wüssten, wo sie gelandet war? Es war alles umsonst gewesen. Sie hatte sie alle enttäuscht. Sie war in anderen Umständen, sie war geschwängert, ein gefallenes Mädchen, ruiniert, bevor sie überhaupt angefangen hatte. Niemals würde sie es ihnen sagen können. Niemals würde sie zurückgehen können. Wie sollte sie ihnen in die Augen blicken?

Sie fand sich an der Reling wieder, wo die kühle Brise vom Meer in ihr Gesicht wehte. Wie kalt das Wasser unter ihr aussah, wie tief und furchteinflößend. Doch es wäre ein Ausweg. Wie leicht es wäre! Warten bis zur Dämmerung, bis alle beim Abendessen waren, und dann einfach über die Reling. Im Nu wäre sie weg, und nie würde jemand davon erfahren.

Aber es würde bestimmt nicht einfach werden zu ertrinken. Sie hatte immer gern geschwommen und bewegte sich wie ein Fisch im Wasser. Sie konnte sich nicht vorstellen, so verzweifelt zu sein, dass sie sich einfach in die Tiefe sinken ließ. Sie wusste, sie würde wie ein Korken wieder auftauchen, und dann würde sie anfangen, Wasser zu treten, versuchen, nicht unterzugehen, während das Schiff immer weiter fuhr, bis es am Horizont verschwand, und danach würde sie allein sein, in der Dünung des Meeres treiben, immer erschöpfter werden, immer mehr Salzwasser schlucken und gegen die Müdigkeit und die Dunkelheit ankämpfen.

Natürlich konnte man etwas mitnehmen, etwas Schweres, oder sich die Taschen mit Steinen füllen, damit man nicht schwamm, sondern unterging.

Doch davor schreckte sie zurück. Zwar hatte sie sich heute Morgen noch vorgestellt, wie ihre Leiche ins Wasser stürzte, nun erfüllte der Gedanke sie allerdings mit Entsetzen.

Sie stieß sich von der Reling ab und setzte sich, schneller diesmal, in Bewegung.

Es gab Leute, die einem helfen konnten, das Baby loszuwerden. Das kostete Geld, und sie hatte auch keine Ahnung, wie sie so jemanden finden sollte. Aber es gab sie. Manchmal nahm es ein schlimmes Ende, das wusste sie – diese Geschichten landeten in der Zeitung –, doch es musste auch andere geben, die sich wirklich auskannten. Man musste nur den Richtigen fragen.

Zum ersten Mal bemerkte sie, dass Betty sich in der Nähe sonnte. Betty warf ihr über ihre Zeitschrift hinweg einen Blick zu, und dieser Blick schien zu besagen: Jetzt weißt du es also.

Der anfängliche Schock wich schnell der hässlichen Notwendigkeit, etwas zu unternehmen. Sie würde eine Entscheidung treffen müssen.

Sie hatte schon einige Entscheidungen in ihrem Leben getroffen: das Stipendium anzunehmen, ihre Mutter zu verlassen, ans andere Ende der Welt zu fahren. Und damals waren sie ihr riesig vorgekommen. Doch gleichzeitig war es immer auch einfach und natürlich gewesen, ein Schritt nach vorn. Die Musik hatte schon ihr ganzes Leben beherrscht; dies war nur ein weiterer Schritt auf dem Weg, den sie schon vor so langer Zeit eingeschlagen hatte, dass sie sich nicht mehr an den ersten Schritt erinnern konnte. Ihre Schwester Bea war bereits in Übersee, um Malerei zu studieren; in gewisser

Hinsicht trat sie also nur in die Fußstapfen ihrer Schwester. Obwohl sie in ein anderes Land ging, war es kaum ein Schritt ins Unbekannte, denn ihre Schwester war dort und wartete auf sie. Ihr altes Leben würde einfach an einem neuen Ort weitergehen. Andere hatten ihr Empfehlungen gegeben, wo und mit wem sie studieren sollte, und zur Zufriedenheit aller war sie diesen Empfehlungen gefolgt.

Aber diese Entscheidung jetzt war etwas vollkommen anderes. Was auch immer sie entschied, würde irgendjemanden verletzen, aufregen und wütend machen. Es gab einfach keine gute Entscheidung. Alles fühlte sich falsch an. Nichts fühlte sich einfach und leicht und richtig an. Sie konnte zu Stead rennen, sich seiner Gnade ausliefern und hoffen, dass seine Gefühle zu ihr sich nicht geändert hatten, dass sie möglicherweise doch noch zusammenfanden – guter Gott, zu dritt waren – und glücklich und in Frieden lebten. Aber wenn erst mal das Baby kam und das damit verbundene Füttern, Waschen, die tägliche Hausarbeit und Leinen voller nasser Windeln, konnte es da noch Musik geben? Wie sollte das möglich sein?

Und was, wenn sie Stead nicht fand oder er sie zurückwies? Die Vorstellung, ein Leben als unverheiratete Mutter zu führen, war einfach undenkbar. Der Skandal würde sie vernichten. Ihre Mutter würde sich nirgendwo mehr blicken lassen können. Ihr Kind, Steads Kind, hätte als Bastard ein Leben in Schande zu erwarten. Das konnte sie niemandem wünschen.

Oder sie konnte, wie der Arzt gesagt hatte, in ein Heim für ledige Mütter gehen, dort insgeheim das Kind bekommen und zur Adoption freigeben. Frauen in ihrer Lage machten das so. Niemand musste davon erfahren, und danach konnte sie ihr altes Leben wiederaufnehmen.

Aber das Kind, das Kind … Jedes Mal wenn sie daran

dachte, spürte sie einen schrecklichen Ansturm aus Zärtlichkeit und Verwirrung, aus Liebe und Schmerz, so dass sie den Gedanken daran nicht ertragen konnte.

Und wie sollte sie Stead – falls sie ihn je wiedersah – sagen können, sie hätte sein Kind bekommen und es dann weggegeben? Falls sie je wieder zusammenkämen, wie sollte sie da das Wissen ertragen, dass es irgendwo auf der Welt ein Kind von ihnen gab, verloren für immer?

Natürlich würde das Kind nicht wissen, dass es verloren war. Es würde sich sicher im Schoß einer Familie wähnen und niemals erfahren, dass seine leiblichen Eltern es seinem Schicksal überlassen hatten.

Und doch, und doch – wann immer sie an ihren Koffer voller Noten, an ihre Empfehlungsschreiben und an jene strahlenden Momente auf einer Bühne dachte, wenn sie sich die Seele aus dem Leib spielte und wusste, dass sie an etwas Höheres rührte: War das nicht auch ein Teil von ihr? Große Kunst verlangte manchmal große Opfer – das wusste sie aus den Biographien berühmter Komponisten und Musiker. Auf dem Papier war es ihr richtig vorgekommen, dass normale Dinge wie Liebe, Kinder, Familie und ein Zuhause für die Musik und den Ruhm geopfert werden mussten. Musik war wichtig – und selten. Familien und Kinder gab es überall. Sie war jung; sie konnte später noch Kinder bekommen. Warum musste es unbedingt jetzt sein?

Sie beschloss, an Stead zu schreiben. Wenn sie alles in Worte fasste, würde sie vielleicht erkennen, was zu tun war. Wenn sie die Gedanken, die ihr im Kopf herumwirbelten, zu Papier brachte, könnte daraus vielleicht ein Plan entstehen.

Lieber S,
ich muss Dir etwas

Lieber S,
ich

Lieber S,
ich bin schwanger. Ich

Lieber S,
wer hätte das gedacht?

Lieber S,
also: Ich bin schwanger. Ich dachte, Du solltest es wissen. Nicht dass das Wissen einem von uns nützen würde. Ich bin auf See, Du bist auf See, also kannst Du nicht mal eine ehrbare Frau aus mir machen. Oder mir helfen, jemanden zu finden, der mir aus diesem Schlamassel hilft.

Der Arzt sagt, das Baby kommt im März. Das wäre eine Überraschung, wenn Du an Silvester auf den Stufen vor St. Martin-in-the-Fields nach mir Ausschau hältst! Da stünde ich, fett wie ein Wal. Tja, hallo, würde ich sagen. Seit unserer letzten Begegnung habe ich mich ziemlich gehenlassen. Ich sollte wirklich die Finger von den Sahnetörtchen lassen.

Ich versuche, mir vorzustellen, was Du wohl sagen, was Du tun wirst. Ich hoffe, Du sagst, dass es einerlei ist, weil Deine Gefühle zu mir sich nicht geändert haben. Aber wie sollte das möglich sein?

Sie sah die Szene vor sich: all die Feiernden draußen in der Kälte und sie, allein und sichtbar schwanger, wartend. Sobald sie aus dem Schatten träte, sobald er die Wahrheit sähe – dass sie nicht das hübsche, süße und unschuldige Mädchen war, für das er sie gehalten hatte, sondern so eine, die sich schwängern ließ, ein unanständiges Mädchen oder zumindest ein dummes –, wäre alles vorbei.

Sie barg den Kopf in ihren Händen. Selbst wenn er an Silvester auftauchte, würde er, sobald er sie sah, die Beine in die Hand nehmen und rennen, so schnell und so weit er konnte, denn das machten Seeleute so. Und was wäre dann mit ihr? Sie wäre genauso allein wie jetzt und immer noch schwanger.

Wenn Du doch nur hier wärst!
Wenn ich doch nur wüsste, was ich tun soll!

Sie faltete den Brief zusammen und legte ihn zu den anderen.

Am Nachmittag ging Marina in den leeren Tanzsaal, setzte sich ans Klavier und fing an zu spielen. Sie hatte sich zu elend dazu gefühlt, aber nun schien es ihr ungeheuer wichtig. Sie würde aufs Konservatorium gehen. Nur wegen ein bisschen Übelkeit konnte sie ihre Übungen nicht schleifen lassen. Sie bewaffnete sich mit einer Schachtel Kekse und knabberte einen, wann immer es ihr übel zu werden drohte, und zu ihrem Erstaunen schien es zu helfen.

Sie spielte und dachte nach, spielte und dachte nach, und all ihre Gedanken galten Stead und den drei Tagen, die sie mit ihm in Sydney verbracht hatte. Es stimmte, vor ihrer Begegnung mit ihm hatte sie nur selten mit dem anderen Geschlecht zu tun gehabt – sie hatte keine Brüder und war auf eine reine Mädchenschule gegangen –, doch irgendetwas an Stead hatte sie fasziniert und gefesselt. Es war die Mischung aus Körperlichkeit – er war nicht nur groß, sondern auch kräftig, stark wie ein Ochse, mit breiten Schultern, dicken, muskulösen Beinen und großen Händen mit kurzen Fingern – und seiner Ruhe, seinem Schweigen, seiner Achtsamkeit und dem Eindruck, den er in ihr auslöste:

dass Stead, ganz gleich, wie er sonst noch sein mochte, im Gegensatz zu seinem besten Freund zutiefst und unerschütterlich gefestigt war. Sie konnte sich vorstellen, dass er die Welt in seinen Händen hielt. Er hatte dunkelbraune Haare und dunkelbraune Augen, die tiefer zu blicken schienen als die der meisten Menschen – obwohl es vielleicht auch an seiner Schweigsamkeit lag, die ihn tiefsinnig wirken ließ. Dennoch glaubte sie an seine Tiefe und sehnte sich danach, sie zu ergründen. Und im Verlauf jener drei Tage hatte sie genau damit begonnen.

Sie war noch nie zuvor verliebt gewesen, hatte nie das Gefühl empfunden, das von Entdecken und Erstaunen geprägt war, vom Rausch immer neuer Erfahrungen, neuer Vertraulichkeiten, als sie zueinanderfanden, sich Geschichten erzählten, Dinge betrachteten, sich ansahen und redeten und küssten und all das andere. Es war aufregend und verwirrend gewesen, hatte all ihre Zurückhaltung und Vernunft hinweggefegt, alles, was sie über sich selbst zu wissen glaubte. All das wegen dieses neuen hinreißenden Phänomens, das sie entdeckte: Liebe. Selbst als sie sich am Kai von ihm verabschiedete, hatte es sich angefühlt wie ein Anfang, und auch als sie später weinte, weil er weg war und sie ihn vermisste, klammerte sie sich an die Hoffnung, dass ihre Trennung nicht endgültig war. Sie galt nur bis Silvester, nur für ein halbes Jahr, und dann würde sie ihn wiedersehen, und sie würden dort weitermachen, wo sie aufgehört hatten.

Sie hatte an ihn geglaubt, daran, dass diese Liebe möglich, wahr und echt war, obwohl sie einander erst knappe drei Tage kannten, dass diese Liebe ein Eigenleben hatte, welches sie beide über die Lücken und Unterbrechungen, über die Meere tragen würde, bis sie wieder zusammen sein konnten. Sie hatte geglaubt, ihre Liebe sei groß genug, um sowohl Raum für ihre Musik als auch für ihn zu bieten, genug Raum für alles, was ihr wichtig war. Nicht eine Sekunde hatte sie daran gezweifelt, dass sie, wenn sie ihn wiedersähe – und sie würde ihn wiedersehen, diese sechs Monate würden einfach verschwinden, als hätten sie nie existiert –, einfach wieder in den Strom ihrer Liebe treten würden, und dann würde er sie in tiefere und immer tiefere Fluten tragen. Daran hatte sie keinerlei Zweifel. Nicht einen einzigen.

Aber bei einem Baby? Einer Mussheirat? War eine solch harte Realität zumutbar? Jetzt entdeckte sie doch Zweifel in sich, Zweifel an ihm, auch an sich selbst, und sie hasste sich dafür. Warum hatte alles nicht einfach noch ein kleines bisschen länger im Reich der Träume bleiben können?

Sie wusste, sie sollte den Glauben an ihn bewahren. Doch er war so weit weg. Und ihr lief die Zeit davon.

Maurice kam herein, als sie sich durch irgendein Brahmsstück arbeitete, und sah leise ein paar Notenblätter durch, während sie die Phrase zu Ende spielte. Maurice hatte feingemeißelte Gesichtszüge und vor Brillantine glänzendes Haar, die Betty und Myrtle ins Schwärmen brachten. Tagsüber, in Hemdsärmeln, wirkte er nicht so elegant, aber in Marinas Augen sah er besser, normaler aus, wenn er nicht auf der Bühne stand.

»Du warst schon länger nicht hier«, bemerkte er beiläufig.

»Mir ging's nicht gut.«

»Tässchen Tee?«

»Gerne.«

Sie sah zu, wie er den Kessel aufstellte und das Teegeschirr zusammenstellte, und ihr Geist verweilte müßig bei ein paar Eindrücken. Maurice war Musiker, ein Reisender, ein Mann von Welt. Er kannte viele Geschichten über Dinge, die Menschen auf Schiffen widerfuhren – manche witzig, manche schockierend. Da er unverheiratet war, hatte er viele

Liebschaften in aller Herren Länder gehabt. Er kannte sich mit emotionalen Verwicklungen, Problemen und Schwierigkeiten aus und wusste, was vielleicht noch wichtiger war, wie man sich wieder daraus befreite. Wenn es einen gab, der wissen konnte, was ein Mädchen in ihrer Lage tun musste, dann er.

»Könntest du mir vielleicht einen Rat geben?«, fragte sie, als er ihr einen dampfenden Becher reichte. Sie umfasste ihn mit beiden Händen und erinnerte sich beim Duft des Tees an zu Hause.

»Selbstverständlich.«

»Hast du je ein Mädchen in Schwierigkeiten gebracht?«

Erschrocken sah er sie an. Damit hatte er nun gar nicht gerechnet. Sie merkte, wie persönlich die Frage war, und fügte hinzu: »Oder irgendjemand, den du kennst?«

»Das passiert alle Tage«, antwortete Maurice mit strahlendem Lächeln, um die peinliche Situation zu überspielen, »allerdings nicht mir, wie ich glücklicherweise sagen kann.«

»Was wäre, wenn es einer jungen Frau passierte, die auf einer so langen Reise ist wie wir?«

Maurice' Lächeln schwand. »Tja«, sagte er, »das hinge davon ab, was sie wollte.«

»Und wenn sie es nicht wollte?«

»Hat sie denn Geld?«

»Nicht viel.«

Maurice seufzte, sah sie an und fuhr sich mit der Hand über den Mund. »Sag mir nur: Ist es eins der Mädel aus deiner Kabine?«

Als sie den Kopf schüttelte, kamen ihr die Tränen.

»Alles klar. Keine Sorge.« Er schaute sie prüfend an, nicht verurteilend, eher neugierig und leicht bedauernd. »Überlass das mir. Ich sehe mal, was sich machen lässt.«

An jenem Abend ging sie von Angst gequält ins Bett. Stunde um Stunde lag sie wach, während ihre drei Kabinengenossinnen atmeten, schnarchten, seufzten und furzten, und Sorgen und Vorwürfe wirbelten ihr unaufhörlich durch den Sinn. Sie machte sich Sorgen, dass Maurice niemanden finden würde oder dass er doch jemanden fand, der etwas Unaussprechliches mit ihr tat, und sie wie eine jener verstümmelten oder toten Frauen endete, die schändlich in den Zeitungen angeprangert wurden. Sie machte sich Sorgen, dass ihre Schwester es erfahren würde, oder ihre Mutter, und dass sie zutiefst enttäuscht wären, und bei diesem Gedanken musste sie ihr Gesicht ins Kissen drücken und ihr Schluchzen ersticken, damit die anderen Mädchen nicht aufwachten. Sie dachte an Stead und fragte sich, ob sie ihn wiedersehen würde, und wenn ja, ob sie es ihm erzählen konnte. Wäre er erleichtert, wenn er erfuhr, dass sie sein Kind losgeworden war? Oder wütend?

Aber sie durfte sich nicht mal erlauben, es als sein Kind zu betrachten. Das war viel zu gefährlich, zu schrecklich, also würde sie es nicht denken. Es war kein Kind, noch nicht. Es kam ihr unwirklich vor, und so sollte es auch bleiben.

Sie ließ sich in eine verzweifelte Sehnsucht nach den Träumen fallen, die sie noch bis vor kurzem gehegt hatte: das Leben einer Studentin in einer schönen neuen Stadt, ein Leben ganz aus Musik, die Begegnung mit ihrem Seemann in der Silvesternacht auf den Stufen von St. Martin-in-the-Fields – ihr verlorenes Paradies.

Aber es war nicht verloren. Maurice würde jemanden finden, jemand würde ihr helfen, all dies würde vergehen, und dann könnte sie einfach in ihr altes Leben zurückkehren, als wäre nichts geschehen.

Am nächsten Tag brachte sie es nicht über sich, in den Tanzsaal zu gehen. Jetzt, wo Maurice ihr schmutziges Geheimnis kannte, war es einfach zu beschämend und erbärmlich, ihm unter die Augen zu treten. Sie konnte nicht einfach, so als wäre nichts, hingehen und auf seinem Klavier spielen. Sie fürchtete sich vor seiner verlegenen Miene, wenn er ihr nicht helfen konnte. Oder schlimmer noch: Sie ginge hin, und er hätte neue Informationen, und mit ihnen kämen neue Schrecknisse und Demütigungen.

Angespannt und nervös setzte sie sich an Deck und versteckte sich hinter einem Buch. Wieder und wieder las sie dieselbe Seite, bis ihr am späten Vormittag Maurice auf die Schulter tippte.

»Hast du eine Minute für mich?«, fragte er beiläufig.

Maurice hatte sich umgehört. Es gab eine Frau im Hafen, die wusste, wie man unerwünschte Probleme loswurde. Sie war sehr erfahren, alles würde wieder gut werden, aber das Ganze musste absolut geheim bleiben.

»Wem sollte ich es denn erzählen?«, fragte Marina, und Maurice lachte.

Tag für Tag hatten die Passagiere sich der Lethargie hingegeben, sich von der Eintönigkeit von Meer und Himmel einlullen lassen, doch als man sich nun einem ausländischen Hafen näherte, schien das ganze Schiff zu erwachen. Die Reisenden wurden aus ihrer Trägheit gerissen und fingen wieder an zu plaudern, weil sie sich auf einen exotischen neuen Ort freuten, auf neue Anblicke, neue Gerüche, auf die Aussicht, Neues aus der Heimat zu erfahren und wieder Kontakt mit der wirklichen Welt außerhalb des Schiffs aufzunehmen.

Marina ging in den Tanzsaal und übte stundenlang, manchmal den gesamten Vormittag. Das Warten war unerträglich für sie, und sie überstand die Anspannung nur, indem sie spielte und somit nicht zum Nachdenken kam.

Irgendwie schien das Wissen um ihren Zustand in ihre Kabine gesickert zu sein. Betty und Myrtle schienen Bescheid zu wissen, aber statt sich, wie sie befürchtet hatte, über sie lustig zu machen, waren sie reserviert und höflich geworden, so als hätten sie Angst, sie könnte sie mit ihrer Schande anstecken. Clarissa wurde eisig, und eines Tages war sie einfach verschwunden – in eine andere Kabine gezogen. Marina hatte nicht besonders viel an ihrer Freundschaft gelegen, doch da sie noch nie zuvor geächtet worden war, war es ein unangenehmer Schock, auf das unbekümmerte und freundliche Miteinander zu verzichten, das ein Leben auf so engem Raum erträglich machte.

Schließlich kam der entscheidende Tag. An diesem Morgen würden sie an Land gehen. Die Passagiere versammelten sich nach und nach an Deck, als ein schimmernder Umriss am Horizont erschien und sich ganz langsam als Festland und Wolken und dann als Küste mit Gebäuden und Bäumen herauskristallisierte.

Vom immer gleichen menschenleeren Meer gelangten sie in einen geschäftigen, wimmelnden, lärmenden Hafen voller Schiffe, Menschen und auf dem Wasser hüpfender Abfälle.

Marina stand in der Menge und verspürte schreckliche, unangenehme Aufregung. Bald würde sie alles hinter sich haben. Ihr Problem würde gelöst, und sie könnte wieder in ihr altes Leben zurückkehren. Aber ihr wurde fast übel vor Angst, wenn sie daran dachte, was unmittelbar vor ihr lag. Maurice hatte ihr nicht erzählt, was sie erwartete – wahrscheinlich wusste er es selbst nicht –, und die ganze Sache lag so weit außerhalb ihres Erfahrungshorizonts, dass sie nur Grauen empfand.

Sie legten an, und eine Schlange von Passagieren bildete sich, die es von Bord drängte. Marina beobachtete sie und betrachtete die erste fremde Stadt, die sie je zu Gesicht bekam. Wie sehr wünschte sie sich, sie hätte dies schätzen können, und wieder einmal überkam sie eine Welle von Selbstmitleid, als sie sich vorstellte, wie sie das Ganze in einem Brief an ihre Mutter beschrieben hätte, wenn sie nicht schwanger gewesen wäre und mit einem Seemann, den sie nicht kannte, zu irgendeiner Engelmacherin hätte gehen müssen.

Schon bald kam besagter Seemann zu ihr geschlurft. Er hatte die Hände tief in die Taschen geschoben und mied ihren Blick. »Gehen wir«, sagte er nur.

Sie warf ihm verstohlene Blicke zu, als sie ihm von Bord folgte. Konnte sie ihm trauen? Maurice hatte ihn für sie aufgetrieben, und sie glaubte, dass sie Maurice trauen konnte. Doch Maurice war nicht hier – er hatte sie diesem Mann überantwortet, und jetzt war sie allein mit ihm. Ihr prickelte die Kopfhaut. Alles hier fühlte sich für sie falsch und gefährlich an. Aber was blieb ihr anderes übrig?

Rikschafahrer umringten sie und boten in einem unverständlichen Sprachengewirr ihre Dienste an. Der Seemann nannte ein Ziel, worauf kurze, knappe und ebenso unverständliche Verhandlungen folgten, bis sie in die Rikscha stiegen und losfuhren.

Marina saß steif und starr vor Angst da, während sie durch enge, zugebaute Straßen voller Menschen fuhren, einige davon Weiße, die meisten allerdings Asiaten. Das Leben selbst schien sich aus den winzigen Läden und Häusern auf die Gassen zu ergießen, die mit Waren, Ständen und Hausierern vollgestopft waren, mit Wäscheleinen, Bettlern, Tieren und Kindern. Schon bald hatte sie das Gefühl, dass sie vor lauter Menschen, Dingen und Gerüchen kaum noch atmen konnte.

Sie hielten vor einem winzigen Haus, das genauso aussah wie alle anderen. Der Seemann stieg aus und klopfte an die Tür. Als Marina ihm folgte, ging die Tür auf, und ein kleiner junger Mann mit drahtigen schwarzen Haaren erschien. Der Matrose wies mit dem Kopf auf Marina, worauf der schwarzhaarige junge Mann nickte und beiseitetrat, um sie einzulassen.

Sie traten ins Vorderzimmer eines winzigen Hauses. Marina hatte so etwas wie ein Wartezimmer und eine Arztpraxis erwartet, stattdessen sah sie einen kleinen dunklen, nur von einem einzigen schmierigen Fenster erhellten Raum, in dem mehrere Menschen lebten und schliefen. In einer Ecke stapelten sich Schlafmatten, und die Wände waren zugestellt mit Kisten, Regalen und Schränken, die mit den persönlichen Sachen vieler Menschen gefüllt waren. Eine junge Frau saß mit dem Rücken zur Wand auf einer der Matten und stillte ein Kind. Als Marina hereinkam, warf sie ihr einen ausdruckslosen Blick ohne jegliches Mitleid zu. Der Raum stank nach menschlichen Körpern, durchdringenden unbekannten Kochgerüchen und Rauch. Marina hörte das Schmatzen des Babys und spürte ein flaues Gefühl im Bauch.

Ihr Begleiter sprach mit dem Mann, und Geld wechselte den Besitzer. Dann wandte sich der Seemann an Marina. »Es ist alles geregelt«, sagte er.

Er ging einen Schritt Richtung Tür. Er würde sie hier allein zurücklassen.

»Wollen Sie … denn nicht auf mich warten?«, fragte Marina mit zitternder Stimme.

Doch der Matrose wollte unbedingt gehen. »Man wird Sie nachher zum Schiff bringen. Sie kommen schon klar.«

Und nachdem er dem Mann zugenickt hatte, verschwand er.

Aus einem dunklen Durchgang erschien eine alte Frau, noch winziger als der junge Mann, mit zahnlosem Mund und dünnem Haar, und sprach sie an. Marina verstand sie nicht und erkannte, dass keiner der beiden Englisch konnte. Die alte Frau winkte hektisch, und als Marina immer noch zögerte, wies der junge Mann sie mit ungeduldigem Blick weiter.

Während sie der alten Frau folgte, hörte sie den jungen Mann etwas sagen und die junge Frau mit dem Baby an der Brust leise lachen.

Die alte Frau führte sie in eine dämmrige Küche voller Schatten. Scharfe Gerüche nach Knoblauch, Gewürzen und ranzigem Bratfett bestürmten sie. Beim Betrachten der seltsam geformten Töpfe, der Säcke und Gläser voller Vorräte und des verrußten Ofens kam sie sich vor wie in einer Hexenhöhle.

Die alte Frau bedeutete ihr, ihre Unterwäsche auszuziehen, und zeigte zum Tisch. Marina hörte die Stimmen des Mannes und der jüngeren Frau. Sie unterhielten sich leise im Nebenzimmer, und plötzlich geriet sie in Panik bei dem Gedanken, sich an diesem seltsamen Ort so preiszugeben. Die alte Frau drehte sich um. Marina sah etwas Langes, Spitzes in ihrer Hand aufblitzen, und da überkam sie ein solches Grauen, dass sie wusste, sie konnte sich nicht auf diesen Tisch legen und sich den Dienstleistungen dieser Frau aussetzen. Sie konnte es einfach nicht. »Tut mir leid«, stieß sie hervor, schob sich an ihr vorbei, lief aus der Küche, durchs Wohnzimmer, vorbei an dem Mann und der Frau und dem gierig schmatzenden Mund des Babys, hinaus ins Freie. Ohne zu wissen, wohin sie sollte, rannte sie durch die lauten, wimmelnden Straßen, die nach Abwasser und fremden Speisen rochen, rannte, bis sie nicht mehr konnte, dann ging sie weiter, bis das Kreischen der Möwen und die Gerüche des Hafens sie zum Kai, zum Schiff und in Sicherheit brachten.

Aber die Sicherheit war nur vorübergehend. Als sie ihre Kabine erreichte, wusste sie, sie hatte eine Tür geschlossen, eine Tür vor dem Leben, das sie sich nur ein paar Wochen zuvor bei ihrer Abreise aus Sydney für sich vorgestellt hatte.

Jetzt wartete ein anderes Leben auf sie. Und sie konnte sich nicht vorstellen, wie dieses Leben aussehen sollte.

Pazifik, 1943

Sie legten wieder ab, und Stead wurde aufs Neue von der endlosen Arbeit an Bord mit Beschlag belegt, dem Wecken um vier Uhr morgens, den Übungen und den vielen Stunden in der kochenden, nie nachlassenden unerträglichen Hitze unter Deck, welche die Maschinen, das warme Wasser des Pazifiks und die sengende Sonne erzeugten. In den wenigen ruhigen Momenten, in denen nichts zu tun war, wärmten Steads Kameraden jeden einzelnen denkwürdigen Moment auf, den sie an Land verbracht hatten, schwärmten von einem Mädchen mit tollen Beinen, von der Brandung in Bondi, der perfekten Kruste eines Apfelkuchens, einer Tanzcombo, einem bequemen Bett. Zwar gab es auch unangenehme Erinnerungen, doch diese schienen mit jedem Erzählen lustiger zu werden: Beinahezusammenstöße mit der Militärpolizei, wütenden Aussies und stinkenden Huren, schlechtes Essen und unangenehme Begegnungen, Tricks, Schwindeleien und Prügeleien. Stead arbeitete hart und lachte über die Witze seiner Kameraden, aber trotz der langen Tage, der Hitze, des Lärms, der Erschöpfung und der Tatsache, dass er nie allein war, gab es offenbar immer ein paar Freiräume, in die sich seine Gedanken schlichen. Stimmte es? Hatte er Marina in Schwierigkeiten gebracht?

Zwar sagte er sich, das sei sehr unwahrscheinlich, dennoch quälten ihn Zweifel.

Und je länger er darüber nachdachte, desto mehr Fehler und Versäumnisse schienen zu seinen Lasten zu gehen. Bis jetzt waren sie ihm nicht wie Versäumnisse vorgekommen, im Licht seines neuen Verdachts wirkte sein Verhalten allerdings ziemlich fragwürdig. Er hätte ihr schreiben können – schließlich hatte er die Adresse ihrer Mutter –, aber selbst wenn ihm der Gedanke gekommen wäre, hätte er nicht gewusst, was er ihr mitteilen sollte. Außerdem war da der Silvesterplan. Am letzten Morgen, als sie immer noch über sich und das, was sie getan hatten, staunten, hatte er gesagt: »Ich wünschte so sehr, ich könnte dich irgendwie wiedersehen.«

Und sie hatte geantwortet: »Solltest du jemals in London sein, könntest du mich besuchen.«

»Aber wie soll ich dich finden?«, hatte er gefragt.

»Komm zum Konservatorium und hinterlasse eine Nachricht«, schlug sie vor.

»Was werden die Leute denken?«

»Ist mir egal«, sagte Marina. »Nein, ich hab noch eine bessere Idee. Wir schließen einen Pakt.«

»Einen was?«

»Wir versprechen uns, uns zu treffen. An Weihnachten – nein an Silvester. Wir werden zusammen das neue Jahr begrüßen.«

»Du meinst 1939?«, sagte Stead. »Aber wo sollen wir uns treffen? Ich kenne mich in London nicht aus.«

»Wir treffen uns auf den Stufen von St. Martin-in-the-Fields und sehen uns den Countdown auf dem Trafalgar Square an. Das macht man dort so.«

»Ist das schwer zu finden?«

»Der Trafalgar Square?«, fragte Marina leicht ungläubig. »Nein, der sollte nicht allzu schwer zu finden sein.«

»Ist gut«, sagte Stead. »Abgemacht. St. Michaels, Trafalgar Square. Silvester.«

»St. Martin. St. Martin-in-the-Fields. Versprich mir, dass du es nicht vergessen wirst.«

»Das vergesse ich nicht«, versprach er, und als er sich vorlehnte, um sie zu küssen, wusste er bereits, dass die Chancen, an Silvester in London oder auch nur auf dieser Hälfte der Erdkugel zu sein, gering standen. Aber das Versprechen, es zu versuchen, fühlte sich gut an, genau wie die Freude über die Möglichkeit, so etwas könnte tatsächlich geschehen – und hatten die letzten drei Tagen nicht bewiesen, dass eine ganze Reihe unwahrscheinlicher Dinge plötzlich doch möglich wurde?

Damals empfand er keinerlei Schuldgefühle, ein unhaltbares Versprechen zu geben, und als er später mit Slick darüber redete, gelangte er zu der Überzeugung, dass der Silvesterplan eine jener Verabredungen war, die man traf, ohne zu beabsichtigen, sie auch einzuhalten. In sechs Monaten hätte sie neue Freunde gefunden. Er war überzeugt, dass sie nicht auf der Kirchentreppe stehen und auf ihn warten würde, während das alte Jahr ins neue überging.

Aber jetzt war er sich nicht mehr so sicher. Was, wenn er sich irrte und sie wirklich da gewesen war, in der Kälte, und endlos auf ihn gewartet hatte, während die Minuten verstrichen und die Feiernden schließlich die Sekunden herunterzählten? Wenn sie sich gefragt hatte, was mit ihm geschehen war? Er versuchte, sich einzureden, dass das alles schon sehr lange her war. Fünf Jahre waren seitdem vergangen, und er konnte nichts mehr daran ändern, ganz gleich, wie sie sich damals gefühlt haben mochte. Trotzdem fühlte er sich für sie verantwortlich, und obwohl er versuchte, nicht darüber nachzudenken, dämmerte ihm nach und nach, dass er sich etwas hatte entgleiten lassen, das vielleicht alles geändert hätte, hätte er nur besser achtgegeben.

Als er sie damals, 1938, ohne einen Blick zurück am Circular Quay stehenließ, hatte er gedacht – weil er nicht viel über Mädchen, die Welt oder sich selbst wusste –, er würde noch viele Mädchen wie sie kennenlernen, und sie würden sich unterhalten, und er würde sich bei ihnen so wohl fühlen wie bei ihr, und er würde wissen, dass sie allein sein und kein Wort sagen konnten, ohne dass daraus ein peinlicher Moment würde. Denn bei Mädchen brachte er oft kein Wort heraus – sie konnten grausam sein. Aber Marina war nicht grausam. Etwas an ihr war offen und nicht verschlossen, so dass er sich selbst öffnen konnte. Sie hatte ihm gezeigt, dass man auch anders leben konnte – dass es Wunderbares zu entdecken gab, wenn man die Augen aufmachte und sich umsah. In den folgenden Jahren gab es Zeiten, in denen er an irgendeinem fremden Ort umherspazierte – wie zum Beispiel in diesem Tempel in Bangkok – und sich dabei ertappte, wie er sich vorstellte, ihr diesen Ort zu beschreiben, wenn er sie jemals wiedersah, und zwar nicht nur, weil er sie immer noch beeindrucken wollte, sondern auch, weil sie ihn für einen anderen Mann hielt, als er tatsächlich war, und er nach wie vor hoffte, für sie dieser Mann sein zu können.

Eine Weile überlegte er, was er tun sollte. Er wusste, seine Kumpel würden ihm raten, das Ganze zu vergessen – obwohl er einst bei ihr gelandet war, konnte er jetzt nichts ausrichten. Es war besser, das Ganze auf sich beruhen zu lassen. Doch das kam ihm irgendwie nicht richtig vor, ganz gleich, wie sehr er sich auch bemühte. Er musste die Wahrheit erfahren. Dann würde er hoffentlich wissen, was er tun sollte.

Stead war der Einzige der Besatzung, der nie Post verschickte oder bekam. Die anderen erhielten Briefe, Fotos, Socken und Süßigkeiten von Schwestern, Freundinnen und

Müttern, aber für ihn kam nie etwas. Er wusste, seine Kameraden glaubten ihm nicht, wenn er behauptete, er wüsste nicht, wo seine Familie sei, aber es stimmte. Als er in die Navy eintrat, hatte man ihn nach den nächsten Familienangehörigen gefragt, und er konnte ihnen nur die Adresse einer verheirateten Schwester geben – doch er hatte jahrelang nichts mehr von ihr gehört und wusste nicht, ob sie dort überhaupt noch wohnte. Er hatte auch kein Zuhause: Die Farm seiner Eltern gab es längst nicht mehr; Slick und die *Fortuna*, das einzige Zuhause, das er als Erwachsener gekannt hatte, gab es ebenfalls nicht mehr. Nach all den Jahren auf See war er allein und ohne Bindungen; erst als er sah, dass seine Kameraden immer wieder Briefe aus der Heimat lasen und vor dem Einschlafen Fotos küssten, die sie wie einen Schatz hüteten, spürte er langsam das hohle Gefühl der Leere in seinem Inneren und erkannte, dass nicht alle so durchs Leben gingen.

Er beschloss, Marinas Mutter einen Brief zu schreiben.

Ma'am,
es tat mir sehr leid zu hören, dass Marina vermisst wird. Sie ist ein anständiges Mädchen, das Ihnen alle Ehre macht. Ich hoffe, Sie lassen es mich wissen, sollte ich Ihnen oder ihr in irgendeiner Weise helfen können.
Mit den freundlichsten Grüßen
John Stead

Als er diesen Brief schrieb, blickte ihm Lenny über die Schulter.

»Wem schreibst du denn da?«, fragte er neugierig.

»Ich dachte, ich schreib mal an die Mutter dieses Mädchens«, antwortete Stead. »Wo sie doch jetzt ganz allein ist.«

Lenny nickte und behielt seine Meinung für sich. Es lag

ihm nicht, andere aufzuziehen. Er war kein großer Spaßvogel.

Sie wurden zu einer Operation beordert, in der es galt, lange Abschnitte einer hart verteidigten Inselküstenlinie auf und ab zu fahren. Japanische U-Boote, schwere Kreuzer und Zerstörer, massenhaft Kampfflugzeuge und Artillerie an der Küste. Tage gingen in Nächte, Nächte in Tage über, während sie die Küste hinauf- und hinunterfuhren und kämpften, auftankten, wieder kämpften, Marines absetzten und die Japaner zu Wasser, zu Land und in der Luft ununterbrochen bestürmten und bekämpften, so dass ihm keine Zeit zum Nachdenken blieb. Hier und da bekam er eine Stunde Schlaf, um drei Uhr morgens oder ein Uhr mittags, je nachdem, wann sich die Gelegenheit bot. Er arbeitete wie sie alle in einem Delirium dampfender Hitze, die sich mit jedem neuen Tag wie eine Glocke über sie senkte. Sie kämpften, und sie kämpften, und sie kämpften und wussten nur, dass sie Teil von etwas Großem und Unerklärlichem waren, bei dem ihre Ziele niemals erläutert wurden und der größere Zusammenhang des Ganzen ein Rätsel blieb. Hier und da bekamen sie Informationsfetzen über Schlachten, die geschlagen, feindliche Schiffe, die zerstört worden waren, und versuchten, ein Muster darin zu erkennen. Aber es war zu groß und sein Teil darin zu klein, um zu erkennen, was eigentlich vorging. Also blieb ihm nichts anderes übrig, als weiterzumachen, obwohl ihm alle Muskeln weh taten und er dachte, wenn es noch heißer würde, würde er zu einer Fettpfütze auf dem Boden des Maschinenraums schmelzen. Die schockierende Angst, vom Ufer aus bombardiert, von einem Flugzeug aus beharkt oder von U-Booten beschossen zu werden, wurde Teil im unablässigen nervenzerfetzenden Getöse seiner Tage und

Nächte, in denen Siege bejubelt und Niederlagen so gut wie möglich ignoriert wurden.

Dann endete die Operation. Sein Schiff kehrte für Reparaturarbeiten in den Hafen zurück, und die Männer wurden wieder auf Landurlaub geschickt. Landurlaub in einer heißen, stinkenden, heruntergekommenen Urwaldstadt irgendwo mitten im Pazifik, wo sich am Strand Berge von Nachschub und Vorräten der Army stapelten, die darauf warteten, von hier nach dort transportiert zu werden. Es gab noch größere Berge von Abfällen, die niemand wollte, die aber auch keiner entsorgen konnte, instabile Berge mit ständig abrutschenden Seiten, die ohne Vorwarnung in den Hafen kippten und dort einen alle Wassergeräusche dämpfenden, stinkenden Teppich aus schaukelndem Müll bildeten, der zwischen den Landungsbooten, den Trampschiffen und den kleinen Booten der Eingeborenen gerann. Dazwischen befanden sich am Strand Kolonialwarenläden mit Aufschriften in zwei, drei verschiedenen Sprachen, die in der Hitze verrotteten. Dahinter brütete die Stadt, ein Gemisch aus flachen Backsteinhäusern des Empires und Hütten und Baracken, zwischen denen enge, dunkle Gassen verliefen. Die Luft war schwer und durchdrungen vom Rauch der Lagerfeuer und dem beißenden Gestank von Tropendurchfall – die Landung so vieler Soldaten und Seeleute hatte die ohnehin unzureichenden sanitären Anlagen der Stadt vollkommen überlastet. Möglichkeiten, sich zu amüsieren, gab es keine. Keine Geschäfte, keine Restaurants, keine Kinos – aber Tausende von Männern, ausgezahlt und nach Wochen und Monaten im aktiven Dienst halb verrückt, die nirgendwo ihr Geld loswerden und nichts anderes tun konnten, als auf der Suche nach Ärger durch die Stadt zu streifen. Doch ringsherum überall tropisches Paradies: Ein mächtiger Berg erhob sich steil, schroff und imposant über der Stadt, sein schwarzer Fels im scharfen Kontrast zu dem üppigen Grün der Vegetation. Wenn man dem Morast der Stadt und der plündernden Army entkommen konnte, war das Wasser blaugrün, warm, klar und glitzerte in der Sonne. Ein Mann mit einem Wagen kassierte Unsummen dafür, die Soldaten über eine atemberaubende Serpentinenstraße zu fahren und sie an einem weiter entfernten wunderschönen Strand abzusetzen. Geschäftstüchtige Einheimische boten denselben Dienst mit ihren Kanus an. Es gab einfach keine anderen Zerstreuungen, als an einem dieser Strände zu schwimmen oder, für die Wagemutigeren, die Klippe hinaufzuklettern, um einen Aussichtspunkt zu finden.

Und so streunte Stead durch die Straßen und suchte rastlos nach etwas, irgendetwas, das ihn von den Erinnerungen und Gedanken ablenkte, die ständig an die Oberfläche seines Bewusstseins drängen wollten. Er nahm, was er kriegen konnte, ein Ballspiel, einen Hahnenkampf, zwei Hunde, die auf der Straße rammelten. Mindestens fünf Kumpel hatten ihm schon erklärt, wo die Freudenhäuser waren, aber das lockte ihn nicht – jedenfalls noch nicht –, also streifte er umher, sah sich alles an und versuchte, nicht zu viel nachzudenken.

Und dann drang etwas in sein Bewusstsein, ein Klang, kaum wahrnehmbar im Lärm der Stadt – ein dünner Faden Musik, der durch den Krach, die Hitze und die Gerüche zu schneiden und Stead zu entführen schien, an einen Ort und in eine Zeit, die nicht mit Erschöpfung und Angst erfüllt waren, sondern mit Magie und Möglichkeiten. Es war ein Klavierstück, und er erkannte es sofort, auch wenn es Jahre her war, seit er es zum letzten Mal gehört hatte. Es war das Stück, das Marina gespielt hatte, noch bevor er sie kennenlernte, die Musik, in die er sich verliebt und die ihn dazu gebracht hatte, sich in Marina zu verlieben.

Abrupt blieb er stehen und lauschte wie erstarrt, doch kaum fing er an, sich auf die Musik zu konzentrieren, schien sie zu verschwinden, verschluckt vom Röhren der Motorräder, vom Krachen der Lkw-Getriebe, vom Geschrei der Menschen und Dröhnen der Generatoren. Er wartete, wandte den Kopf hierhin und dorthin, weil er unbedingt die Musik wiederfinden wollte; am liebsten hätte er die ganze Stadt angebrüllt, sie sollte zum Teufel noch mal still sein, obwohl er wusste, dass es sinnlos war – und dann hörte er sie wieder und folgte ihr, so gut er konnte, immer in Panik, sie wieder zu verlieren. Woher kam sie wohl? Sie schien ihn in ein Labyrinth aus Hütten zu führen, und er konnte nicht glauben, dass sich irgendwo darin ein Klavier oder Radio verbarg – aber dort irgendwo musste eins sein. Er ging durch schlammige Gassen, vorbei an nackten Kindern und mageren Hunden. Zwischen den Hütten war es ruhiger, doch während er sich einen Weg hindurchbahnte, hier abbog, dort drehte und immer tiefer ins Labyrinth vordrang, schien die Musik mal leiser und mal lauter zu werden, so dass er immer wieder dachte, jetzt hätte er sie verloren und sich selbst verlaufen. (Er hatte keine Ahnung, wie er hier je wieder herausfinden sollte.) Jedes Mal wenn er zu verzweifeln drohte, erhaschte er allerdings wieder einen Ton, leise, flüchtig, verfliegend in der stinkenden Luft, wie die Spur aus einer anderen Welt, und so ging er weiter. Und genau dann, als er sie langsam orten konnte – sie war nun lauter und nicht mehr so weit weg, er wusste, dass er ganz in der Nähe war –, endete sie. Er hörte die letzten Akkorde, die sanfte Bewegung hin zu Abschluss und Stille. Er betete, dass etwas anderes dafür einsetzte, irgendwas, damit er zumindest die Quelle der Musik finden konnte, aber es kam nichts. Um ihn herum gingen die Einheimischen ihren Geschäften nach, trugen Vorräte, kochten Essen, leerten

Schmutzwasser, wuschen Kleider. Da wandte er sich an den Nächststehenden und fragte: »Haben Sie die Musik gehört? Woher kam die?« Doch die Frau blickte ihn nur erschrocken an und eilte weiter. Er sah, dass sich ein paar Köpfe in seine Richtung wandten, und richtete seine Frage an sie, aber niemand gab ihm eine Antwort, die er verstehen konnte, obwohl einige etwas in ihrer eigenen Sprache äußerten und lachten. Schreckliche Ohnmacht überkam ihn, weil sein verzweifeltes Bedürfnis an der Sprachbarriere zerschellte, und er wusste, dass das, was ihm plötzlich wichtiger war als alles andere auf der Welt – die Musik zu finden –, auf diese Menschen, die ihre eigenen Sorgen hatten, nur seltsam wirkte. Er packte einen Jungen am Arm und versuchte, die Melodie zu singen, an die er sich am besten erinnern konnte, doch er konnte nicht gut singen und erinnerte sich auch nicht richtig an die Melodie, und es klang krächzend und lächerlich, so dass der Junge lachte, als er sich von ihm losriss, aber dann sah er, wie sich die Miene einer Frau veränderte, als sie ihn auf einmal verstand. Sie winkte ihm zu, und er folgte ihr die überfüllte Gasse hinauf, neugierige Kinder und argwöhnische Frauen im Schlepptau, bis sie vor einem kleinen Haus stehen blieb und jemanden darin rief.

Eine kleine alte Frau erschien fragend an der Tür. Die beiden Frauen unterhielten sich. Die kleine Alte sah Stead mit schräggelegtem Kopf an, trat beiseite und ließ ihn ein. Die Tür war niedrig, er musste den Kopf einziehen – und im Haus war es dunkel und eng, doch in einer Ecke stand, der Stolz des Hauses, ein Grammophon mit Kurbel. Die jüngere Frau stupste ihn an und zeigte darauf, und er nickte und wandte sich zu der Alten und versuchte noch einmal, das zu singen, was er von der Musik behalten hatte. Die alte Frau riss die Augen auf, dann lachte sie und schlurfte zum Grammophon, kurbelte es an und setzte vorsichtig die Nadel auf die Platte. Der alte Trichter gab ein Knistern von sich, und daraufhin setzte die Musik wieder ein, der dünne Klang des Klaviers verband ihn mit einem anderen Raum, einem anderen Haus, einer anderen Zeit und mit einem Mädchen mit welligen kastanienbraunen Haaren und wunderschönen Händen. Die alte Frau nickte ihm lächelnd zu und lachte, worauf Stead unwillkürlich in seine Taschen griff und sein Geld hervorholte, alles, was er dabeihatte, es der Alten anbot, auf das Grammophon zeigte und fragte: »Kann ich das kaufen?« Die alte Frau schüttelte den Kopf, aber die jüngere protestierte. »Bitte«, sagte Stead. »Bitte.« Die alte Frau schüttelte weiter stur und abwehrend den Kopf, doch die jüngere nickte, lächelte und sagte: »Hallo, bitte, hallo«, schob ihn zum Grammophon und nahm ihm sanft das Geld aus der Hand. Stead löste die Nadel von der Platte, hob das Grammophon hoch und barg es in seinen Armen. »Danke«, sagte er, »danke«, und wich rückwärts aus der Hütte. Die Kinder in der Gasse scharten sich lärmend um ihn, als er hinaustrat, da sie leichte Beute witterten, aber er pflügte sich unbeeindruckt durch die Menge, als wäre sie gar nicht da, denn er wusste, seine Taschen waren leer, und mit leichtem Herzen, weil das Grammophon sicher in seinem Besitz war. Er hatte keine Ahnung, wo er es auf dem Schiff aufbewahren sollte. Doch das war ihm ganz gleich. Er hatte die Musik und damit ein Stück von ihr, und nur das zählte.

Später sprang er auf einen Lieferwagen, der eine der kristallklaren Buchten voller lachender, lärmender, kämpfender, schwimmender und herumtollender Soldaten ansteuerte. Er krempelte sich die Hose bis zu den Knien hoch, ließ sich das Wasser um die Füße spülen und versuchte, sich vorzustellen, wie er ihr all dies beschreiben würde, falls er sie jemals wiedersähe. Und er bemerkte, dass selbst nach unzähligen

Monaten im Pazifik, wo man doch hätte annehmen können, man hätte sich am blauen Himmel und am blauen Wasser sattgesehen, immer noch etwas blieb, das den Blick fesselte: das Glitzern, das Blau, was immer wieder und stets aufs Neue ein Augenschmaus war. Er sah die Männer im Wasser spielen, spritzen, schreien und schwimmen und spürte, wie ansteckend das war, wie ihm trotz allem etwas leichter ums Herz wurde. Und er hatte Sehnsucht: Wie sehnte er sich danach, sie zu sehen.

Er ließ seine Füße vom Wasser umspülen und spürte, wie die Kühle seinen Körper hinaufstieg, und als er genug hatte, ging er zurück zu der Stelle am Strand, wo er sein Grammophon gelassen hatte.

»Spiel uns mal was!«, rief ein Mann, der in seiner Nähe saß.

»Ich glaube, so was willst du nicht hören«, erwiderte Stead.

»Musik ist Musik, oder?«, gab der Mann zurück, also kurbelte Stead es an und setzte die Nadel auf die Platte. Um ihn herum wandten die Männer die Köpfe, doch als sie das zarte Klimpern des Klaviers hörten, ertönten entsetzte Rufe und Beschwerden.

»Spiel was, wozu man tanzen kann«, brüllte einer.

»Tut mir leid, Kumpel. Ich hab nur das«, sagte er.

Weiter unten am Strand holte einer eine Mundharmonika heraus, worauf eine Gruppe sich um ihn scharte, klatschte, jubelte und Beifall brüllte, während Stead still auf dem Sand saß, vorsichtig das Grammophon auf seinen Knien balancierte, der kratzigen Musik lauschte und sich vorstellte, es wäre Marina.

Als sie im Hafen lagen, trafen Briefe ein, darunter auch einer von Marinas Mutter, die ihn einlud, bei ihrer Tochter

Beatrice vorzusprechen, sollte er jemals in London landen. *Sie würde sich über Ihren Besuch sicher sehr freuen*, schrieb Marinas Mutter. Als Stead das las, war er für einen Augenblick glücklich. Aber dann sah er sich um: auf das überfüllte Deck, in den leuchtenden Nachthimmel mit dem Gestank des Hafens und den Düften des Dschungels, mit den Männern, die an Deck schliefen, um der unerträglichen Hitze zu entkommen. Und er wusste, dass seine Chancen, nach London zu kommen, so gering waren wie eh und je. Wieder ein Treffen mit einer jungen Frau, das niemals stattfinden würde.

Doch kurz darauf erfuhren sie, dass ihr Schiff umstationiert wurde. Sie verließen den Pazifik, um sich der Flotte auf dem Atlantik anzuschließen. Ihr Schiff nahm Kurs auf Southampton.

Bea, London, 1944

Bea war Künstlerin. 1935 war sie nach Paris gegangen, um Malerei zu studieren, und nie mehr nach Hause zurückgekehrt. Nach der Invasion der Deutschen war sie nach London gezogen und hatte ein Atelier im obersten Stockwerk eines Gebäudes auf der Redcliffe Road gemietet.

Von Marinas Mutter hatte Stead erfahren, dass Bea Marina getroffen hatte, als sie in London ankam, und ihr bei der Wohnungssuche und Eingewöhnung in einer Stadt helfen konnte, in der sie sonst keine Freunde oder Verwandten hatte. Stead hoffte, Bea könnte ihm irgendetwas dazu sagen, was aus Marina geworden war, oder ihm wenigstens einen Anhaltspunkt geben, wo sie vielleicht zu finden war.

Zumindest stellte sie eine Verbindung zu Marina dar, und er war begierig darauf, etwas über sie zu erfahren. In jenen drei gemeinsamen Tagen hatten sie geredet und geredet, bis sie das Gefühl hatten, sich in- und auswendig zu kennen. Aber er hatte einiges von dem vergessen, was sie ihm erzählt hatte, und es gab ganz sicher anderes, von dem sie nie gesprochen hatte. Außerdem war er neugierig, ob sie ihn je erwähnt hatte. Liebe: Das war doch etwas, worüber Schwestern sich austauschten, oder nicht? Den Weg zu ihrem Atelier fand er mühelos. In der Umgebung zeigten Schutthaufen an, wo der Blitzkrieg Häuser zerstört hatte, aber Beas war unbeschädigt geblieben. Stead polterte die Treppe hinauf, wo es nach Terpentin mit einem Hauch von angebranntem Toast roch, und klopfte an ihre Tür, die leuchtend blau gestrichen war.

Nach einer längeren Pause wurde sie von einer großen, dunkelhaarigen Frau geöffnet, die einen Schal um den Kopf und einen Overall voller Farbspritzer trug. Sie war älter als Marina, mit strengeren Zügen und einer sehr entschiedenen Kinnpartie. Ihre braunen Augen waren scharf und ernst. Sie musterte Stead kurz und sagte dann: »Sie müssen der Seemann sein. Kommen Sie besser mal herein.«

Als er eintrat, drehte sie die Staffelei zur Wand. Das Atelier war ein sehr schäbiger Raum mit hohen Wänden und abblätternden Tapeten, doch durch seine riesigen Fenster konnte man auf Dächer und Höfe, Balkone und Kamine und ferne Baumwipfel blicken, und ein Dachfenster überflutete alles mit Licht. Der Raum war außergewöhnlich spartanisch möbliert: Ein Vorhang am einen Ende schirmte ein schmales Bett, ein paar Kleider an einem Ständer und ein, zwei Bücher ab. Der restliche Platz war für die Kunst reserviert. Leinwände lehnten an den Wänden, und überall hingen Skizzen und Studien. Stead sah sich um, fragte sich, ob das unhöflich war, und sah sich dann wieder um. Beas Leinwände zeigten Interieurs, lebhaft, bunt und weiblich, und Frauenkörper, angekleidet und unbekleidet. Sie malte Stillleben und Zimmerausschnitte, zartes Porzellan, Blumen, hinreißende chinesische Schals und geschwungene Schuhe, Katzen und Mädchen, Mütter und Kinder, den Einfall des Lichts durch ein Fenster zu verschiedenen Tageszeiten. Wie schön die Zimmer waren – und so ganz anders als ihr eigenes!

»Kaffee?«, fragte Bea.

»Danke«, antwortete Stead.

Bea wandte sich ab und fing an, auf einem Gaskocher Wasser heiß zu machen. »Mutter hat mich vorgewarnt, Sie würden vielleicht irgendwann einmal vorbeikommen. Es war wohl ein ziemlicher Schock für sie, als Sie eines Tages einfach so bei ihr auftauchten. Mutter hatte keine Ahnung, dass Marina sich je mit einem Mann getroffen hat.«

»Ich hatte nie die Absicht, Ärger zu machen«, sagte Stead unbehaglich.

»Kann ich mir denken«, entgegnete Bea trocken. »Ich glaube, eigentlich hoffte Mutter, ich könnte sie über Sie aufklären.« Sie drehte sich kurz zu ihm um. »Was ich natürlich nicht getan habe.«

Stead spürte, wie leise Hoffnung sich in ihm regte. »Also hat Marina von mir gesprochen?«

»Ja, das hat sie«, sagte Bea.

Sie suchte Becher und Löffel zusammen, während ein warmer, aromatischer Duft nach frisch gekochtem Kaffee den Raum durchzog. »Ich hoffe, Sie trinken ihn schwarz«, sagte sie. »Ich habe keine Milch.«

»Schwarz ist gut, Ma'am.«

Sie füllte ihre Becher und machte an dem Tisch unter dem Fenster Platz. Der Papierstapel auf dem zweiten Stuhl ließ darauf schließen, dass sie nur selten Besuch hatte. Stead nippte an seinem Kaffee und spürte, wie seine Haut prickelte. Bea mochte ihren Kaffee sehr stark.

»Ich weiß nicht, wo sie ist«, sagte Bea und sah ihn über den Rand ihres Bechers direkt an. »Wenn Sie sich das fragen. Fragen Sie sich das?«

»Ja«, sagte er.

»Warum suchen Sie sie, nach all den Jahren?«

»Ich hoffte wirklich, sie wiederzusehen«, antwortete Stead.

»Und was ist, wenn Sie sie tatsächlich finden?«

»Tja«, antwortete Stead, »das weiß ich nicht.«

Als er sich abwandte, um Beas forschendem Blick auszuweichen, fiel ihm ein Bild ins Auge. Sein Herz setzte einen Schlag aus, denn einen Moment lang hatte er das unheimliche Gefühl, Bea hätte Einblick in seine Träume gehabt. Dort an der Wand stand ein Bild von Marina, wie sie am Klavier saß, genau wie er sie an jenem Morgen an seinem zweiten Tag in Sydney gesehen hatte. Das Kleid auf dem Bild war zwar violett und nicht aquamarin, aber ansonsten hätte es direkt aus seinen Erinnerungen stammen können.

Bea war seinem Blick gefolgt und fragte: »Haben Sie sie je spielen hören?«

»Sie war etwas Besonderes«, antwortete Stead.

»Sie hat ein Stipendium bekommen, um Musik zu studieren«, erklärte Bea. »Ein Stipendium, das noch nie zuvor einer Frau zugeteilt wurde. Sie war die Erste.«

»Das wusste ich nicht«, sagte Stead.

»Die meisten Menschen glauben, Frauen könnten keine echten Künstler sein. Sie meinen, wir wären nicht gut genug, oder wir würden alles aufgeben, sobald wir den richtigen Mann finden, oder wir hätten überhaupt nur damit angefangen, weil wir zu hässlich waren, um einen Mann zu finden.« Sie sah ihn streng an.

»Ich weiß nicht viel über Künstler«, sagte er vorsichtig. Bea schüchterte ihn ein bisschen ein. Sie hatte etwas Hartes, Unnachgiebiges an sich, als hätte sie jedes Gefühl aufgegeben, um das zu werden, was sie sein wollte. Marina war nicht so gewesen, sie hatte keine Reden über Frauen und Kunst geschwungen. Es war schwer, sie sich hinter einem Schutzwall aus Kunst vorzustellen.

»Marina ist sehr begabt«, bemerkte Bea. »Sie verdiente eine Chance.«

»Natürlich«, sagte Stead. »Ich hätte ihr nicht im Weg gestanden.«

»Vielleicht hatten Sie es nicht beabsichtigt«, setzte Bea an, brach dann jedoch ab.

Nun hatte er Gewissheit, und er erstarrte. »Also war sie wirklich schwanger.«

Erschrocken sah Bea ihn an.

»Ich habe mit ihrer Freundin Roma gesprochen«, erklärte Stead. »Ihr war ein Gerücht zu Ohren gekommen.«

»Haben Sie davon irgendwas zu Mutter gesagt?«

»Nein.«

Bea dachte darüber nach und schüttelte den Kopf. »Wie um alles in der Welt hat Roma davon Wind bekommen? Man kann einfach nichts geheim halten.«

»Nicht an Bord eines Schiffs.«

Bea seufzte. »Tja, es stimmt. Marina war schwanger.«

Es war ein Schock, die Bestätigung zu hören, obwohl er es schon seit Monaten befürchtet hatte. »Was ist danach passiert?«

»Es gibt Stellen, an die man sich wenden kann«, sagte Bea unbeholfen. »Dort kümmert man sich um einen und sorgt dafür, dass das Baby ein gutes Zuhause bekommt.«

Stead spürte, wie etwas in ihm zerbrach. »Ein gutes Zuhause?«

»Sie haben doch nicht etwa gedacht, sie würde es behalten, oder?«, fragte Bea mit einem Anflug von Ungeduld.

»Nein, nein, natürlich nicht«, erwiderte er.

»Marina wollte Musik studieren«, sagte Bea fast streitsüchtig. »Die Musik war ihr Leben. Sie bedeutete ihr alles. Um das Kind zu behalten, hätte sie alles aufgeben müssen, wofür sie gearbeitet hatte. Sie hätte ihre Träume aufgeben, auf das Stipendium verzichten, nach Australien zurückkehren und Schande über unsere Mutter bringen müssen. Es wäre schrecklich gewesen, einfach nur schrecklich.«

Er sah alles überdeutlich vor sich: das ehrbare Haus in Sydney mit den schönen alten Teetassen, die verwitwete Mutter, die Nachbarn. Wenn bekannt wurde, dass ein Mädchen sich in eine solche Lage gebracht hatte, konnte es erhobenen Hauptes gehen. Aber das erklärte noch nicht, was später mit Marina geschehen war.

»Was ist passiert?«, fragte Stead. »Nach dem Baby?«

»Wir haben uns gestritten«, sagte Bea leise. »Nachdem sie aus dem Heim kam.«

»Worüber?«

»Das weiß ich nicht mal mehr. Eines Tages ging sie und kam nie mehr zurück. Die ganze Zeit hoffte ich, sie würde mir schreiben oder von sich hören lassen, doch es kam nie etwas. Als der Krieg ausbrach, schrieb ich an alle Abteilungen der Streitkräfte, ob sie sich freiwillig gemeldet hätte, aber nirgendwo hatte man etwas von ihr gehört.«

Stead dachte über diese neue Marina nach, die so brutal und unwiderruflich alle Brücken hinter sich abgebrochen hatte. Welche Kraft musste es sie gekostet haben, Kraft oder Rücksichtslosigkeit, sich in dieser riesigen fremden Stadt abzusetzen und als junge Frau in so einer gefährlichen Zeit ihren Weg zu machen! Zwar hatte er selbst das auch getan, doch das war etwas anderes.

»Haben Sie ein Bild von ihr?«, fragte er.

Bea warf ihm einen Blick zu. »Sie nicht?«

Sie erhob sich, zog eine Schublade auf und sah sie durch. Dann kam sie mit einem Foto zurück und gab es ihm.

Es war eine Studioaufnahme. Marina stand in formeller Haltung da, vorsichtig, ernst, in dem Kleid, das sie am ersten Abend getragen hatte, als sie tanzen gingen (blauer Samt –

sie hatte es ihr Auftrittskleid genannt). Einen Moment lang wurde ihm schwindelig, als das Gesicht auf dem Foto sich über das legte, das er schon so lange in seiner Vorstellung bewahrte. Es waren zwei verschiedene Gesichter; der Unterschied, die Unstimmigkeit verstörte ihn.

»Sie können es behalten«, sagte Bea.

»Danke.«

Er steckte es behutsam in seine Tasche, dann wanderten seine Augen unwillkürlich zurück zu Marinas Porträt an der Wand.

»Sind Ihre Bilder teuer?«, fragte er. Er hatte keine Ahnung, was Kunst kostete. Er wusste nur, dass er dieses Bild wollte.

»Das da ist nicht zu verkaufen«, erwiderte Bea knapp.

Als er sie anblickte, sah er Trauer und Schuldbewusstsein in ihrem Gesicht. »Ich bitte um Verzeihung«, sagte er.

Sie wandte die Augen ab, und einen Moment lang schwiegen sie. Und je länger Stead die Frauen auf Beas Bildern betrachtete, desto mehr ähnelten sie Marina. Sie waren hübsch und lachten, im Schutz dieser wunderschönen farbenfrohen Zimmer.

»Ich habe wirklich versucht, sie zu finden«, brachte Bea mühsam hervor. »Aber vielleicht haben Sie ja mehr Glück.«

London, 1938

Als der Zug endlich in den Bahnhof einfuhr, sah Marina, dass Bea auf dem Bahnsteig wartete und prüfend die vorbeirollenden Waggons betrachtete. Sie war dünner geworden, und dadurch wirkte auch ihr Gesicht anders; in ihrem Kleid mit den fremdartigen Farben und Verzierungen sah sie seltsam aus, aber ziemlich elegant. Das muss der Pariser Chic sein, dachte Marina und spürte wieder den Abgrund, der sich zwischen ihnen auftat. Als Bea sie entdeckte und die Hand hob, winkte Marina zurück. Beas Lächeln war strahlend und erwartungsvoll, und einen Moment lang spürte Marina, wie ihre Angst verflog. Wie schön, dass ihre Schwester sich so über ihre Ankunft freute! Doch kaum hatte sie den Zug verlassen und Bea die Silhouette ihrer Gestalt erfasst, sah sie eine andere Art von Erkennen über ihr Gesicht huschen, und Beas Begeisterung verwandelte sich in Schock.

»Hallo, Bea«, sagte Marina verlegen.

»Guter Gott, Reeny. Was hast du getan?«, fragte Bea.

Unbemerkt zog London am Fenster des Taxis vorbei. Marina war zu niedergedrückt von all dem Unausgesprochenen, das zwischen ihnen stand, um etwas von ihrer Umgebung wahrzunehmen. Bea stellte höfliche Fragen über die

Reise, interessierte sich aber nicht für die Antworten. Das Einzige, was sie wirklich wissen wollte, konnte nicht vor dem Taxifahrer besprochen werden.

Bea hatte sich ein Zimmer in einem kleinen Hotel am British Museum genommen. Marina wartete schweigend, als Bea den Taxifahrer bezahlte und am Empfang des Hotels das Nötige wegen Marinas Gepäck arrangierte. Dann gingen sie die drei Stockwerke zu dem Zimmer hinauf, das sie sich teilen wollten.

»Weiß Mutter Bescheid?«, fragte Bea, kaum dass sie die Tür hinter sich geschlossen hatten.

»Nein«, sagte Marina.

»Warst du bei einem Arzt?«

»Auf dem Schiff. Er war schrecklich, er sagte, es würde im März kommen, und gab mir die Adresse einer Einrichtung, an die ich mich wenden könnte.«

Bea runzelte die Stirn. »Was für eine Einrichtung?«

»Ein Heim für ledige Mütter.«

»Ah.« Bea fuhr sich seufzend mit den Händen durch die Haare. »Also, was ist passiert?«, fragte sie vorsichtig. »Ich wusste nicht, dass du einen Freund hast.«

»Ich hab mich verliebt«, antwortete Marina. »Es ging alles sehr schnell.«

»Und wo ist er jetzt?«

»Irgendwo auf See.«

»War er mit dir auf dem Schiff?«

»Nein. Aber er ist Seemann.«

»Seemann?«

Bea war schockiert. Marina genoss es ein bisschen, dass ihr zumindest das gelungen war. Sie zuckte die Achseln und sagte nichts weiter.

»Hast du schon entschieden, was du tun willst?«, fragte Bea nach einer Weile.

»Eigentlich nicht«, erwiderte Marina.

»Hast du schon an diese Einrichtung geschrieben, die der Arzt dir genannt hat?«

Marina schüttelte den Kopf.

»Tja, dann machen wir das mal besser.«

Wie gerne hätte Marina nein gesagt, Bea erklärt, dass noch nichts entschieden, dass es zu früh zum Schreiben war. Es könnte doch noch was passieren, wollte sie sagen. Etwas, das alles wieder in Ordnung bringt. Aber als sie Bea ansah, die so weltgewandt und erfahren war, schwieg sie.

Später machten sie einen Spaziergang, als wäre nichts geschehen. Unwillkürlich empfand sie doch Aufregung, endlich hier zu sein, in London, der Stadt, über die sie schon so viel gelesen hatte, dass es fast seltsam war, noch nie hier gewesen zu sein. Die alltäglichsten Orte schienen ihr von großen Ereignissen und berühmten Persönlichkeiten aus Fiktion und Historie überlagert zu sein. Vom äußersten Ende der Welt, wohin sich kaum jemand verirrte, war sie schließlich an den Ort gekommen, wo alle Wege zusammenliefen, zu allen, die je hierhergereist waren. Nach London, der großartigsten Stadt der Welt.

Im Laufe der nächsten Woche fuhr Bea mit ihr in der U-Bahn und zeigte ihr, wo man Tee und Unterwäsche kaufen konnte, besuchte mit ihr den Hyde Park, Westminster Abbey und die Royal Albert Hall. Sie fuhren in einem Bus und sahen sich Big Ben an. Bea brachte sie auch in die National Gallery, zeigte ihr einige ihrer Lieblingsbilder und blieb so lange davor stehen, dass Marina müde wurde und alle Mühe hatte, nicht herumzuzappeln.

Aber kein Wort fiel darüber, dass man ihr eine Unterkunft suchen musste.

Dann kam ein Schreiben vom Hawthornden House, dem Heim für ledige Mütter.

»Nun«, sagte Bea, nachdem sie es gelesen hatte, »man nimmt dich direkt auf. Das ist doch immerhin etwas.«

Marina spürte, wie sie den Mut verlor. »Aber ich bin noch nicht dazu bereit«, sagte sie. »Das Studium beginnt in zwei Wochen. Das Kind kommt erst im März. Also könnte ich doch zumindest bis dahin studieren.«

Bea sah sie mit spröder, frustrierter Miene an, ein Ausdruck, den Marina aus ihrer Kindheit noch allzu gut kannte. »Du weißt doch, dass das nicht geht.«

»Wieso geht das nicht?«

»Sieh doch mal in den Spiegel!«

»So offensichtlich ist es noch nicht«, widersprach Marina.

»Nein, noch nicht. Aber dieser Bauch wird noch größer, und schon bald kannst du ihn vor niemandem mehr verstecken!«

Marina verfiel in rebellisches Schweigen und kämpfte gegen die Tränen, die in ihr aufsteigen wollten.

»Wir schreiben ans Konservatorium«, sagte Bea, »und erklären ihnen, dass du krank bist und das Stipendium erst im nächsten Jahr in Anspruch nehmen kannst. Dann gehst du in dieses Heim, kriegst das Kind, und sobald es dir wieder gutgeht, können wir beide losfahren und auf dem Kontinent schöne Ferien machen, bis das neue Schuljahr anfängt. Was hältst du davon?«

»Ich kann kein Jahr warten!«, schluchzte Marina. »Und was ist, wenn sie mir den Platz nicht frei halten? Wenn ich mich neu bewerben muss? Vielleicht kriege ich dann keinen Platz mehr, und was mache ich dann?«

»Es gibt noch andere Colleges«, sagte Bea, »und andere Lehrer. Jetzt sieh es doch nicht so dramatisch.«

»Ich kann nicht noch ein Jahr warten«, beharrte Marina. »Dann werde ich verrückt.«

Ein Anflug von Ungeduld huschte über Beas Gesicht. »Ein Jahr ist doch nicht lang«, sagte sie. »Und vielleicht ist es auch gar nicht so schlimm. Vielleicht gibt es in diesem Heim ein Klavier, an dem du üben kannst.«

Bea wollte sie loswerden. Sie wollte sie in das Heim stecken, um in ihr altes Leben in Paris zurückzukehren. Das war typisch für ihre Schwester: Wie immer war sie zu beschäftigt mit ihren eigenen Angelegenheiten, um sich aufrichtig für Marina zu interessieren. Sogar wenn es wirklich wichtig war. Sie hatte sich kein bisschen verändert.

»Ich weiß, warum du so eifrig darauf bedacht bist, mich loszuwerden«, brach es unwillkürlich aus Marina hervor. »Du willst wieder zurück nach Paris und hast keine Lust, dir Sorgen um mich zu machen.«

»Was erwartest du denn von mir?«, zischte ihre Schwester zurück. »Mein Leben ist dort, meine Arbeit ist dort. Was soll ich denn hier in London? Mit dir warten, bis die ganze schmutzige Angelegenheit ausgestanden ist?«

Das waren die ersten harten Worte, die sie von Bea hörte, und Marina war schockiert über ihre Kälte.

»Tut mir leid, Marina«, sagte Bea. »Aber du musst realistisch sein. Es gibt keinen Ausweg aus diesem Schlamassel. Du musst einfach das Beste draus machen.«

»Du hast leicht reden!«, fauchte Marina.

Bea holte tief Luft und biss die Zähne zusammen. Als sie sprach, klang ihre Stimme ruhig, jedoch angespannt. »Ich bin wirklich überzeugt, dass dieses Heim die beste Lösung für dich ist. Ich weiß, dass du gerade erst angekommen bist und das tun willst, wofür du hierhergekommen bist. Aber wenn du jetzt, in deinem Zustand, aufs Konservatorium gehst, wird dir das für immer anhaften. Wenn du allerdings für ein Jahr untertauchst, kannst du im nächsten Jahr wiederkommen und ganz neu anfangen.«

»Angenommen, ich wollte das Baby behalten«, begann Marina.

»Behalten?«, wiederholte Bea entsetzt. »Das soll wohl ein Witz sein, oder?«

Ehrlich gesagt konnte Marina es sich auch nicht wirklich vorstellen, doch sie wollte wissen, was Bea dazu sagen würde.

»Mir hat einmal ein Freund gesagt, es gäbe Millionen von Frauen auf der Welt, die sich um Kinder kümmern könnten, aber nicht eine von ihnen könnte meine Bilder malen«, erklärte Bea. »Du darfst nicht vergessen, wozu du hierhergekommen bist. Du wolltest Künstlerin sein. Man hat dir ein Stipendium gegeben, Marina – man hat dich ausgewählt. Sie hätten jeden haben können, aber sie haben sich für dich entschieden. Bedeutet das denn gar nichts?«

Marina zuckte die Achseln. »Ist doch nur Musik.«

»Und ist doch nur ein Baby. Jeden Tag werden Babys geboren. So besonders sind die auch nicht.«

Bass erstaunt sah Marina ihre Schwester an.

»Du hast eine Gabe«, sagte Bea, »zumindest wurde mir das gesagt. Und diese Gabe muss man respektieren. Du musst etwas daraus machen.«

»Vielleicht bringe ich meinem Baby etwas über Musik bei.«

»Hör doch mit dem sentimentalen Quatsch auf! Dies ist deine Gabe. Dein Leben. Wenn du nichts daraus machst, wirst du für immer unglücklich sein. So einfach ist das.«

Beas Worte brachten etwas in ihr zum Klingen, etwas Tiefsitzendes, Lebendiges und Drängendes. Doch in ihr wuchs auch ein Kind heran, und das war ebenfalls lebendig und wirklich. Wie sollte sie Raum für beides finden?

»Ist gut«, sagte sie. »Dann gehe ich ins Heim.«

Das war keine Kapitulation, sondern ein taktischer Rückzug. Als Bea ihr vorschlug, zusammen auf eine Ausstellung der Royal Academy zu gehen (»Das Ganze ist zwar altmodisch und absurd, aber man muss den Feind im Auge behalten«), schützte sie Müdigkeit vor. Kaum war Bea gegangen, nahm sie Stift und Papier und setzte einen weiteren Brief an Stead auf. All die anderen Briefe an ihn lagen immer noch zusammengeschnürt auf dem Boden ihrer Reisetasche. Sie hatte geplant, sie in Singapur aufzugeben, doch dann hatten sich die Ereignisse überschlagen, und danach konnte sie sich nicht entschließen, was sie mit ihnen tun sollte. Also waren sie für den Rest der Reise dort geblieben, wo sie waren. Jetzt schien es wenig Sinn zu ergeben, sie aufzugeben. Stattdessen würde sie alles so direkt und emotionslos darlegen wie möglich, ihm alles von Beginn an erzählen und erklären, wohin sie ging. Sie achtete darauf, die volle Adresse von Hawthornden House beizufügen, damit er wusste, wo er sie finden konnte.

Als die ganze unglückselige Geschichte erzählt war, schrieb sie schließlich:

Wenn Dir das, was zwischen uns vorgefallen ist, irgendetwas bedeutet, dann schreib mir bitte. Schreib mir, schick mir eine Nachricht, besuche mich oder tue irgendetwas, damit ich weiß, dass Du immer noch da draußen bist und an mich denkst. Ich werde jeden Tag auf Nachricht von Dir warten. Selbst wenn Du mich nie wiedersehen willst, schreib mir bitte. Ich möchte lieber die Wahrheit wissen.

Marina

Hawthornden House, 1938

Hawthornden House hätte hübsch sein können. Es lag auf dem Land, und das Grundstück war schön und begrünt. Einst war es vielleicht cin Landhaus gewesen, möglicherweise aber war es auch immer schon als Heim genutzt worden. Von außen wirkte es imposant und versprach Schönheit und Eleganz. Im Inneren gab es allerdings weder Schönheit noch Eleganz und keinerlei Komfort. Alles war kühl und spartanisch. Selbst wenn es draußen warm und sonnig war, drang die Wärme nicht bis ins Haus. Die Räume waren immer kalt und die Flure noch kälter. Klaviere gab es nicht.

Die ersten ein, zwei Wochen brachte Marina es kaum über sich, mit jemandem zu sprechen. Die Demütigung, zu all diesen Mädchen zu gehören, und der Schock, ihre anschwellenden Bäuche zu sehen, waren zu schmerzhaft. Sie konnte immer noch nicht glauben, dass sie nicht auf dem Konservatorium war, sondern in einem Heim für ledige Mütter. Hätte sie die Wahl gehabt, wäre sie im Bett geblieben, doch das war nicht der Fall. Die zukünftigen Mütter wurden in aller Herrgottsfrühe geweckt und gezwungen, den Tag mit harter Arbeit zu verbringen. Das sollte gut für ihren Charakter sein, ihnen anständige Manieren beibringen – viele dieser Mädchen wurden als Hausmädchen ausgebildet, damit sie nicht auf der Straße landeten –, aber es fühlte sich an wie eine Bestrafung.

Die schwangeren Mädchen arbeiteten unermüdlich, sie kochten, putzten, schrubbten, nähten und wuschen. Die körperliche Arbeit war für Marina ein Schock – obwohl sie natürlich daheim im Haushalt geholfen hatte, war das meiste der schweren Arbeit von Mrs Travis erledigt worden, die dreimal die Woche kam. Selbst wenn es Zeit und Gelegenheit zum Üben gegeben hätte, wäre Marina am Ende des Tages zu erschöpft gewesen. Sie sah, wie ihre Hände trocken, rau und hart wurden. Abends durften sie manchmal Radio hören. Bei diesen Gelegenheiten versuchte sie, sich in die Musik hineinzuhören und ihre Rhythmen und Feinheiten zu erspüren, doch sie war zu müde gewesen. Die Musik war ohne Bedeutung über sie hinweggespült.

Nach einer Weile gewöhnt man sich an alles, und nach ein, zwei Wochen war es keine Überraschung mehr für sie, in einem eiskalten Schlafsaal mit elf Schwangeren aufzuwachen. Sie freundete sich mit ein paar Mädchen an. Sie tauschten Geschichten darüber aus, wie sie versucht hatten, sich von der hartnäckigen Schwangerschaft zu befreien – heiß baden, die Treppe hinunterfallen, viel Gin trinken. Ein gewisser Ton etablierte sich: trocken, witzelnd, gewagt, wissend und spöttisch. Sie alle saßen im selben Boot und würden einander nicht verurteilen – viel Platz für Mitgefühl war allerdings auch nicht. Die anderen Mädchen waren zwar freundlich, aber sachlich. Sie alle glaubten mehr oder weniger, dass sie sich die Sache selbst eingebrockt hatten und sich daher nicht groß beklagen durften. Ein paar Tränchen durften schon fließen, jedoch mehr auch nicht.

Eines Tages, als Marina mit einigen aus ihrem Schlafsaal

in der Wäscherei arbeitete, drehte sich das Gespräch, wie so oft, um die Kinder, die sie bekommen würden.

»Ich glaube, ich krieg einen Jungen«, sagte Nora.

»Woher willst du das wissen?«, spöttelte Aileen.

»Meine Tante hat's gesagt, und die irrt sich nie.«

»Ich wette, mein Baby kommt nach mir«, bemerkte Carol. »Wir alle sind unserer Mutter wie aus dem Gesicht geschnitten, und bei den Kindern meiner Schwester ist es genauso. Wenn wir alle in einem Raum sind, ist es, als würden wir in einen Spiegel schauen.«

»Glaubst du, du würdest dein Baby erkennen? Wenn du es wiedersähest?«, fragte Pauline leise.

»Muss ich doch«, sagte Nora. »Das ist der Mutterinstinkt.«

»Ich würde es erkennen«, sagte Carol. »Das ist ganz klar.«

»Würdest du nicht«, widersprach Evelyn. Sie war scharfzüngig, und alle hatten ein bisschen Angst vor ihr. »Sie nehmen's dir weg, und du siehst es nie wieder, erfährst nicht mal, ob es ein Junge oder ein Mädchen war. Also rate ich euch, nicht länger darüber nachzudenken, sonst werdet ihr noch verrückt.«

Das Gespräch verstummte. Aber hier und da kam es wieder in Gang, in stillen Momenten, wenn das Licht gelöscht war. Die Mädchen fragten sich, ob die Babys nach ihnen oder ihren Vätern geraten, in welche Familie sie kommen und ob sie dort glücklich sein würden. Sie stellten sich reiche Familien mit Palästen, vielen Dienern und sanitären Einrichtungen im Haus vor, mit Ferien am Meer, Automobilen und unendlich vielen Spielzeugen und Süßigkeiten.

»Ich hoffe nur, dass sie lieb zu ihm sind«, sagte Pauline.

Während dieser Gespräche sagte Marina kaum etwas. Sie klammerte sich an die Hoffnung, dass sie schon sehr bald auf die eine oder andere Weise Nachricht von Stead bekommen würde. Gleichzeitig redete sie sich ständig ein, wenn all dies vorbei wäre, würde sie einfach aus Hawthornden House hinausmarschieren, zurück in ihr früheres Leben, so als wäre nichts geschehen. Aber dazu musste sie alle Gedanken an das Baby aus ihrem Kopf verbannen, und das war unmöglich. Ihr Körper war im Klammergriff von Gewalten, die sie nicht kontrollieren konnte; er gehörte nicht mehr ihr, sondern fühlte sich an wie beschlagnahmt, instrumentalisiert. Wie sich herausgestellt hatte, war sie eine Produktionsmaschine für Babys, und nachdem der Hebel einmal umgelegt worden war, setzte sich die gesamte Maschinerie in Gang, und sie, die unwichtige Besitzerin der Maschine, hatte im gesamten Prozess nichts mehr zu sagen. Die Maschine lief und lief unerbittlich weiter und fabrizierte ein Baby. Sie selbst wurde abgefüllt, schwoll an und beulte sich aus, wurde schwerer und unbeholfener, ihre Brüste wuchsen, und ihr Gesicht, auf das sie in den kleinen Spiegeln im Waschraum einen Blick erhaschen konnte, wurde rund und unförmig. Sie schwitzte und fand Treppensteigen immer mühsamer.

Alles in allem war es auch der denkbar ungünstigste Ort, nicht an Babys zu denken. Denn es gab sonst nichts, worüber man nachdenken konnte. Es wäre einfacher gewesen, wenn sie etwas gefunden hätte, um ihren Geist zu beschäftigen. Doch während müßige Hände sofort mit einem Stirnrunzeln bedacht wurden, durften ihre müßigen Gedanken sich wilden Phantasien hingeben. Die meisten der Mädchen waren zum ersten Mal schwanger – und hatten ansonsten wenig gemeinsam –, daher sprachen sie lang und breit über ihre Symptome, verglichen ihre Erfahrungen und fragten sich, ob das, was sie empfanden, normal war oder beunruhigend. Sie erzählten sich Altweibergeschichten und stellten Spekulationen über die Geburt an. Marina war noch nie bei einer Geburt dabei gewesen und wusste nicht das Geringste darüber, außer dass es weh tat, schrecklich war und häufig jemand dabei starb. Was sie von den anderen Mädchen hörte, war auch nicht beruhigend.

Wider besseres Wissen fing sie an, sich Tagträumen über ihr Baby hinzugeben. Wie von selbst fügten sich Einzelheiten in ihrer Vorstellung zusammen. Sie bekam das Gefühl, es könnte ein Mädchen sein. Dunkelhaarig, mit dunkelbraunen Augen. Vor ihrem inneren Auge beschwor sie eine kleine Wohnung herauf, in der sie beide zusammenleben konnten, mit buntem Teppich auf dem Boden und einem Geranientopf auf dem Fensterbrett und einer kleinen weißen Wiege in der Schlafzimmerecke, darin, umrahmt von einem makellos weißen Betthimmel mit Rüschen, ein lächelndes Baby. In ihrem Tagtraum war dieses Baby immer lieb, leise und sauber und lächelte sie mit Steads scheuem Lächeln an. Sie sah sich selbst Klavier spielen, während das Baby strampelte und beruhigt vom Klang der Musik gurgelnde Laute von sich gab. Sie stellte sich den Augenblick vor, da sie Stead zum ersten Mal das Kind zeigte: Er nahm das kleine weiße Bündel in seine Arme, blickte darauf herab und sagte: »Es ist wunderschön.« Und alle drei waren feierlich still und glücklich.

Obwohl sie versuchte, diesen idyllischen Bildern zu widerstehen, entwickelten diese im Laufe der Wochen ein Eigenleben, denn war dieses Baby nicht auch ein kleines Stück von Stead, der erstaunliche, fleischgewordene Beweis ihrer Liebe zueinander, die wundersame Verkörperung von etwas, das zuerst nur ein Gefühl gewesen war? Dieses Kind war nicht nur ein Kind, sondern Wirklichkeit gewordene Liebe. Wenn sie das aufgab, gab sie damit nicht auch ihre Liebe auf? Das hatte Stead – und ihre Liebe – doch sicher nicht verdient?

Dass Marinas Gedanken diese Richtung nahmen, war auch Kathleen zu verdanken, einer der jungen Frauen aus ihrem Schlafsaal, die etwa zur selben Zeit wie sie ihr Kind zur Welt bringen würde. Etwas an Kathleen nahm Marina sofort für sie ein: In Gegenwart der anderen Mädchen hatte sie selbst kaum von ihren Lebensumständen, von ihrer Musik, dem Stipendium und ihren Plänen erzählt, weil sie nicht für eingebildet gehalten werden wollte. Aber Kathleen hatte offenbar keine Probleme mit großen Ambitionen; sie selbst hoffte, Schauspielerin zu werden. Kathleen hatte schwarze Haare, große blaugraue Augen mit geschwungenen Brauen und neigte zu ausladenden Gesten. Wie Marina war sie auf die höhere Schule gegangen und hatte eine gute Erziehung genossen. Ihre Eltern hegten Hoffnungen für sie und wollten sie vorteilhaft verheiraten. Sie missbilligten den Freund, der sie in diese Lage gebracht hatte – er war Schriftsteller –, und hatten versucht, sie auseinanderzubringen. Sie hatte sich allerdings geweigert und schrieb ihm lange, glühende Briefe. Zu einer Ehe mit ihr hatte er sich nur vage geäußert, doch er schickte ihr äußerst leidenschaftliche Gedichte, die sie Marina zeigte. Bei einigen von ihnen schoss Marina die Röte ins Gesicht, aber sie war sehr beeindruckt.

»Wir müssen versuchen, authentisch zu leben«, sagte Kathleen und versuchte, die Philosophie zu erklären, nach der der Schriftsteller und sie lebten. »Zu unseren Gefühlen und Leidenschaften stehen. Zu viele Menschen werden von Dingen beherrscht, die unwichtig sein sollten: eine gute Partie machen, das Richtige tun, ein ehrbares Leben führen, sich darum sorgen, wie etwas aussieht – dabei ist doch das einzig Wichtige, wie man sich fühlt und wie sehr man zu diesen Gefühlen steht!«

Bis dato war Marina ohne Lebensphilosophie ausgekommen, aber jetzt dachte sie, dass dies vielleicht genau das war, woran sie auch glaubte. »Also wenn man jemanden liebt, dann sollte man versuchen, mit ihm zusammen zu sein, ganz gleich, was kommen mag?«

»Ganz genau«, bestätigte Kathleen.

Kathleen ihrerseits war zutiefst beeindruckt davon, wie romantisch Marinas Geschichte war. »Hast du ein Glück«, sagte sie, »so deine wahre Liebe gefunden zu haben. Ihr wart nur drei Tage zusammen, und da wusstest du es schon. Und dann kommt ihr auch noch von zwei vollkommen entgegengesetzten Punkten der Erde. Wie groß war da die Chance, sich zu begegnen und sich gleich zu verlieben? Das war doch ganz eindeutig Schicksal!«

»Ich weiß nicht mal, wo er ist«, entgegnete Marina.

»Ihr habt einander gefunden«, erwiderte Kathleen. »Also werdet ihr euch auch wiederfinden.«

Kathleen glaubte an die Vereinigung der Seelen. Marina und Stead hatten eine solche Vereinigung vollzogen, genau wie Kathleen und ihr Schriftsteller. Diese Vereinigungen waren Leuchtfeuer in einer dunklen Welt. Nichts – weder Armut noch Ehrbarkeit noch Standesdünkel, nicht mal Krieg – durfte diese Leuchtfeuer löschen. Die Kinder, die Marina und Kathleen gebären würden, waren Früchte dieser Vereinigungen und verdienten es nicht, in aller Heimlichkeit weggegeben zu werden, sondern mussten in der Welt willkommen geheißen und geliebt werden.

»Ich muss dir etwas sagen«, sagte Kathleen eines Tages bedeutungsvoll, während sie Bettlaken in eine Mangel legten.

Marina rückte verschwörerisch näher.

»Ich habe einen Fluchtplan.«

»Wirklich? Wie sieht der aus?«

»Es muss ein bisschen Zeit geben zwischen der Geburt des Kindes und dem Auftauchen der Adoptiveltern.

Ist doch ganz logisch, oder? Schließlich weiß man nicht genau, wann das Kind kommt. Wenn es losgeht, werden die neuen Eltern vermutlich angerufen, damit sie wissen, wann das Kind abgeholt werden kann. Aber sobald mein Baby da ist, stehle ich es einfach aus dem Säuglingszimmer und fliehe.«

Das war ein erstaunlich kühner Plan. Marina lachte. »Das ist unmöglich.«

»Peter hat einen Freund mit einem Auto – das könnte unser Fluchtwagen sein, und dann fahren wir irgendwohin, wo unsere Eltern uns nicht finden können, und bleiben dort, bis sich die erste Aufregung gelegt hat. Vielleicht sogar nach Amerika.«

»Warum fliehst du nicht einfach jetzt?«, fragte Marina.

»Ich muss doch irgendwo das Kind bekommen, und ich glaube nicht, dass ein normales Krankenhaus mich aufnehmen würde. Da ich schon mal hier bin, kann ich genauso gut bleiben. Aber sobald das Baby da ist, verschwinde ich!«

Marina wusste, die Idee war unrealistisch, aber da Kathleen es vollkommen ernst meinte, spürte sie einen Anflug von Hoffnung, als sie ihr zuhörte. Vielleicht würde doch noch alles gut werden. Vielleicht konnte sie doch noch ihr Kind behalten. Sie stellte sich vor, wie sie mitten in der Nacht aus dem Bett taumelte, ihr winziges schlafendes Baby aus der Säuglingsstation entführte, aus der Hintertür schlich und zum Bahnhof ging. Zugegeben, der Bahnhof war meilenweit weg. Vielleicht würde sie Bea für ihren Plan gewinnen müssen. Vielleicht könnten sie eine *menage à trois* bilden, während sie auf Steads Rückkehr warteten. Allerdings wurde ihre Begeisterung beim Gedanken an Bea etwas gedämpft, denn sie wusste genau, wie Bea dazu stehen würde. Trotzdem sehnte sie sich schmerzhaft nach ihrem Baby, und Kathleens Idee klang so perfekt.

»Du hast wenigstens Peter, der dir helfen kann«, sagte sie wehmütig. »Ich hab niemanden.«

»Ich kann dir doch helfen«, widersprach Kathleen. »Wir helfen dir, auch zu fliehen. Dann könnten wir Wohnungen nebeneinander nehmen. Wäre das nicht großartig? Wir könnten uns beim Kinderhüten abwechseln und uns gleichzeitig Gesellschaft leisten.«

»Ich glaube nicht, dass Peter das so toll fände«, sagte Marina, die das Gespräch genoss. »Zwei Babys statt einem.«

»Je mehr, desto besser«, entgegnete Kathleen. »Er hat bestimmt nichts dagegen.«

»Und wenn sie schreien, während er versucht zu schreiben?«

»Wir kaufen zwei gleiche Kinderwagen und machen lange Spaziergänge.« Je mehr ihr Plan Gestalt annahm, desto begeisterter wirkte Kathleen. »Wäre das nicht einfach perfekt? Du spielst Klavier, Peter schreibt, ich werde Schauspielerin, und wir drei wechseln uns mit den Kindern ab.«

»Und wenn Stead heimkommt, kann er auf beide Kinder aufpassen.«

Kathleen lachte. »Dann ist es also abgemacht«, sagte sie. »Wir werden die Babys auf jeden Fall hier rauskriegen.«

»Wenn wir das nur könnten«, sagte Marina.

»Wir können es«, bekräftigte Kathleen und wurde ernst. »Wir müssen nur daran glauben und stark sein, ganz gleich, was die anderen sagen.«

»Darum mache ich mir keine Gedanken«, erklärte Marina. »Sondern darum, dass ich kein Geld habe.«

»Das kommt schon noch«, sagte Kathleen mit der Leichtigkeit derer, die reiche Eltern haben. »Was zählt, ist die Liebe.«

»Stimmt, darauf kommt es an«, nickte Marina.

Sie versuchte, sich selbst mit einem Kleinkind auf wackligen Beinen an Bord von Steads Boot zu sehen – das Baby würde im Seemannsgang laufen lernen, wie süß! –, aber dann dachte sie an die engen Kabinen, die Mannschaft, die in sechs verschiedenen Sprachen fluchte, die schmierigen Maschinen, die offenen Decks, wo ein Kind in null Komma nichts von Bord gehen konnte, und wusste, dass es nicht möglich war. Sosehr sie es sich auch wünschte.

In den nächsten zwei Wochen arbeitete Kathleen ihren Plan aus, schrieb Briefe an eine mitfühlende Tante mit einem Landhaus, sah sich Zugfahrpläne an und versuchte, die Abläufe in der Säuglingsstation herauszufinden, um den besten Zeitpunkt für die Rettung ihres Neugeborenen bestimmen zu können. Die Babys und ihre Adoptivfamilien kamen niemals in Kontakt mit den Gebärenden, das Produkt wurde sofort vom Produktionsmittel entfernt.

Dann traf ein Brief vom Schriftsteller ein. Darin stand, er sei noch nicht bereit, Vater zu werden. Es habe sich etwas ergeben; er müsse ins Ausland. Er drängte Kathleen, darüber nachzudenken, was das Beste für das Kind sei, das ein liebevolles Zuhause verdiente. Er schrieb auch, es tue ihm sehr leid. Kathleen weinte sich die Augen aus dem Kopf.

Dann kamen ihre Eltern zu Besuch. Als sie wieder gingen, hatte Kathleen verheulte Augen, aber ihr Gesichtsausdruck war mörderisch.

»Ich bin sicher, dass sie irgendwas damit zu tun haben«, erklärte sie. »Obwohl ich nicht weiß, wie sie es gemacht haben, ob sie Druck ausgeübt oder ihm Geld gegeben haben. Es ist einfach schändlich, wie weit sie gehen würden.«

»Woher weißt du, dass sie etwas damit zu tun haben?«

»Ich hab ihnen nicht erzählt, dass er wegmuss, trotzdem schienen sie es schon zu wissen. Wahrscheinlich haben sie es von ihm erfahren. Wer weiß, was da hinter meinem Rücken passiert ist!«

Zuerst war Kathleen um Peters willen empört und beschuldigte ihre Eltern, sich zwischen sie und ihre große Liebe gestellt zu haben. Doch langsam dämmerte ihr, dass sie ihre Eltern nicht allein dafür verantwortlich machen konnte.

»Wenn er mich wirklich liebte«, sagte sie, »dann hätten sie ihn doch gar nicht bestechen können, oder? Wenn ich ihm wirklich etwas bedeutete, würde er sich um nichts in der Welt davon abbringen lassen.«

Marina runzelte die Stirn und dachte darüber nach.

»Vielleicht hat er mich gar nicht wirklich geliebt.«

»Doch, da bin ich mir sicher«, sagte Marina. »Aber vielleicht war alles ein bisschen zu hart.«

»Hart?«

»Du kannst doch nicht so tun, als würde Geld überhaupt keine Rolle spielen.«

Da verfiel Kathleen in Schweigen und sprach den Rest des Tages kein Wort mehr mit Marina. Aber als sie am nächsten Morgen aufstand, war sie so entschlossen wie zuvor. »Peter, der Mistkerl«, sagte sie. »Aber dies ist mein Baby, und ich werde es behalten, komme, was da wolle.« Sie fing an, das Geld beiseitezulegen, das ihre Eltern ihr schickten, und nannte es ihr Fluchtgeld.

Die letzten Wochen vergingen nur schleppend. Extreme Erschöpfung behinderte jede ihrer Bewegungen. Jeden Nachmittag legte sich Marina hin und schlief zwei Stunden tief und traumlos. Das Baby trat und bewegte sich in ihr. Es gab Tage, an denen sie spürte, wie seine Knochen gegen ihre drückten. Sie empfand ihr Gewicht als fast unerträglich.

Bei Kathleen setzten die Wehen zuerst ein, worauf sie direkt fortgebracht wurde. Marina wartete auf Neuigkeiten. Kathleen hatte mit ihr ein paar Signale vereinbart, die einen erfolgreichen Fluchtversuch anzeigten, doch es kam kein

Signal. Nach fünf Tagen begann Marina, das Schlimmste zu fürchten – war etwas schiefgegangen? War Kathleen gestorben? Aber dann kam eine Schwester sie abholen: Kathleen wollte sich von ihr verabschieden.

Es war ein unpersönlicher Abschied. Kathleens Eltern waren gekommen, um sie heimzubringen; draußen parkte ihr Wagen. Eine Privatschwester würde sie zu Hause pflegen. Kathleens Mutter fummelte nervös an ihrer Perlenkette herum und vermied es geflissentlich, den schwangeren Leib der Freundin ihrer Tochter anzusehen. Kathleens Vater unterzeichnete Papiere.

»Wie war es?«, fragte Marina, obwohl sie sich vor der Antwort fürchtete.

Kathleen schüttelte nur den Kopf. Sie war erschreckend blass. Ihr Körper sah aus wie ein in sich zusammengefallenes Haus und sie wie die Bewohnerin, die nun in den Trümmern lebte.

»Du gehst also nach Hause?«

»Ist jetzt auch egal«, antwortete Kathleen.

Die Privatschwester stand dabei und hatte eine Hand besitzergreifend auf Kathleens Rollstuhl gelegt. Sie beäugte Marina kühl. Marina hatte Angst um ihre Freundin, die in den Händen einer solchen Frau war.

Kathleens Vater erschien und schob einen Füllfederhalter in die Brusttasche eines teuren Anzugs. »Nun denn. Fahren wir«, sagte er.

Kathleen reichte Marina die Hand. »Viel, viel Glück«, sagte sie.

»Dir auch«, erwiderte Marina.

»Wir können es brauchen«, sagte Kathleen, wie das Phantom ihres früheren Ichs. Dann quollen ihr Tränen aus den Augen, als würde sie überlaufen. Fragen tauchten in Marinas Kopf auf, Fragen, die sie unmöglich stellen konnte: Wie war die Geburt? Was ist mit dem Baby geschehen? Hast du es gesehen? Hast du es versucht? Haben sie dich erwischt? Was ist passiert? Aber vor Kathleens Eltern konnte sie nicht fragen. Sie waren so perfekt, so gepflegt, so reich und so angespannt, allein durch ihre Gegenwart kam sie selbst sich schlampig und schmutzig vor. Alles, worüber Kathleen und sie gesprochen hatten – ihre Philosophien, ihre Träume, ihre Fluchtpläne –, verpuffte einfach und wirkte lächerlich und unmöglich.

Die Krankenschwester setzte mit einem Ruck den Rollstuhl in Bewegung, und die Familie verschwand durch die Tür zum Wagen, der auf dem Kiesvorplatz stand.

Marina wusste, dass sie erst gar nicht fragen musste: Das Baby war weg, aufgegeben. Und damit noch vieles mehr.

Als Kathleen fort war, fühlte Marina, wie Einsamkeit und Verzweiflung sie überkamen. Eine Saalgenossin nach der anderen ging in den Krankenflügel und verschwand einfach, als wären sie nacheinander ins Schlachthaus geschickt worden. Abschiede gab es nur selten. Marina hatte immer noch nicht die Hoffnung aufgegeben, dass Stead kommen würde, aber diese Hoffnung fühlte sich zunehmend brüchiger und erbärmlicher an. Sie wagte nicht, sie sich genau anzusehen, aus Angst, sie würde sich in Luft auflösen.

Der Februar neigte sich dem Ende zu, und dann kam der März, trostlos, dunkel und nass. Das Baby fühlte sich riesig an und schien gegen Marinas Bauchdecke zu strampeln, als wollte es sich freistoßen. Eines Nachts war es schließlich so heftig, dass sie davon aufwachte, und einen Moment später dämmerte ihr, dass nicht das Baby sich bewegte, sondern ihr eigener Körper anfing, das Baby hinauszudrücken. Ohne ihr Wissen, ohne ihre Zustimmung hatte der Prozess angefangen. Es tat sich etwas. Die Wehen hatten eingesetzt.

Marina war nie krank gewesen, hatte sich nie etwas gebrochen und nie ernsthaft Schmerzen empfunden. Die Intensität der Wehen schockierte sie. Ihr Körper, der sich fest um dieses lebendige, sich windende große Ding spannte, fing ganz langsam an, das Baby aus ihr herauszudrücken, Minute um Minute, Stunde um Stunde, Zentimeter für Zentimeter, und riss dafür Muskeln und Adern, Frau und Kind, die neun ganze Monate gebraucht hatten, zusammenzuwachsen, langsam wieder auseinander.

Von dem Augenblick an, da sie merkte, dass es jetzt wirklich losging, bis zur eigentlichen Geburt vergingen fünfzehn Stunden. Nach nur wenigen Stunden war sie nicht mehr sie selbst, nicht mehr in ihrem eigenen Leben, nicht mehr in der wirklichen Welt. Sie war in einer anderen Realität, im Griff von Schmerzwellen, die immer wieder kamen und gingen, selbst wenn sie zu erschöpft war, sich ihnen zu stellen. Sie konnte nirgendwohin, konnte nichts anderes tun, als auszuhalten. Daher hielt sie nur aus, bis es endlich Zeit war, zu pressen, und sie presste und presste, aber das Baby wollte nicht kommen, also presste sie wieder, während die Krankenschwestern sie anfeuerten wie ein Pferd beim Hindernisrennen (Komm schon! Noch mal!), doch es half nichts. Das Baby wollte einfach nicht kommen, und sie empfand Verzweiflung, reinste Verzweiflung bei der Vorstellung, es würde niemals enden, sie würde für immer in dieser Hölle gefangen sein und sich vergeblich quälen. Schließlich wurde ein Arzt gerufen und eine Geburtszange geholt – zwei riesige, furchterregende Metallgreifer –, doch der Arzt wusste, was er tat, die Zange fand das Baby, und bei der nächsten Wehe spürte sie eine riesige, abgrundtiefe, alles lösende Erleichterung, und das Baby war da.

Sie hörte es leise schreien – krächzend, zornig, erstaunt – und erhaschte einen winzigen Blick darauf, dunkelrot, mit einer Art Streichkäse bedeckt, fremdartig, unmenschlich, aber dann deckten die Schwestern es zu, wickelten es ein, brachten es zur Tür, und das war das Letzte, was sie davon sah.

»Das haben Sie sehr gut gemacht, Liebes«, sagte eine der Krankenschwestern und tätschelte ihr die Hand.

»Was ist es?«, fragte sie.

»Das müssen Sie nicht wissen. Am besten lassen Sie das alles hinter sich«, antwortete die Schwester.

Marina war so erschöpft und so erleichtert, dass die Schmerzen vorbei waren, dass sie sich einfach zurücklehnte und die Augen schloss.

Als sie später im Krankenflügel aufwachte, fühlte sie sich wund und hohl, sie blutete, sie stank, und ihre Gefühle spielten verrückt. Erst dann fiel ihr auf, dass sie ihr Kind kampflos hatte gehen lassen, dass sie nicht darum gebeten hatte, es zu sehen oder zu berühren, dass sie keine Ahnung hatte, ob es ein kleiner Junge oder ein kleines Mädchen war.

Sie versuchte aufzustehen – ihr Körper war ein einziges Wrack –, doch kaum schwang sie die Beine aus dem Bett, kam eine Krankenschwester herbeigeeilt.

»Zurück ins Bett, junge Dame«, befahl sie streng.

»Aber ich muss noch –«

»Sie können jetzt nicht herumlaufen.«

»Ich möchte mein Baby sehen«, erklärte Marina. »Nur einmal.«

»Sie wissen, dass das nicht erlaubt ist.«

»Bitte, kann ich nicht nur –«

»Nein. Und jetzt zurück ins Bett, sonst rufe ich die Oberschwester.«

Sie ließ zu, dass man sie ins Bett drückte. Sie war keine Kämpferin, und selbst wenn, wusste sie, dass die Einrichtung stärker war als sie. Ihr Baby war verloren.

»Ruhen Sie sich aus«, sagte die Krankenschwester. »Schon

bald werden Sie alles in einem milderen Licht sehen, glauben Sie mir. Es ist das Beste so.«

Als die Krankenschwester ging, sah Marina ihr zornig nach.

»Herzlose Kuh«, murmelte das Mädchen im Nebenbett.

Marina lehnte sich gegen ihre Kissen und spürte langsam, wie groß ihr Verlust war. Sie erinnerte sich an die Pläne, die sie mit Kathleen geschmiedet hatte, so alberne Pläne! In der Nacht aufstehen, sich auf die Säuglingsstation schleichen, das Baby nehmen und verschwinden – wie konnten sie nur so dumm gewesen sein! Sie weinte über ihre Naivität. Sie hatten nicht nur übersehen, dass die Krankenschwestern sowohl sie als auch die Babys Tag und Nacht bewachen würden – natürlich! –, sondern auch, dass sie direkt nach der Geburt nicht einfach so aus dem Bett springen und mit Koffer und Baby auf dem Arm flüchten konnten. Nach dem, was sie durchgemacht hatte, musste sie erst gar nicht versuchen, aufzustehen und herumzulaufen, um zu wissen, wie schwer das war. Ihr Fluchtplan war ein reines Hirngespinst gewesen, von Anfang bis Ende. Aber sie hatte sich erlaubt, daran zu glauben; sie hatte glauben wollen, dass es möglich war. Und nun war sie zutiefst enttäuscht, obwohl sie wusste, dass alles nur ein Traum gewesen war. Sie hatte Stead verraten. Und schlimmer noch: Sie hatte das Baby verraten. Alles war in tausend Stücke zersprungen, und sie konnte sich kaum vorstellen, wie sie sie je wieder zusammenfügen sollte.

Es war auch nicht hilfreich, in den nächsten Tagen mitzubekommen, wie sich ein paar Mädchen darüber unterhielten, dass sie in zwei Stunden entbunden und am nächsten Tag schon wieder gesund und munter hatten aufstehen und herumlaufen können. Wenn diese Mädchen das geschafft hatten, warum dann nicht sie? Die Vorstellung quälte sie. Diese Mädchen hätten vielleicht ihren Fluchtplan in die

Tat umsetzen können. Immer wieder dachte sie an die Situation im Kreißsaal, an ihr Unvermögen, nach ihrem Baby zu greifen, danach zu fragen, es sich anzusehen, ihm irgendeine Botschaft zukommen zu lassen, bevor es ihr für immer entrissen wurde. Sie hatte in jeder Hinsicht versagt.

Als sie eines Morgens aufwachte, waren ihre Brüste so hart wie Stein. Ihre Milch war eingeschossen; ihre nutzlose Milch. Die Krankenschwestern gaben ihr Kohlblätter, was lächerlich und demütigend war, aber es half.

Sie fragte die Schwestern, so wie jeden Tag seit ihrer Ankunft im Hawthornden House: »Sind irgendwelche Briefe für mich gekommen? Irgendwelche Nachrichten?«

»Nein, meine Liebe, nichts«, sagten sie, wie schon von Anfang an.

Sie fühlte sich wie Blaubarts namenlose kleine Frau, die mit ihrem blutbefleckten Schlüssel rief: »Schwester Anne, Schwester Anne, sind sie schon da?« Die darauf wartete, dass ihre Brüder kamen und sie retteten. Aber Rettung kam nicht. Und sie war aus der grausigen Kammer gekommen, blutbespritzt, zu Tode erschrocken, am Leben, doch um einen wichtigen Teil ihrer selbst beraubt.

»Das ist nur der Babyblues«, sagten die Krankenschwestern. »In ein paar Tagen fühlen Sie sich schon besser.« Als könnten sie sie durch reine Willenskraft dazu zwingen, einfach, indem sie darauf bestanden.

Noch bis zum Ende hatte sie geglaubt, irgendwas von Stead zu hören. Sicher, ganz sicher würde er sie hier nicht ohne irgendeine Nachricht lassen. Er hatte so freundlich und aufmerksam gewirkt; wenn er nicht kam, hätte er es ihr zumindest in einem Brief mitteilen können. Stattdessen hatte er sie diesem schrecklichen Schweigen ausgesetzt. War sie ihm so gleichgültig? So unwichtig? Oder hatte es auf See eine Katastrophe gegeben? Seine Welt war gefährlich und voller Gewalt. Ständig wurde der Verlust von Schiffen und ihrer Besatzung betrauert; und Seeleute an Land tranken viel, prügelten sich ständig und waren brutal. Stead war nicht so, wohl aber die Welt, in der er lebte. Wie leicht geriet man dort in einen Unfall, der ausreichte, um einen Mann zu verschlucken: eine bösartige Welle, eine Schlägerei in einer Hafenspelunke, und schon wäre er fort, für immer verloren.

Stead, für immer verloren. Ihr Baby, für immer verloren. Und sie selbst hatte Schiffbruch erlitten.

Bea kam. Es war Monate her, seit sie sich das letzte Mal gesehen hatten. Marina fand es komisch, sie hier zu sehen – sie war wie die Abgesandte der anderen, wirklichen Welt. Ihre Schwester wirkte unbeholfen, bemühte sich aber deutlich, ihr Bestes zu geben. Sie hatte Obst, Blumen und Bücher mitgebracht. »Wie fühlst du dich?«, fragte sie.

»Schrecklich.«

»Hat man dich gut behandelt?«

Einige der Krankenschwestern waren nett, andere grässlich. Marina zuckte die Achseln.

»Man hat mir gesagt, du könntest bald entlassen werden.«

»Ja.«

»Fühlst du dich gut genug, um auf Reisen zu gehen? Es gibt da ein paar Orte, die ich mir unbedingt ansehen will. Und wenn du irgendwohin willst, musst du's einfach nur sagen.«

»Ich glaube nicht, dass ich mich dem gewachsen fühle«, sagte Marina.

Bea wirkte enttäuscht, lächelte jedoch tapfer. »Nun, auch gut. Die gute Neuigkeit ist, dass ich uns ein Zimmer in London besorgt habe. Allerdings nur vorübergehend, ich habe es von einem Freund übernommen. Luxuriös ist es auch nicht gerade, aber wir können dort bleiben, bis wir wissen, was wir als Nächstes tun.«

»Musst du nicht nach Paris zurück?«, fragte Marina.

»Nein«, erwiderte Bea ziemlich erstaunt. »Ich hab doch gesagt, wir würden zusammen Ferien machen, wenn du hier fertig bist.«

»Ferien?«, wiederholte Marina. Wie so oft spürte sie, dass ihr die Tränen kamen und ihr einfach über die Wangen strömten. Sie leckte, aus allen Öffnungen, und konnte nichts dagegen machen.

Bea sah sie besorgt an. »Hör mal«, sagte sie, »ich will nicht so tun, als wüsste ich, wie es für dich gewesen ist, weil das nicht stimmt. Ich habe nicht die geringste Ahnung. Es muss einfach schrecklich gewesen sein. Aber ich glaube, es wäre wirklich das Beste für dich, wenn du versuchen würdest, all das hinter dir zu lassen. Einfach von hier zu verschwinden und ganz neu zu beginnen. Bald ist es Frühling, und dann sieht alles schon ganz anders aus.«

»Das sagen die Schwestern hier auch ständig: Ich soll's hinter mir lassen. Aber ich muss ständig daran denken.« Sie erkannte ihre eigene Stimme nicht wieder, so flach klang sie. Tot.

»Ein Grund mehr, von hier zu verschwinden. Etwas Neues zu sehen. Wenn ich die letzten fünf Monate an so einem Ort verbracht hätte, würde ich auch verrückt.«

»Sehe ich so aus? Verrückt?«

»Schon – ein bisschen«, gab Bea zu.

Darauf sagte Marina nichts. Die Vorstellung, wieder ein ganz normales Leben aufzunehmen, erschien ihr unmöglich. Sie wollte nur noch in ihrem Bett liegen und darauf warten, dass alles zu Ende wäre.

»Sobald du dazu in der Lage bist, fahren wir zusammen nach London zurück«, sagte Bea. »Und ich schwöre dir, wenn du erst mal hier raus bist, sieht alles schon ganz anders aus.«

Einen Tag später durfte sie Hawthornden House für immer verlassen. Es gab niemanden, von dem sie sich verabschieden wollte.

England im März war ein einziges Grau-in-Grau. Grauer Himmel, graue Gebäude, graue Menschen, grauer Regen. Selbst die Luft schmeckte grau. Nach Monaten in einer öffentlichen Einrichtung sehnte sich Marina nach Privatsphäre, Stille und häuslicher Behaglichkeit: nach etwas Farbe an den Wänden, einem Teppich auf dem Boden, einer schönen Tasse mit Untertasse, um daraus Tee zu trinken. Aber das Zimmer, das Bea für sie aufgetrieben hatte, war schäbig und trist, hatte zusammengewürfelte Möbel, Tag und Nacht klappernde Fenster und Heizstrahler, die kleine lauwarme Fleckchen schufen, hinter denen die verbleibende Kälte nur noch größer wirkte. Jeden Tag schlug Bea Ausflüge vor, schmiedete Pläne, versuchte, sie in Gespräche zu verwickeln, doch Marina fühlte sich alldem nicht gewachsen. Es war schon zu anstrengend, die Treppe hinunterzugehen, um eine Ecke zu biegen und einen halben Liter Milch zu kaufen. Da schien ihr das Victoria and Albert Museum am anderen Ende der Welt zu liegen und Paris oder Südfrankreich gar auf dem Mond. Sie wusste, dass Bea mit ihrem Latein am Ende war. Sie sah, wie ihre Schwester zu kämpfen hatte, um den ganzen Tag fröhlich und munter zu bleiben, die Ruhe zu bewahren und nicht die Geduld mit ihr zu verlieren – mindestens einmal täglich verließ sie überstürzt die Wohnung und machte einen ausgedehnten Spaziergang –, und Marina empfand leises Bedauern darüber, dass sie solche Probleme verursachte. Aber auch das nur aus einer gewissen Distanz. Sie schien nichts dagegen machen zu können.

Jeden Tag stellte sie sich vor, wie sie an Stead schreiben

und ihm alles erzählen würde. Doch wozu? Das Baby war verloren, und sie hatte das Gefühl, es wäre alles vorbei, beendet, noch bevor es überhaupt angefangen hatte. Kathleen war nicht die Einzige, deren am Anfang so leidenschaftlicher Mann noch vor dem bitteren Ende verschwunden war. War Stead da anders?

Es kam der Tag, an dem Marina erkannte, dass sie aufstehen und das Haus verlassen musste. Sie zog sich eines der wenigen Kleider an, die ihr noch passten, und dann fuhren beide mit dem Zug in die Stadt. Obwohl sie einen Großteil ihrer Schwangerschaftspfunde wieder losgeworden war, hatte sich ihre Figur verändert, und ihr Fleisch war noch schlaff und gedehnt. Bea ging mit ihr einkaufen, und Marina probierte an, was Bea ihr vorlegte, nahm einiges, wies anderes zurück und erlaubte ihr zu bezahlen.

Am Ende ging Bea mit Marina zum Haareschneiden. Während der Monate in der Einrichtung war ihr Haar lang, stumpf und formlos geworden, und nun schien es ihr in Büscheln auszufallen. Falls es der Friseurin auffiel oder sie wusste, was das bedeutete, so verlor sie kein Wort darüber. Als sie an diesem Abend nach Hause kamen, überredete Bea sie, all ihre neuen Sachen anzuprobieren, und als Marina sich mit der schicken neuen Frisur und den modischen neuen Kleidern im Spiegel betrachtete – die viel gewagter waren, als Marina sie je für sich ausgesucht hätte –, sah sie, dass sie sich in jemanden verwandelt hatte, den sie noch nicht kannte.

»Ich erkenne mich gar nicht mehr wieder«, sagte sie und konnte sich nicht sattsehen.

»Du siehst umwerfend aus«, erwiderte Bea.

Bea hatte ihr erzählt, sie hätte ans Konservatorium geschrieben und für die nächste Woche einen Termin mit dem Leiter verabredet. Monate zuvor hatte Bea Bescheid gesagt, dass Marina krank sei. Jetzt war der Zeitpunkt gekommen, dort vorzusprechen und zu erklären, dass sie die Chance verdiene, noch einmal einen Platz zu bekommen.

Marina verspürte einen seltsamen Anflug von Lampenfieber, der viel stärker und intensiver war als je zuvor in ihrem Leben. Fast fühlte es sich an wie Angst.

»Ich bin noch nicht bereit«, sagte sie. »Ich habe seit Monaten nicht mehr gespielt.«

»Du wirst auch nicht spielen müssen«, entgegnete Bea. »Wir werden nur mit ihnen reden.«

Aber Marina war überzeugt, dass Anforderungen an sie gestellt würden; sie würde beweisen müssen, dass sie ein Recht hatte, dort zu sein. Als sie damals an Bord des Schiffes gegangen war, hatte sie keinerlei Zweifel gehabt, doch nun war alles anders. Sie fühlte sich geschlagen und herabgewürdigt. Also ging sie mit einem unguten Gefühl zu ihrem Termin.

Der Leiter war ein kahlköpfiger, in Tweed gekleideter Engländer. Er gab erst Bea die Hand, dann Marina, die sich ihrer abgearbeiteten Hände schämte.

»Sie waren krank?«, fragte er, an Marina gewandt.

»Ja, das stimmt«, antwortete sie und kam sich verlogen vor.

»Aber jetzt geht es Ihnen besser, hoffe ich?«

Marina wusste, dass sie blass und verhärmt aussah. »Viel besser«, sagte sie.

Darauf kam er zum Geschäftlichen. »Wie Sie sicher wissen, ist die Aufnahme an unserer Schule an Leistungen gebunden.«

Bea und Marina nickten gehorsam.

»An sehr gute Leistungen. Unsere Anmeldekapazitäten sind sehr begrenzt. Wir akzeptieren nur die allerbesten Bewerber jeden Jahrgangs.«

Marina spürte, wie sie vor Scham dunkelrot wurde. Sie wusste, was er sagen wollte, obwohl er sich bis jetzt noch nicht dazu durchgerungen hatte. Sie wollten sie nicht. Sie war nicht gut genug. Ihr haftete etwas Anrüchiges an. Er hatte es bereits bemerkt. Sie wurde abgewiesen.

»Folglich können wir auch keine Plätze frei halten.«

»Aber ich habe Ihnen doch die Gründe geschrieben«, sagte Bea. »Meine Schwester war krank. Dass sie ihren Platz nicht annehmen konnte, war nicht ihre Schuld.«

»Sie dürfen sich gerne wieder bewerben«, erwiderte der Leiter. »Aber wir können Ihnen keine Vorzugsbehandlung zukommen lassen. Wir müssen äußerst gerecht und korrekt vorgehen. Jeder Bewerber muss sich seinen Platz verdienen.«

»Aber sie hat sich ihren Platz bereits verdient«, entgegnete Bea. »Sie hat sogar ein Stipendium bekommen.«

»Verzeihen Sie mir, aber Ihre Schwester hat ihren Platz aufgegeben, und der wurde dann von einem anderen Schüler eingenommen.« Der Leiter wandte sich an Marina. »Wenn Sie immer noch auf dieses Konservatorium wollen, werden Sie, wie alle anderen auch, vorspielen müssen.«

»Aber das ist doch wirklich in höchstem Maße ungerecht«, widersprach Bea. »Meine Schwester war völlig unverschuldet gezwungen, ihren Platz aufzugeben –«

»Ich verstehe, wie enttäuschend das für Sie ist«, sagte der Leiter sanft, aber entschieden. »Die Vorspieltermine für dieses Jahr haben bereits stattgefunden. Aber angesichts der besonderen Umstände bin ich bereit, bei Ihrer Schwester eine Ausnahme zu machen und ihr die Chance zu geben, doch noch vorzuspielen. Mehr kann ich allerdings nicht für Sie tun.«

»Marina ist ein bisschen außer Übung«, erklärte Bea. »Wie lange könnten wir es uns überlegen?«

»Mittwochmorgen in einer Woche könnte das Gremium zusammenkommen«, antwortete der Leiter.

In einer Woche? Marina starrte den Mann hilflos an und kam sich immer mehr wie eine Hochstaplerin vor.

Bea wandte sich an Marina. »Was meinst du?«, fragte sie.

Obwohl Verzweiflung sie beschlich, nickte sie. Daraufhin sprachen Bea und der Leiter über die Uhrzeiten, Zimmernummern und das Repertoire. Marina beantwortete die Fragen, die an sie gerichtet wurden. Sie spürte bereits, wie ihr alles entglitt.

»Da bleibt dir nicht viel Zeit zur Vorbereitung«, sagte Bea nervös, als sie zum Zug zurückgingen. »Aber wir tun, was wir können. Ich kümmere mich um ein Mietklavier, auf dem du üben kannst. Eine Frage des Talents ist es ja nicht. Dass du das hast, werden sie gleich sehen, obwohl du eine Weile nicht gespielt hast. Und selbst wenn du jetzt ein bisschen eingerostet bist, sind da ja noch deine vielen Preise, deine Prüfungsergebnisse und die Empfehlungen und Beurteilungen vom letzten Jahr. Das muss doch auch ins Gewicht fallen. Es wird schon gutgehen. Ganz sicher.«

Vielleicht konnte Bea sich damit selbst beruhigen. Aber Marina wusste bereits, dass sie zum Scheitern verurteilt war.

Irgendwo wurde ein Klavier aufgetrieben. Marina fing mit Tonleitern an, holte ihre Noten heraus und versuchte, die Erinnerung ihres Körpers zu wecken, damit diese ihr befahl, was ihre Finger zu tun hatten. Aber vom Üben taten ihr die Handgelenke weh, ihre Finger blieben unbeholfen, und die Noten tanzten ihr verschwommen vor den Augen herum. Doch noch schlimmer war, dass sie keine Musik mehr in sich finden konnte. Die Noten blieben nur Noten. Sie erklangen nicht mehr.

Hin und wieder kam Bea zu ihr, hörte ihr mit besorgter Miene zu und ging dann wieder. Früher hätte Marina alles getan, um ihre Schwester zu beeindrucken und sich ihr gegenüber zu beweisen. Aber jetzt konnte sie nicht mal dafür Interesse aufbringen. Sie übte pflichtschuldig, um Bea nicht zu enttäuschen und sich später nichts vorwerfen lassen zu müssen. Doch sie war nicht mit dem Herzen dabei.

Am Morgen des Vorspielens stand Marina auf und zog ihr schönstes neues Kleid an. Als sie sich frisieren wollte, nahm Bea ihr den Kamm aus der Hand und fing an, schweigend ihr Haar zu kämmen, zu glätten und zu arrangieren, bis es glatt und glänzend war, raffiniert und elegant wirkte. Dann holte sie eine Brosche aus ihrer Kommode, hielt sie an Marinas Kleid und prüfte im Spiegel die Wirkung.

»Die ist schön«, sagte Marina. Sie hatte die Brosche noch nie zuvor gesehen, denn Beas Stil war schmucklos und schlicht. Sie fragte sich, ob ihre Schwester sie sich selbst ausgesucht oder von jemandem geschenkt bekommen hatte.

»Wenn du willst, leihe ich sie dir.«

Marina heftete sie sich ans Kleid. Das gab ihrem Erscheinungsbild den letzten Schliff.

»Möchtest du, dass ich mitkomme?«, fragte Bea.

»Ich möchte es lieber allein machen«, antwortete Marina.

Sie nahm den Zug und ertappte sich dabei, dass ihre Finger über ihr Notenköfferchen fuhren wie über eine Tastatur. Alte Gewohnheiten sind hartnäckig, und für einen kurzen Augenblick flammte Hoffnung in ihr auf. Vielleicht würde ja alles zurückkommen, wenn sie den Saal betrat und zu spielen anfing, und sie würde die Prüfung bestehen, und alles würde gut werden.

Als sie das Konservatorium erreichte, blieb sie davor stehen und starrte die Fassade hinauf. Schüler in ihrem Alter gingen mit Köfferchen, Geigen, Klarinetten und anderen Instrumenten ein und aus. Sie fragte sich, ob man sie im Sommer üben hörte. Jetzt waren alle Fenster natürlich fest geschlossen – es war immer noch bitterkalt, obwohl es bereits April war.

Sie ging hinein und suchte den Weg zum Vorspielsaal. Vor Lampenfieber schlug ihr das Herz bis zum Hals. Das Blut dröhnte ihr in den Ohren und fühlte sich zu dick für ihre Adern an. Ihre Hände zitterten, als sie klopfte.

»Herein.«

An einem Ende des Saals saßen drei Männer an einem Tisch. Am anderen Ende stand ein Flügel. Sie durchquerte den Saal und setzte sich ans Klavier.

»Wenn Sie so weit sind«, sagte einer der drei.

Sie hatte die Noten für die verlangten Stücke dabei. Diese nahm sie nun aus ihrem Köfferchen, stellte sie auf das Notenbord und fing an zu spielen.

Es war schrecklich. Sie klang unsicher, steif, unmusikalisch. Sie fing an, Fehler zu machen. Das brachte sie aus dem Takt; die Fehler häuften sich.

Als es endlich vorbei war, stand sie auf.

»Ich habe gehört, Sie waren krank«, bemerkte einer der Männer und sah sie, nicht unfreundlich, über seine Brille hinweg an.

»Ja.«

»Dann konnten Sie wohl kaum üben«, sagte er.

»Leider nein.«

Er klopfte einen Stapel Papiere vor sich zurecht. »In Ihrer Heimat hält man große Stücke auf Sie. Ehrlich gesagt kann ich das nicht ganz nachvollziehen, nachdem ich Sie heute gehört habe. Ich hoffe, Sie sind zu mehr in der Lage.«

Marina hatte das Gefühl, als würden ihre Kehle und ihr Herz von einer riesigen Faust zusammengequetscht. »Das hoffe ich auch«, brachte sie hervor.

Er sah sie noch einen Moment prüfend an. »Vielleicht versuchen Sie es dann noch einmal im nächsten Jahr«, sagte er.

Obwohl sie damit gerechnet hatte, war es doch schrecklich, dies zu hören.

»Danke«, sagte sie, drehte sich um und ging wie in Trance zur Tür.

Als sie wieder hinaus auf die Straße trat, war die Sonne hervorgekommen. Unwillkürlich stieg ihre Stimmung, es war die instinktive Reaktion auf die Rückkehr von Wärme und Licht, doch im Grunde genommen gab es nichts, worüber man sich freuen konnte. Wie zuvor strömten Schüler an ihr vorbei, aber nun, da sie wusste, dass sie nicht eine von ihnen werden würde, fühlte es sich anders an. Wie seltsam, sich vorzustellen, dass dies ihr Leben hätte sein können. Wenn sie Stead nicht kennengelernt hätte, wenn sie vorsichtiger gewesen wäre, wenn sie sich so benommen hätte, wie sie erzogen worden war – oder wenn sie einfach ein bisschen mehr Glück gehabt hätte –, dann wäre sie auch durch diese Türen geeilt, um zum Unterricht oder zum Üben zu gehen. Sie kam sich vor wie ein Geist, der sein früheres Leben besucht: Sie konnte es ziemlich deutlich vor sich sehen, alles ging seinen normalen Gang, nur sie war davon ausgeschlossen, so als stünde sie hinter Glas.

Langsam ging sie zum Bahnhof zurück.

»Es tut mir so leid, Reeny«, sagte Bea.

Marina fuhr sich über die Augen. Schon wieder kamen ihr die Tränen. Sie hatte das Gefühl, sie könnte nur noch weinen. »Es ist nicht zu ändern«, erwiderte sie.

»Morgen hören wir uns mal um«, sagte Bea und übernahm die Regie. »Es gibt sicher noch andere Musikschulen. Vielleicht könntest du auch Privatstunden nehmen. Das könnte sogar das Beste sein. Wir suchen dir einen guten Lehrer, den besten, und dann nimmst du Privatunterricht.«

»Wie soll ich das alles ohne Stipendium bezahlen?«

»Tja, du musst dir eben einen Job suchen«, erklärte Bea. Plötzlich hatte sie eine Idee. »Wie ist dein Französisch? Du könntest mit mir nach Paris kommen. Paris ist voll von guten Musikern. Dort finden wir bestimmt einen ausgezeichneten Lehrer für dich.«

Marina schüttelte den Kopf. »Nein, nicht Paris.«

»Würdest du lieber hierbleiben?«

»Ich weiß nicht. Das kann ich noch nicht entscheiden.«

»Musst du auch nicht.« Immer noch bemühte sich Bea um einen munteren Tonfall. »Erst mal gehen wir für eine Weile fort. Machen Ferien, so wie wir es besprochen haben.«

Aber Marina fand es undenkbar, jetzt Ferien zu machen. Im Verlauf eines einzigen Jahres war ihr alles, was ihr je am Herzen gelegen hatte, entrissen worden, bis ihr nur noch ein Trümmerhaufen ihres Lebens blieb. Der Gedanke, auf Besichtigungstour zu gehen – und dann auch noch mit Bea –, war nicht nur unmöglich, sondern geradezu bizarr.

»Ich kann nicht«, sagte sie.

Bea wirkte resigniert. »Ich dachte, du wolltest das«, erwiderte sie.

»Wollte ich auch«, sagte Marina.

»Vielleicht erklärst du mir dann mal, was du nun willst«, forderte Bea sie auf. »Willst du nach Hause? Ist es das? Denn alles, was ich dir vorschlage, willst du nicht.«

Eine Welle unausgereifter Gefühle – Enttäuschung, Groll, Wut – stieg langsam in ihr auf: Wut auf Stead, weil er so liebenswert und perfekt gewesen war und sie dann geschwängert und im Stich gelassen hatte; Wut auf Hawthornden House und seine skrupellose Tüchtigkeit, mit der man sie von ihrem Kind getrennt hatte; Wut auf das Konservatorium mit seiner Kompromisslosigkeit und auf den Leiter des Prüfungsgremiums, der ihr mit einem feinen, gegen die Kolonien gerichteten Spottlächeln erklärt hatte, dass sie nicht gut genug wäre. Aber da keiner von ihnen jetzt hier war, nur ihre Schwester, richtete sich ihr gesamter Zorn gegen Bea.

»Du hast mich noch nie gefragt, was ich will«, sagte Marina und hob die Stimme.

»Das stimmt doch gar nicht!«

»Dir war ja immer egal, was ich wollte. Du wolltest nur, was für dich am einfachsten war, dabei bist du doch meine Schwester. Du hättest mir helfen müssen.«

»Aber ich habe dir geholfen!«, sagte Bea fassungslos.

»Du hast mich gezwungen, in dieses Heim zu gehen, dann hast du mich nicht einmal besucht, und du hast uns auch nicht geholfen, da rauszukommen.«

»Uns?«, fragte Bea. »Wen meinst du mit uns?«

Marina konnte es nicht aussprechen. Sie konnte es kaum denken. Die Vorstellung war zu schmerzlich. Bea brauchte eine Weile, um zu begreifen, was sie meinte.

»Das Baby? Du wolltest das Baby behalten?«, fragte sie.

»Ja!«, sagte Marina.

Bea sah sie einen Moment lang geschockt an. Dann zog sie die Augenbrauen zusammen und sagte mit leiser zorniger Stimme: »Ich sollte kommen und dich retten, sagst du? Ich sollte dich da rausholen und mit dir und dem Baby nach Paris gehen? Ich wohne in meinem Atelier, Marina! Es ist klein, kalt und hat nur ein einziges Bett! Es liegt im sechsten Stock, und überall sind Pinsel, Farbe und Terpentin, schließlich arbeite ich da! Ich bin arm! Ich lebe von Baguette und billigem Wein. Wie sollte ich uns beide durchbringen, wie sollte ich Tag und Nacht mit dir und einem Baby im Atelier wohnen, vorausgesetzt ich würde nicht auf die Straße geworfen, weil ich einer unverheirateten Mutter Unterschlupf gewähre? Babys bedeuten schlaflose Nächte und endlose Wäsche. Wer sollte das denn übernehmen, du oder ich? Und was, wenn es älter geworden wäre und angefangen hätte, zu krabbeln und zu laufen, wenn es uns ständig im Weg gestanden hätte? Was hättest du dann den ganzen Tag mit ihm angefangen?«

Bea bebte vor Zorn. Marina fiel nichts ein, was sie zu ihrer Verteidigung hätte vorbringen können. Die Erbärmlichkeit des Bildes, das Bea gezeichnet hatte, die Unmöglichkeit war mehr als deutlich. Dennoch schrie alles in ihrem Inneren nach ihrem verlorenen Kind.

»Ich muss arbeiten«, beharrte Bea. »Die Arbeit ist mein Leben. Und dafür muss man Opfer bringen.«

»Du weißt ja gar nicht, wovon du redest«, entgegnete Marina. »Wann hast du jemals Opfer bringen müssen?«

Beas Miene fiel etwas in sich zusammen. »Ich habe Opfer gebracht«, sagte sie.

»Welche denn?«, fragte Marina. Doch Bea schüttelte nur wütend den Kopf und weigerte sich, vom Thema abzuweichen.

Marina spürte, wie eine neue Welle des Grolls in ihr aufstieg. »Schön«, sagte sie. »Das alles ist ohnehin Schnee von gestern. Ich lasse es hinter mir. Vergesse, dass es je passiert ist. Mache das Beste daraus.«

Bea sah sie argwöhnisch an. »Etwas anderes bleibt dir auch nicht übrig«, bestätigte sie.

»Es ist für alle das Beste«, bemerkte Marina hämisch, weil das eine der abgeschmackten Phrasen war, die sie so oft in Hawthornden House gehört hatte. »Jetzt ist es Zeit für einen Neuanfang.«

Sie stand auf.

»Wohin gehst du?«, fragte Bea.

»Aus«, sagte Marina.

Immer noch in ihren besten Kleidern, fuhr sie mit der U-Bahn zum Leicester Square und ging dann weiter Richtung Soho. Sie hielt Ausschau nach einer Adresse, die sie in ihrer Tasche aufbewahrt hatte, seit sie von Bord des Schiffes gestiegen war. Als sie an einem Laden vorbeikam, erhaschte sie einen Blick von sich im Schaufenster und kam sich mit ihrer ungewohnten Frisur und den neuen Kleidern sehr fremd vor. Ihr fuhr durch den Kopf, dass sie jetzt wohl herausfinden würde, wer diese neue Marina war. Die Stipendiatin gab es nicht mehr, genauso wenig wie die junge Geliebte, die liebende Mutter und andere Versionen ihrer selbst, die sie verloren hatte, bevor sie je wirklich zum Vorschein kommen konnten. Nun würde jemand Neues ihren Platz einnehmen.

Schließlich fand sie die gesuchte Adresse. Es war ein Nachtclub, der bei Tageslicht schäbig und fragwürdig aussah. Ein Mann in Hemdsärmeln war gerade dabei, Erbrochenes von der Türschwelle zu putzen.

»Verzeihung«, sagte sie, »sind Sie Harry West?«

»Nein«, erwiderte der Mann und wies mit dem Daumen über seine Schulter, »das ist der da.«

Harry West erschien mit einer Liste in der Hand. Er war etwa fünfunddreißig, erstaunlich braungebrannt und hatte einen muskulösen Körper, der tatkräftig und gespannt wie eine Feder wirkte, selbst bei so etwas Leidenschaftslosem wie der Prüfung einer Liste. »Wer will das wissen?«, fragte er mit einer Stimme, die auf East End schließen ließ, obwohl das Gröbste schon abgeschliffen war.

»Mein Name ist Marina. Maurice hat mir gesagt, ich sollte mich bei Ihnen melden.«

Harry hob die Augenbrauen. »Ach, Sie sind eine Freundin von Maurice? Und was kann ich zu so unchristlicher Stunde für Sie tun?«

Es war Mittag.

»Ich brauche Arbeit«, sagte Marina.

London, 1944

Stead wanderte mit der Adressenliste, die Bea ihm gegeben hatte, durch ein London, das vom Blitzkrieg in Schutt und Asche gelegt worden war. Wohin er auch schaute, sah er Straßen mit zerbombten oder rauchgeschwärzten Gebäuden, Trümmerhaufen, die weggeschafft wurden oder einfach nur gesichert und liegengelassen worden waren. Er gewöhnte sich an den Anblick bröckelnder Backsteinmauern, loser, im Regen flatternder Tapetenfetzen auf einsam in die Höhe ragenden Wänden und zerborstener Rohre, die ins Nirgendwo gingen. Es war etwas Unmenschliches an einer Stadt, die vom Feuer heimgesucht worden war. Dinge, die fest und sicher gewirkt hatten, waren in etwas Substanzloses, Pulvriges verwandelt worden, die Farben des Lebens waren verblichen und ließen nur noch die Schwarz- und Grautöne des Todes zurück. Massive Wände und Böden wurden instabile Trümmerhaufen voller ungeahnter, gefährlicher Verkantungen und unter Schutt verborgener Hohlräume. Etwas zutiefst Menschliches und Lebendiges war von innen nach außen gekehrt, deformiert, vernichtet und in etwas Tödliches verwandelt worden.

Stead war zwar auf einer Farm aufgewachsen, hatte sich aber in die erste Stadt, die er sah, verliebt. Sie war so lebendig und umtriebig, so geschäftig und laut gewesen und steckte voller Energie. Er war nicht für das Leben auf einer Farm gemacht. Dort hatte die grausame, gleichgültige Natur sich hart gegen die Grundstücksgrenzen gedrückt und nur darauf gewartet, sie alle zu verschlucken. Wenn der Wind sich erhob und die Erde zu Staub wurde und davonwirbelte, hatte er das Gefühl gehabt, damit würden Teile seiner selbst abgescheuert, so als wäre das Leben nur ein unaufhaltsames Rutschen und Schlittern Richtung Tod.

Aber eine Stadt war etwas ganz anderes. Eine Stadt lenkte ihren Blick in andere Richtungen: hinauf, hinaus, voran, ganz gleich, wohin. Eine Stadt war keine Geisel der Natur. Eine Stadt war eine prächtige Schöpfung, etwas, das die Menschheit erschaffen hatte. Sie trotzte der Natur. Sie war vital und schön. Städte lebten von den Sehnsüchten der Menschen, die sie erbauten, die in ihnen lebten, arbeiteten und träumten. Städte waren reinste Wunderwerke!

Wie schrecklich, zu sehen, dass selbst eine Stadt zerbrechlich war, dass all das Solide und Hochfliegende, das Gewicht, das Ausmaß und die Größe menschlichen Strebens zu dieser tödlichen Bedeutungslosigkeit reduziert werden konnten. Zu Asche und Staub.

Und doch ging das Leben weiter. Männer mit Helmen und Frauen mit auf nackten Beinen aufgemalten Strumpfnähten kraxelten über die Trümmer und arrangierten sich damit, weil selbst in diesem Chaos Mäuler gestopft und Arbeiten erledigt werden mussten.

Auch Stead hatte eine Mission. Er ging zu dem Hotel, in dem Marina nach ihrer Ankunft untergekommen war, zu der Musikschule, die sie hatte besuchen wollen, zu der Wohnung, die ihre Schwester von einem Freund gemietet hatte. Bei jeder dieser Adressen sprach er vor und fragte nach. Das Hotel war im Blitzkrieg beschädigt worden, und es gab niemanden mehr, der vor dem Krieg dort gearbeitet hatte. Beas Freund war umgezogen, und die jetzige Vermieterin weigerte sich, ihm zu helfen. Bea hatte ihm auch die Adresse des Heims für ledige Mütter gegeben. Er schrieb dorthin, bekam allerdings nur ein kurzes Schreiben mit der Mitteilung, man könne keine Auskünfte über ehemalige Patientinnen geben. Er erwog kurz, die lange Reise mit etlichen Zwischenstopps und Zugwechseln zu unternehmen, aber er hatte ein bisschen Angst vor Krankenhäusern und zweifelte daran, mehr zu erfahren, wenn er dort persönlich vorsprach. Es blieb also nur die Musikschule.

Die Straße, in der sie lag, war bombardiert worden, doch die Schule selbst war verschont geblieben, und als er davorstand, erfüllte eine nie endende Kakophonie die Luft, weil viele verschiedene Instrumente zugleich, aber jeweils ihre eigene Melodie spielten: Klänge, die anstiegen, fielen und sich wiederholten, chaotisch und frustrierend, und sich nie in etwas auflösten, was er als Musik identifizieren konnte.

Er ging hinein. »Ich habe einen Termin«, erklärte er.

Bea hatte ihm einen Namen genannt. Der Mann war der Leiter der Klavierklasse und hatte im Gremium gesessen, als Marina vorspielte. Er behauptete, Marinas Akte nicht gefunden zu haben, sich allerdings an sie zu erinnern.

»Sie war doch Australierin, nicht wahr?«, fragte er.

»Ja, genau.«

»Und soweit ich weiß, war sie krank gewesen, oder?«

»Ja.«

»Ihr Vorspiel war furchtbar«, sagte der Mann sinnierend. »Wirklich, einfach furchtbar. Dabei hatte sie ausgezeichnete Empfehlungen. Normalerweise kann man sich auf meinen australischen Kollegen verlassen. Andererseits war sie krank gewesen ... und die Nerven spielen auch eine entscheidende Rolle. Es ist besser, wenn man gleich am Anfang merkt, dass man es nervlich nicht packt. Manche sind einfach nicht für die Bühne geboren.«

»Würden Sie sich daran erinnern, wenn Sie sie danach noch einmal gesehen hätten?«, fragte Stead.

»Ja, ich glaube schon. Aber ich bin mir ziemlich sicher, dass ich sie nicht wiedergesehen habe.«

»Also hat sie sich im darauffolgenden Jahr nicht noch mal beworben?«

»Ganz sicher nicht«, antwortete der Leiter der Klavierklasse entschieden. »Was nicht heißen soll, dass man sie nicht an einer anderen Schule aufgenommen hat.« Einer Schule, das besagte sein Ton deutlich, die schlechter war als seine.

Enttäuscht bahnte sich Stead seinen Weg in die Eingangshalle zurück, wo es vor Studenten wimmelte. Er wollte schon die Treppe hinuntergehen, hielt dann jedoch inne, als er sah, wie ein junger Mann einen Zettel an ein Anschlagbrett heftete. Ihm kam eine Idee.

»Verzeihen Sie«, sagte er, »könnten Sie einen Zettel erübrigen?«

Der junge Mann riss ein Blatt aus seinem Notizblock und gab es ihm. Darauf schrieb Stead:

GESUCHT: Informationen über den Verbleib von Miss Marina Wiley, Pianistin, wohnhaft in London 1938/39.

Der junge Mann las die Nachricht. »Wer ist das denn?«

»Eine alte Freundin«, erklärte Stead. »Kennen Sie sie?«

»Nein, noch nie von ihr gehört. Aber viel Glück.«

Stead zog weitere Erkundigungen ein. Er besuchte Musikschulen, wo er Marinas Fotos zeigte und nach ihr fragte. Sie hatte sich in keiner angemeldet. Doch in jeder hinterließ er einen Zettel mit der Bitte um Informationen.

Er sprach mit Klavierverkäufern. Hatten sie sie gesehen oder von ihr gehört? Das war zwar nicht der Fall, aber er bekam ein paar nützliche Informationen: wo es die besten privaten Klavierlehrer gab, woher Studenten ihre Klaviere bekamen, wohin sie zum Üben gingen. Obwohl die Zeit gegen ihn arbeitete, folgte Stead jeder Spur, doch nirgendwo kannte man sie. Nirgendwo hatte man sie gesehen.

Eines Tages landete er auf dem Trafalgar Square, der vor Tauben und Soldaten, die voneinander Fotos schossen, wimmelte. Er hielt einen Mann an, der in Zivil unterwegs war, und fragte: »Könnten Sie mir sagen, wie man zu St. Martin-in-the-Fields kommt?«

Der Mann drehte sich um und zeigte in eine Richtung. »Da vorne ist sie.«

Stead dankte ihm, überquerte die Straße und betrachtete die Kirche mit den hellgrauen Steinen und dem einzelnen eleganten Kirchturm. Dies war der Ort, den sie ausgewählt hatte. Hier hatte er sie treffen sollen. Eine Weile blieb er dort stehen und ließ seine Gedanken mittlerweile vertraute Pfade einschlagen, aber dann fiel ihm auf, dass die Türen offen standen und Menschen hineingingen. Als ihm eine junge Frau ins Auge fiel – rötlich braunes Haar, eine Uniform der *Women's Auxiliary Air Force* –, spürte er, wie Hoffnung seine Brust schmerzhaft durchzuckte. War sie das? Konnte das möglich sein?

Er folgte ihr, betrachtete ihren Rücken, studierte ihre Art, sich zu bewegen, suchte nach etwas Vertrautem und wartete auf den Moment, da sie den Kopf wenden und er ihr Gesicht sehen würde. Im golden glänzenden Inneren der Kirche sah er, wie ganz normale Leute sich hinsetzten und Thermosflaschen und Sandwiches, Strickzeug und Zeitungen hervorholten. Die Frau mit der Uniform setzte sich in die Mitte einer Reihe, nahm einen Apfel aus ihrer Tasche und fing an, kleine fruchtig knirschende Stücke abzubeißen. Stead folgte ihr vorsichtig, versuchte, nicht so zu wirken, als starre er sie an, und nahm in der Reihe hinter ihr, ganz am Ende, Platz. Die junge Frau drehte den Apfel in ihren langen Fingern und knabberte ihn gleichmäßig ab. Hatte sie Pianistenhände? Er wusste es nicht. Dann knallte irgendwo eine Tür, und sie wandte den Kopf, das Gesicht zu Stead gerichtet, woraufhin er sofort sah, dass es nicht Marina war. Seine Hoffnung wich Enttäuschung, aber das war nichts Neues, und als sie sich wieder abwandte, blieb er sitzen und sah ihr zu, wie sie mit offensichtlichem Genuss ihren Apfel aufaß, ohne seinen Blick zu bemerken.

An der Vorderseite der Kirche ging eine Tür auf, und vier Männer und eine Frau erschienen. Die Männer trugen unterschiedlich große Geigen, die Frau nichts. Allgemeines Rascheln und Scharren kam auf, als Sandwichpapier verstaut und Zeitungen zusammengefaltet wurden, und dann erklang Beifall, als die Musiker ihre Plätze einnahmen, die vier Männer in einem Halbkreis, die Frau an dem schimmernden Flügel. Alle verstummten, während die Musiker ihre Instrumente stimmten, und auf einmal begannen sie zu spielen.

Wie Stead entdeckte, war die Musik eine Art Gespräch zwischen den Instrumenten, deren hohe und tiefe Stimmen dahinplätscherten, sich ineinander verflochten, fragten und antworteten, im Einklang zusammenkamen und sich danach wieder in auswärts- und voranstrebende Bewegungen teilten. Hörte er einer Auseinandersetzung zwischen der Frau am Klavier und den Männern mit den Geigen zu, fragte er sich, oder war es etwas anderes, eine Verhandlung oder ein Tanz auf eine Art Vereinigung zu? Die Frau am Klavier war mittleren Alters, eher unscheinbar und kräftig gebaut, die Männer noch älter, aber trotzdem war die Musik ein Echo auf den Drang in ihm, und er spürte, dass er sie verstand.

Als das Stück endete, klatschte niemand, was ihm seltsam vorkam. Es gab eine kurze Pause, dann fingen die Musiker wieder an zu spielen. Er beobachtete die junge Frau zwei Reihen vor ihm und fragte sich, was die Musik wohl für sie bedeutete. Wahrscheinlich war sie Musikstudentin, kannte den Namen und die Lebensdaten des Komponisten und konnte ihm genau sagen, worum es in der Musik ging, wenn das denn überhaupt möglich war. Er fragte sich, ob sie gern tanzte und was sie später wohl machte. Eine Weile saß er noch da, ohne wirklich auf die Musik zu achten, und überlegte, was sie wohl sagen würde, wenn er sich einfach neben sie setzte und ein Gespräch mit ihr anfinge; aber er wusste, solange die Musik spielte, war das unmöglich, und wenn das Konzert erst einmal vorbei wäre, würde sie gleich wegwollen. Ruhelos stand er auf und schlüpfte aus der Kirche.

Später am Abend, in einem dröhnenden Tanzlokal, beschränkte sich das Gespräch der Musik auf Worte, die jeder verstehen konnte:

Embrace me, my sweet embraceable you – umarme mich, mein süßer Schatz.

Don't sit under the apple tree with anyone else but me – sitz nur mit mir unterm Apfelbaum.

I got my gal. Who could ask for anything more? – ich hab mein Mädel, was will man mehr?

In dem Tanzsaal roch es nach Parfüm und Brillantine. Viele tanzende Paare schrien vor Freude, während sie sich drehten, hüpften und durch die Luft wirbelten und mit ihrem Vergnügen dem Tod trotzten. Stead und seine Kumpel waren mittendrin, kippten warmes englisches Bier und schwangen Mädchen hin und her, die sie aufgegabelt hatten. Steads Kleine hieß Gloria, und sie war eine prächtige Tänzerin, so als wäre sie dafür geboren. Nach dem Tanz nahm sie ihn mit in ihr kleines Zimmer in einem hohen Haus, ging durch verdunkelte Straßen und dann vorsichtig, auf Zehenspitzen, vorbei an der Tür der Vermieterin, bis sie auf ihrem schmalen Bett landeten, wo sie sich küssten und wälzten und vögelten, bis das Quietschen der Sprungfedern Gloria dazu brachte, ihn auf den Fußboden zu drängen, wo sie sich auf ihrer Bettdecke weiter küssten und vögelten, bis sie fertig waren. Sie rauchten zusammen, und sie erzählte ihm, dass sie in den ersten Kriegstagen geheiratet, aber kürzlich erfahren hatte, dass ihr Mann in Afrika umgekommen war.

»Das ist schlimm«, sagte Stead.

»Ich bin schon mit zweiundzwanzig Witwe«, sagte sie und lachte kurz auf. »Hast du ein Mädchen daheim?«

Er zögerte.

»Ist schon gut, ich bin nicht eifersüchtig. Wie heißt deine Liebste?«

»Marina«, sagte er und genoss es, ihren Namen auszusprechen.

»Verlobte? Freundin?« Sie beäugte ihn. »Ehefrau doch wohl nicht, hoffe ich.«

»Freundin, würde ich sagen.« Sie sah ihn immer noch fragend an. »Ich hab sie schon länger nicht mehr gesehen. Sie wird vermisst.« Er verstummte kurz. »Ich suche nach ihr.«

»Vermisst?«

»Sie kam vor dem Krieg hierher. Eigentlich wollte sie Musik studieren, aber –«

»Aber was?«

»Sie bekam ein Baby«, sagte er und wurde rot.

»Hat sie es behalten?«

»Nein.«

»Ist wahrscheinlich das Beste.« Sie stützte ihren Ellbogen auf und sah ihn an. »Und was ist passiert, nachdem sie es abgegeben hatte? Hast du sie wiedergesehen?«

Er schüttelte den Kopf. »Ich hab sie nur einmal gesehen – das heißt, wir haben drei Tage miteinander verbracht, als wir uns kennenlernten, aber danach hab ich sie nie mehr wiedergesehen.«

»Drei Tage?«

»Genau.«

»Drei Tage, vor fünf Jahren?«

»Ja.«

»Aber du denkst immer noch an sie?«

»So sieht's wohl aus.«

Gloria zog die Augenbrauen in die Höhe. »Ich dachte, so was passiert nur im Krieg.«

Als sie das sagte, erkannte Stead, wie dumm es war, so viele Hoffnungen auf ein Mädchen zu setzen, das er kaum kannte. Er wünschte, er hätte es nie erwähnt. Doch dann sagte Gloria: »Hast du irgendwelche Anhaltspunkte? Wohin sie gegangen sein könnte?«

»Ein paar. Ich höre mich um.«

»Bisher noch kein Glück gehabt?«

Er schüttelte den Kopf. »Aber ich hab noch ein paar Tage Landurlaub.«

»Ich hoffe, du findest sie.«

»Du denkst nicht, dass es dumm ist?«

»Nein, es ist nicht dumm. Es ist süß.« Sie schwieg eine Weile und blickte auf eine Stelle über seiner Schulter. Schließlich kehrte sie mit ihrer Aufmerksamkeit zu ihm zurück. »Vielleicht hast du Glück. Der Krieg nimmt einem einiges, aber er bringt auch Neues, stimmt's nicht?«

»Ich hoffe es.«

Sie ließ ihn noch seine Zigarette zu Ende rauchen, bevor sie sagte: »Du gehst jetzt wohl besser. Aber sei leise auf der Treppe.«

An der Tür küsste sie ihn, immer noch nackt, mit verschmiertem Lippenstift, dann schloss und verriegelte sie die Tür. Er schlich wieder auf Zehenspitzen hinunter, erfüllt von einem warmen Gefühl des Wohlbehagens, überzeugt, dass dies der beste Typ Mädchen war, und gleichzeitig erleichtert, dass sie nichts von ihm gefordert und nicht verlangt hatte, sich wieder mit ihm zu treffen. Sein Hosenbein rieb brennend über eine wunde Stelle an seinem Knie.

Hatte der Krieg etwas verändert? Er hatte Mädchen wie Gloria ein Ausmaß an Freiheit ermöglicht, ein Leben, das ihnen vorher verwehrt worden war. Kriegsarbeit hatte sie von ihren Familien befreit, von alten Regeln, und ihnen eine vorher unvorstellbare Unabhängigkeit gegeben. Aber es war eine prekäre Unabhängigkeit, die auf das Chaos und Durcheinander des Krieges gegründet war, und der Krieg konnte und würde nicht ewig dauern. Stead schlich sich aus der Haustür und zog sie so vorsichtig hinter sich zu, dass die Vermieterin nicht davon aufwachte, und während er das tat, fragte er sich, ob sich wirklich etwas verändert hatte.

Am nächsten Tag bekam er eine Nachricht von einem Mann, der für eine britische Bank in Shanghai gearbeitet hatte. Er hatte Steads Zettel gesehen, als er seine Verlobte vom Musikunterricht abholen wollte. In Shanghai hatte er ein Mädchen namens Marina gekannt, das Klavier spielte. Konnte das die Gesuchte sein? Stead verabredete sich noch am selben Tag mit ihm bei seiner Bank.

Vor dem Krieg war Stead oft in Shanghai gewesen, und allein der Gedanke, dass Marina an einem solchen Ort sein könnte, verursachte ihm Schwindel. Es konnte sich doch unmöglich um seine Marina handeln – oder doch?

»Waren Sie je in Shanghai? Prächtiger Ort. Furchterregend, aber prächtig. Ich war einer der Glücklichen, die entkamen.

Die Bank rief uns zurück, bevor die Japaner alles überrannten. Aber vorher hatte ich eine ziemlich bemerkenswerte Zeit dort. Damals war ich noch Junggeselle, und, bei Gott, ich glaube, ich war während meines gesamten Aufenthalts nicht öfter als ein, zwei Nächte zu Hause. Ständig war was los. Jede Woche öffneten neue Nachtclubs und Restaurants, dann gab es Filme, Theaterstücke, Konzerte und Rennen. Und die Partys! Irgendwo stieg immer eine Party, dann erfuhr man irgendwie davon und tauchte einfach dort auf. Es war ziemlich hektisch, aber auch ein Riesenspaß. Natürlich auf lange Sicht mörderisch. Am Ende war ich nur froh, nach England zurückzukommen und mich mal ausruhen zu können. Nicht dass es lange dauerte, schließlich kam der Krieg.« Er verstummte, abgelenkt und in Gedanken versunken.

Stead holte Marinas Foto aus der Tasche, wo er es immer aufbewahrte, und zeigte es ihm. »Ich suche dieses Mädchen«, erklärte er.

Der Bankangestellte nahm es und betrachtete es prüfend. »Ziemlich gutaussehend, was?«, bemerkte er.

»Ist sie das?«, fragte Stead. »Ist das das Mädchen, das Sie in Shanghai gesehen haben?«

»Könnte sein. Könnte durchaus sein. Aber die Kleine war keine Amerikanerin, sondern aus den Kolonien. Südafrika oder so.«

»Australien?«

»Ja. Genau. Sie war Australierin.«

Aufregung überkam Stead. War das möglich? War er so nahe dran?

Der Bankangestellte sah ihn argwöhnisch an, weil ihm plötzlich Zweifel kamen. »Warum suchten Sie noch mal nach ihr?«

»Wir waren –« Er verstummte. »Sie hat mir viel bedeutet. Vor dem Krieg.«

»Dann muss ich Sie wohl enttäuschen, alter Knabe. Denn als ich sie kannte, war sie definitiv vergeben. In gewisser Hinsicht jedenfalls.«

»Was soll das heißen?«

»Waren Sie je im Golden West? Das war ein ziemlich schicker Nachtclub mit einer netten Pianobar. Nicht? Er wurde von einem Knaben namens Harry West geführt.«

Stead schüttelte den Kopf. Wenn er in Shanghai gewesen war, hatte er nie ein Etablissement aufgesucht, das man als chic bezeichnet hätte.

»Sehr netter Nachtclub, sehr beliebt, und wenn man bedenkt, was die Drinks kosteten, hatte er wohl auch die Lizenz zum Gelddrucken. Das sogar sicher, schließlich waren wir seine Bank.« Er lachte.

»Und Marina?«

»Sie arbeitete drei Abende pro Woche dort und spielte Klavier. Und das ziemlich gut, niemals so laut, dass man sein eigenes Wort nicht mehr verstand. Es gab auch eine Klavierspielerin für die anderen Abende, eine hübsche Weißrussin, etwas zu hochgestochen für meinen Geschmack. Kam immer mit ein bisschen Beethoven, wenn es gerade nicht passte, aber die andere, die Australierin, wusste, was von ihr erwartet wurde. Nichts allzu Anspruchsvolles.«

Er versuchte sich vorzustellen, wie Marina Klavier in einem Nachtclub spielte. Merkwürdig. Aber das Leben nahm oft ungeahnte Wege.

»Damals sah ich die beiden ständig auf Partys.«

»Marina und die Russin?«

»Nein, alter Knabe. Marina und Harry.«

Das brachte Stead für einen Moment zum Schweigen. Also hatte Marina jemand anderen gefunden. Einen Nachtclubbesitzer namens Harry. Er wusste, er hatte kein Recht, überrascht oder verletzt zu sein. Und doch …

»Hat sie ihn geheiratet?«

Der Banker stieß ein unbehagliches Lachen aus. »Tja, sehen Sie, da drüben lief alles ein bisschen anders. Nicht dass man es gebilligt hätte.«

»Was denn?«

»Es hieß, sie wäre seine Geliebte. Was vielleicht gar nicht stimmte. Soviel ich wusste, hatten sie getrennte Wohnungen, und sie arbeitete nur für ihn. Aber die zwei waren immer gemeinsam unterwegs, daher schlossen die Leute wohl – irrigerweise oder nicht – auf das Naheliegendste.«

Einen Augenblick lang wusste Stead nicht, was er sagen sollte. »Wissen Sie, was aus ihnen geworden ist?«, fragte er dann.

»Ich fürchte, nein, alter Knabe. Seit meiner Abreise aus China habe ich sie nicht mehr zu Gesicht bekommen.«

Stead nickte. Er konnte kaum einen klaren Gedanken fassen, so stark war das Gefühl, sie wieder verloren zu haben.

»Wenn Sie es mit Ihrer Suche wirklich ernst meinen, können Sie natürlich bei Harrys Club vorbeischauen und nach ihr fragen.«

»In Shanghai?«

»Nein, in Soho. Hab ich das nicht erwähnt? Er hat auch einen Nachtclub hier. Ist auch ganz gut so, wenn man bedenkt, was in China gerade los ist.«

Als er Harry West fand, las dieser gerade bei einer Tasse Kaffee die Morgenzeitung.

Stead baute sich vor Harry auf, nicht gerade bedrohlich, doch man merkte, dass mit ihm nicht zu spaßen war. »Harry West? Mein Name ist Stead. Ich wollte mit Ihnen über Marina sprechen.«

Harry sah zu ihm auf, und nur ein kurzes Aufflackern in

seinem Blick – wissend?, schuldbewusst? – verriet ihn, bevor er sagte: »Tut mir leid, Kumpel. Sie haben den Falschen erwischt.«

»Das glaube ich aber nicht.«

Harry senkte langsam die Zeitung und wurde merklich unfreundlicher. »Wer sind Sie denn? Ihr Ehemann?«

»Nur ein Freund«, antwortete Stead.

»Tja, dann sollte ich Ihnen wohl sagen, dass ich sie seit 1941, seit sie meinen Club verließ, nicht mehr gesehen habe.«

»Was ist denn passiert?«

»Na, die verdammten Japaner besetzten uns!«

»Was ist aus Marina geworden?«

»Sie haute ab, das war das Letzte, was ich von ihr hörte.«

»Sie verschwand einfach?«

»Genau. Konnte ich ihr nicht verdenken, bei dem Chaos überall.«

»Hat sie Shanghai verlassen oder nur Sie?«

Harry warf ihm einen harten Blick zu. »Marina hat für mich gearbeitet. Zwischen uns lief nichts.«

»Da habe ich aber was anderes gehört.«

»Dann haben Sie was Falsches gehört. Ich bin glücklich verheiratet, Kumpel, und rate Ihnen, nicht auf bösartige Gerüchte zu hören.«

Stead sah ihn unbeeindruckt an. »Ich will keinen Ärger machen«, sagte er, »sondern nur herausfinden, was aus ihr geworden ist.« Er verstummte, weil ihm eine Idee kam. »Ihre Mutter ist krank. Sie möchte gerne wissen, was mit ihrer Tochter passiert ist.«

Da sah er, wie sich Harrys Miene ganz leicht veränderte. »Ihre Familie hat nichts von ihr gehört?«, fragte er.

»Seit Jahren nicht«, bestätigte Stead.

Harry schwieg eine Weile und dachte nach. »Sie war in

Sicherheit«, sagte er stur. »Ich weiß, dass sie in Sicherheit war.«

»Woher denn?«

»Sie hatte Geld, viel Geld. Mr Wang schwor, er würde sie dort rausschaffen.« Harry verstummte und dachte rasch nach. Ein Anflug von Beunruhigung huschte über sein Gesicht. »Er sagte, er würde sie auf ein Schiff bringen.«

»Auf welches? Wissen Sie noch, wie es hieß?«

Harry schüttelte den Kopf.

»Wissen Sie denn, wohin sie wollte? Nach London? Sydney?«

»Das weiß ich nicht.«

»Aber wenn Sie ihr Geld gaben, haben Sie doch sicher auch darüber gesprochen, wohin sie wollte!«

»Es stand mir nicht zu, Fragen zu stellen«, sagte Harry mit einem Anflug von Verlegenheit. »Wie ich schon sagte, war sie meine Angestellte. Ich mischte mich nicht in ihre Angelegenheiten und sie sich nicht in meine.«

»Aber Sie haben sie doch nach Shanghai gebracht!«

»Ja, und?«

»Sie haben sie nach Fernost geschleppt. Haben Sie sich gar nicht überlegt, wie Sie sie wieder zurückschaffen?«

»Stellen wir doch mal eins klar«, sagte Harry gereizt. »Ich musste sie gar nicht schleppen, sie freute sich über die Gelegenheit. Und ich hab alles getan, was man von mir erwarten konnte. Ich ließ ihr mehr als genug Geld da –«

»Was? Sie haben sie allein zurückgelassen?«

Er sah, wie Harry geschockt die Augen aufriss, als er ihm die Faust ins Gesicht rammte, so fest, dass sein Stuhl zur Seite kippte und er mit Kaffee und Zeitung zu Boden krachte.

Shanghai, 1939

Als sie die breite Mündung des Huangpu erreichten, lag sie in dichtem Nebel. Doch je weiter sie fuhren, desto mehr lichtete er sich, und als Marina ihren ersten Blick auf den Bund erhaschte, die Prachtstraße vor dem Hafen, erstrahlte er im hellen Sonnenschein. Sie hatte es sich irgendwo exotisch und voller Pagoden, Rikschas und Dschunken vorgestellt. Stattdessen sah sie einen großen Boulevard vor sich, der mit den imposantesten und prunkvollsten westlich anmutenden Gebäuden gesäumt war, die man sich vorstellen konnte: Banken und Hotels, schicke Geschäfte und Apartmenthäuser, die alle schwindelerregenden Reichtum zur Schau stellten.

»Protzig«, sagte sie.

»Allerdings«, sagte Harry, der neben ihr stand und auf ihre Reaktion achtete, als wäre dies seine Stadt.

Als sie den Blick von den Hochhäusern löste, dachte sie, mit einem Anflug von Enttäuschung, dass dies auch eine Stadt irgendwo in Amerika hätte sein können. Die Wagen, die den Bund entlangströmten, waren allesamt amerikanisch, und alle Fußgänger, die sie sah, wirkten ebenfalls weiß, erfolgreich und wie aus einem Hochglanzmagazin. Typisch amerikanisch eben. Aber dann fielen ihr auch die

Chinesen und die Rikschas auf, und sie bemerkte, dass die Stadt direkt hinter dem Bund in Trümmern lag.

»Was ist da passiert?«, fragte sie.

»Das war die japanische Invasion 1937. Während der Schlacht um Shanghai geriet hier einiges unter Beschuss. Zwar nicht im internationalen Bezirk, dem sogenannten International Settlement, aber im Rest der Stadt, im chinesischen Teil, wurde heftig gekämpft. Das ist das Ergebnis.«

Während Marina auf die schwarzen Ruinen blickte, durchfuhr sie ein Schauer. Als sie auf See waren, war in Europa der Krieg ausgebrochen, doch sie hatte gedacht, sie würde ihm entkommen. China schien sehr weit weg von Hitler und seinen Armeen. Sie hatte gedacht, die Entfernung böte Sicherheit.

»Ich wusste nicht, dass hier auch Krieg ist«, sagte sie.

»Ist es jetzt auch nicht«, antwortete Harry. »Zumindest nicht richtig. Die Japaner haben China überrannt, den Chinesen gefällt das nicht, aber bisher können sie nicht viel dagegen machen. Und in der Zwischenzeit geht der Rest von uns seinen Geschäften nach.«

Da fiel ihr auf, wie seltsam das war: Die Stadt vor ihr war wie eine winzige Insel märchenhaften und unwirklichen Reichtums in einem Meer der Zerstörung.

Auf dem Schiff waren hauptsächlich Deutsche, Österreicher und Tschechen gewesen, alles Juden, die vor den Nazis flohen. In Hawthornden House hatte es keine Zeitungen gegeben, und Marina hätte sie auch gar nicht gelesen. Obwohl sie wusste, dass Europa in der Krise war – Drohungen und Spekulationen hatten die Radionachrichten beherrscht –, und obwohl sie in der Wochenschau brüllende und wild fuchtelnde Diktatoren und den Aufmarsch von Truppen gesehen hatte, hatte sie kaum einen Gedanken daran verschwendet. Jetzt kam es ihr so vor, als hätte sie unter Wasser gelebt und tauchte nun in einer Welt auf, die sie nicht mehr wiedererkannte.

»Warum können sie nicht einfach in ihrem eigenen Land bleiben?«, hatte sie Harry gefragt, als in Neapel und Triest immer mehr Flüchtlinge an Bord gekommen waren.

»Das ist kompliziert«, hatte er geantwortet.

»Und wieso wollen alle nach Shanghai? Wieso nicht nach Amerika?«

»Weil Amerika sie nicht will«, erwiderte Harry. »Für Shanghai braucht man kein Visum. Deshalb landet dort der Abschaum der Welt.« Er grinste, da er sich selbst in diese Beschreibung mit einschloss.

Das Schiff legte an, und ein Tender brachte Marina, Harry und alle anderen Passagiere zum Zoll. Während die anderen Neuankömmlinge sich in langen Schlangen aufstellten, wurde Harry durchgewunken.

»Man kennt mich hier«, erklärte er mit ironischem Lächeln.

Sie gerieten in den unglaublichen Trubel der Straße, überwältigt vom Hupen der Wagen und Geschrei der Menschen, vom Anblick prächtig gekleideter Westler zwischen Missionaren, Soldaten und Bettlern. Es roch nach Müll, Essen, Abgasen und Verwesung. Aus dem Getümmel fädelte sich wie durch ein Wunder ein Wagen zu ihnen, dem ein chinesischer Chauffeur entstieg. Er lächelte und öffnete ihnen den Schlag.

»John, dies ist Marina.«

»Hallo, Ma'am«, grüßte sie der Chauffeur.

Marina schlüpfte in den Wagen und strich bewundernd über die Ledersitze. »Ich fühle mich wie ein Filmstar«, erklärte sie. »Du hast mir gar nicht erzählt, dass du einen Chauffeur hast.«

»Alle Gangster haben einen«, sagte Harry und lachte.

Harrys Wohnung lag nicht weit vom Bund entfernt in der Bubbling Well Road. Sie fuhren mit einem Fahrstuhl in den fünften Stock, wo Harry sie in eine riesige, lichtdurchflutete, hoch über dem Lärm der Stadt thronende Wohnung führte, die in hochmodernem Stil gestaltet war: ganz in Schwarzweiß, Chrom und Glas. Marina schlenderte staunend von Zimmer zu Zimmer und fragte sich, was sie je mit so viel Platz anfangen sollten.

»Es ist alles so groß«, sagte sie schließlich, nachdem sie das Ankleidezimmer mit den leeren Kleiderstangen, Schubladen und Regalen für Schuhe, Hüte und Handtaschen entdeckt hatte.

»Das stimmt wohl«, sagte Harry beiläufig. »Du wirst dich bald daran gewöhnen.« Aber er wirkte erfreut.

Sie nahm ein kurzes Bad und entdeckte die parfümierten Badekristalle. Und als sie fertig war, fielen sie zusammen ins Bett.

»Ich bin so froh, dass du mitgekommen bist«, sagte Harry später und zündete sich eine Zigarette an. »Dir wird es hier gefallen.«

»Meinst du?«

»Als ich das erste Mal hierherkam, wusste ich sofort, dass dieser Ort wie für mich gemacht ist«, erzählte Harry. »London ist meine Heimat, und das wird auch immer so bleiben. Aber in Shanghai kannst du etwas bewirken. Hier geht's schnell, hart und rau zu. Aber wenn du Glück und Mut hast und Schritt hältst, wirst du belohnt. Menschen wie du und ich sind Hasardeure, wir brechen ohne Geld oder irgendwelche Pläne auf in die Welt. Verlassen uns nur auf unser Köpfchen. Und unser gutes Aussehen.« Er grinste und küsste sie. »Wir sind Überlebenskünstler, du und ich. Wie Ratten mit einem Goldzahn.«

Marina lächelte, ohne etwas zu sagen. Sie dachte über

diese Beschreibung ihrer selbst nach und fragte sich: Bin ich das wirklich?

Shanghai glich keinem anderen Ort auf der Welt. Die Stadt war reich und korrupt, erbaut mit den Profiten des Opiumhandels, Zuflucht und Gefängnis für die Verfolgten und Staatenlosen, eine seltsame westliche Erfindung mitten in China, die keine Gesetze achtete außer ihre eigenen. Im International Settlement gab es Engländer und Franzosen, Amerikaner und Niederländer, die Japaner – einst nur eine weitere fremde Macht, jetzt aber die Herrscher von China – sowie Weißrussen, die vor den Kommunisten, und Juden, die vor den Nazis geflohen waren. Dazu kamen natürlich die Chinesen, einige, die von der glitzernden Modernität und dem Gebrodel neuer Ideen angezogen wurden, andere, die in der turbulenten Politik um die Stadt mitmischten, die meisten aber schlicht auf der Suche nach Arbeit, auf der Flucht vor Armut und Kriegswirren. Eine verzweifelte Frivolität beherrschte die Stadt mit ihren imposanten Gebäuden, endlosen Partys, unzähligen Nachtclubs und Millionen Prostituierten: eine Art bewusster Missachtung der Tatsache, dass diese verwestlichte Metropole von bitterarmen Chinesen wimmelte, die dem Krieg entkommen wollten, welcher direkt hinter den Rasenflächen, Clubs und Frühstückszimmern des International Settlement herrschte. Selbst nach der japanischen Invasion ignorierte Shanghai jede Bedrohung und feierte weiter.

Die Ausländer lebten in ihrer eigenen kleinen Welt, und innerhalb dieser Welt gab es noch kleinere Welten. Die Engländer und die Franzosen blickten auf alle anderen hinab; die Russen blickten auf die Juden hinab; die Japaner, die die Chinesen besiegt hatten, wurden ebenfalls von oben herab behandelt. Ein paar der Engländer betrachteten sie als kultiviertes Volk, weitaus mehr jedoch sahen in ihnen schmutzige kleine Schlitzaugen, nur wenig besser als die Chinesen auf der untersten Stufe der Gesellschaft. Die Engländer in China waren wesentlich größere Snobs als die in Großbritannien. Sie hatten eine soziale Rangordnung mit unendlich vielen feinen Abstufungen entwickelt, über die sie gnadenlos wachten. Marina entdeckte, dass ihr eigener Status ein gefährliches Provisorium war. Viele der englischen Frauen wollten nicht mal mit ihr sprechen, vor allem die verheirateten, aber es gab eine partywütige Clique, die es nicht interessierte, dass Harry und Marina nicht verheiratet waren.

Harry konnte es sich nicht leisten, versnobt zu sein. Geld und Vergnügen sprachen viele Sprachen. Harry vertrat keinerlei politische Überzeugungen. »Politik hat in einem Nachtclub nichts zu suchen«, sagte er immer. Er machte Geschäfte mit jedem, der ihm nutzte. Wenn das hieß, dass er japanische Offiziere oder chinesische Gangster in seinem Club begrüßen musste, dann konnte er nichts daran ändern – wohl aber dafür sorgen, dass ihre Tische weit auseinanderlagen. Einige Engländer weigerten sich immer noch, etwas mit Japanern zu tun zu haben, doch Harry konnte erspüren, wohin sich der Wind drehte. Vielleicht setzte er aber auch nicht alles auf eine Karte. Er hatte genauso Verbindungen zu den Japanern wie zu allen anderen, die etwas zu sagen hatten: Engländer, Franzosen, Amerikaner, Chinesen.

Marina erkannte erst in Shanghai wirklich, aus welchem Holz Harry geschnitzt war. Als sie sah, wie er expandierte, wurde ihr klar, dass der Harry aus London auf der Stelle getreten hatte. Harrys Club in London war ruhig, dunkel, intim und verschwiegen. Elegant zwar, aber unauffälliger, gedämpfter, englischer. Nichts dort war protzig oder vulgär. In London war Harry ein zurückhaltender Gastgeber, charmant und amüsant, seine Witze waren allerdings trocken und ironisch, sein Benehmen immer von Understatement geprägt. Jetzt konnte sie erkennen, dass dies die Theatervorstellung eines Jungen aus dem East End gewesen war, der versucht hatte, in der besseren Gesellschaft anzukommen. Seine Gäste waren vornehm, und das würde Harry niemals sein. Er konnte höchstens hoffen, nicht aufzufallen, zu kaschieren, wer er war und woher er kam.

Harrys Club in Shanghai war ebenfalls elegant, aber doch ganz anders. Hier wurden Glamour und Luxus ohne Hemmungen gezeigt, Vergnügungen geboten, die auch so aussahen. Das zeigte sich nicht nur am Dekor, obwohl in London ein Prunk wie hier undenkbar gewesen wäre, sondern auch daran, wie die Mädchen, die die Drinks und Zigaretten brachten, frisiert und gekleidet waren, und daran, dass eine hinreißende junge Virtuosin täglich bis tief in die Nacht auf einem weißen Flügel spielte, und an Harry selbst, der lachte, mit lauter Stimme sprach und seinen Gästen Zigarren anzündete. In Shanghai blieb er die ganze Nacht auf, und zwar jede Nacht, trank viel, ohne je wirklich betrunken zu werden, redete schnell über die aktuellen Themen Politik, Geschäft, Sex oder Geld. Er war unermüdlich, so als blühte er in der Luft von Shanghai auf, auch wenn sie so oft faulig roch. Shanghai wurde von englischen Firmen als anstrengender Posten betrachtet, von dem man sich mit langen Aufenthalten in England erholen musste, aber Harry liebte es. Trotz der Gefahr, die die deutschen U-Boote darstellten, unternahm er mehrmals im Jahr die Reise. Und er versicherte Marina, dass er sich jedes Mal, wenn er wieder in England war, nach Shanghai zurücksehnte.

»Ich wünschte, ich könnte hier ständig leben«, sagte er bedauernd. »Aber du weißt ja, wie es ist.«

Harry hatte in England Frau und Kinder und behauptete, seine familiären Verpflichtungen ernst zu nehmen. Auf seine Weise war er überaus loyal und äußerte niemals Kritik an seiner Frau, obwohl er sie, wenn er von ihr sprach, immer als besitzergreifende Matrone darstellte. Er würde sie niemals verlassen und betrachtete es als schlechten Stil, in derselben Stadt eine Geliebte zu haben, nicht nur weil die Gefahr der Entdeckung bestand, sondern weil es sein Ehrgefühl beleidigte.

Hin und wieder überkam Marina eine Art Schwindel, wenn sie daran dachte, was sie getan hatte: Sie war die Geliebte eines verheirateten Mannes geworden, der sie nach Fernost entführte, an einen Ort, wo sie niemanden kannte und nur das Geld hatte, das Harry ihr gab. Ach, und dann war da noch der Krieg – aber sie bemühte sich nach Kräften, ihn zu verdrängen, denn das Leben, das Harry ihr ermöglichte, war überwältigend und so viel aufregender, als sie es sich je hätte vorstellen können. Sie hatte von der Bühne geträumt, von Live-Konzerten im Radio, von Reisen nach Bayreuth oder Paris, von Atlantiküberquerungen in Luxuskreuzern, um in Amerika auf Tournee zu gehen. Diese Träume hatten teilweise der Musik gegolten, teilweise aber auch einem glamouröseren Leben. Es war darum gegangen, gesehen und geliebt zu werden, geschätzt und bewundert. Harrys Welt in Shanghai, die nur aus Clubs und Partys, Glanz und Glitter, Abendkleidern und Banketten zu bestehen schien, war offenbar das, wovon sie geträumt hatte. Sie kam ihr nicht ganz real vor, und die Musik, die sie spielte, war fraglos seicht. Aber da alles so schnell ging, hatte sie keine Zeit, sich darum Gedanken zu machen.

Marina bekam nur wenig von dem mit, was hinter den Kulissen des Clubs stattfand. Aber zu ihrer Überraschung bemerkte sie, dass es mehr mit China zu tun hatte, als Harry vorher in London erzählt hatte. Harry konnte die Sprache gut genug, um mit dem Personal umzugehen und mit den Gästen zu plaudern – aber für alles Kompliziertere hatte er Mr Wang, der sein Manager, seine rechte Hand, sein Mittelsmann und der Repräsentant anderer zwielichtiger Gestalten war. Es gab im oberen Stock einen Privatraum, den Marina niemals betrat. Die Gäste, die diesen Raum aufsuchten – meist, aber nicht ausschließlich Chinesen –, wollten keine musikalische Zerstreuung; es hätte sie vom Spielen abgelenkt. Glücksspiel war die Hauptquelle der vielen Geldbündel, die Harry jede Nacht verdiente. Möglicherweise war er auch in andere, noch ruchlosere Geschäfte verwickelt; Marina fragte nicht nach und wollte es eigentlich auch nicht wissen. Selbst so war schon eindeutig, dass Harry zwar der Club gehörte – er war der Besitzer, der Geschäftsführer und der, der das Geld einstrich –, es aber noch Hintermänner gab, nämlich Chinesen mit gutgeschnittenen Anzügen und glänzenden Juwelen. Insbesondere einen gab es, einen Dicken, größer als die anderen, mit pockennarbigem Gesicht, dem alle anderen sich zu beugen schienen. Sobald dieser Mann den Club betrat, bekam er den besten Tisch, floss der Champagner in Strömen, und Harry war sofort zur Stelle, lachte und plauderte, stellte ihm Gäste vor und rief nach Drinks. Das Personal stand stramm, und die anderen Gäste sahen ihn flüsternd an und verstummten ehrfurchtsvoll.

»Wer ist das denn?«, fragte sie Harry.

»Nur irgendein hohes Tier hier«, sagte er leichthin. Aber als er sie ihm zum ersten Mal vorstellte, spürte sie, dass sie es mit einem Präsidenten oder König zu tun hatte. Obwohl sie nicht wusste, wer dieser Mann war, spürte sie seine Macht; sie spürte die Angst um ihn herum.

Der Dicke sagte etwas zu ihr; einer seiner Begleiter übersetzte. »Kennen Sie *A Place in My Heart*?«

»Nein, tut mir leid«, antwortete Marina.

Als der Mann ihre Reaktion sah, zuckte er nur die Achseln und lachte, als wäre es vollkommen unwichtig, doch sie bemerkte Harrys Anspannung unter seiner professionellen Freundlichkeit.

»Unser Mädchen hier lernt schnell«, sagte er lächelnd. »Wenn Sie das nächste Mal kommen, wird es Sie beeindrucken, das verspreche ich.«

Am nächsten Morgen, noch bevor Marina aufgestanden war, erschien ein Bote mit einer Grammophonplatte, mit Noten und einer Notiz von Harry: *Lern es.*

Als Marina den Dicken das nächste Mal in den Nachtclub kommen sah, brach sie mitten in einem Song ab und fing an, *A Place in My Heart* zu spielen. Der Dicke lachte dröhnend. Nach dem Song kam sie an seinen Tisch, um ihn zu begrüßen, und da sagte sein Übersetzer: »Sie haben also gelernt, unser Lieblingslied zu spielen?«

»Ja, das habe ich«, sagte sie. »Es ist auch mein neues Lieblingslied.«

Als ihre Antwort übersetzt war, lachte der Dicke wieder, und daraufhin fragte er jedes Mal nach, wenn er in den Club kam: »Haben Sie einen neuen Lieblingssong?« – »Wissen Sie noch, was mein Lieblingslied ist?« – »Vielleicht habe ich heute einen neuen Lieblingssong.«

Marina lächelte nur oder lachte. »Sie haben einen ausgezeichneten Musikgeschmack«, sagte sie lediglich. Sie hatte ihre Schwäche für diese Art gefällige Pianobarmusik entdeckt, die das akustische Dekor eines Nachtclubs bildete. Ohne auch nur darüber nachzudenken, ging sie von einem Song in den nächsten über und folgte damit weniger einem Plan als einer Stimmung, nahm die Atmosphäre im Club auf und wählte Songs, Stile und Rhythmen, die dazu zu passen schienen. Jeden Abend waren die Gäste anders. Manche Abende waren ausgelassen und turbulent; andere langsamer, melancholisch, sanft und schmachtend. Sie spielte nur populäre Songs, deren Melodie man mitsummen konnte und deren Rhythmus einen mitriss, und verband sie zu einem Klangteppich ohne Anfang und Ende, aber das war auch unwichtig, weil niemand wirklich zuhörte. Sie empfand ein merkwürdiges Vergnügen dabei, im Dekor des Nachtclubs aufzugehen. Sie war Teil einer bezaubernden Illusion, Teil der Magie, und daraus zog sie ihre Kraft. Sie spielte nicht ihr klassisches Repertoire, denn dies war nicht der rechte Ort dafür. Hier war sie nicht das Mädchen von einst, sondern eine andere.

Langsam merkte sie sich auch einzelne Gesichter aus der Entourage des Dicken. Manche durften sich zu ihm setzen, andere mussten stehen. Noch andere warteten draußen auf der Straße oder an der Hintertür und passten auf. Ihnen wurde sie nie vorgestellt. Es gab Männer, die am Ende des Abends mit einem Köfferchen kamen und mit Harry oder Mr Wang im Büro verschwanden, während draußen ein schwarzer Pontiac mit laufendem Motor wartete.

Eines Nachts, nachdem der Club schon geschlossen hatte und sie heimgehen wollte in ihrem schimmernden weißen Satinkleid, das zu dem weißen Flügel passte, trat sie auf die Straße und entdeckte, dass der Chauffeur nicht auf sie gewartet hatte. Gerade als sie sich fragte, ob sie auf der Türschwelle warten oder wieder hineingehen und jemanden vom Personal bitten sollte, ihn zu suchen, bemerkte sie eine Bewegung, und dann tauchte ein Mann vor ihr auf, kämpfte sich durch die Menge, verfolgt von anderen Männern. Aber er war am Ende seiner Flucht angelangt, denn während Marina zusah, packte ihn erst einer, dann noch einer und dann noch ein dritter. Sie stürzten sich auf ihn und fingen an, ihn mit Fäusten und Füßen zu traktieren und auch mit Metallgegenständen, die im Neonlicht aufblitzten. Der

Mann, der geflohen war, brüllte und schrie und stöhnte kurz darauf nur noch, als die Schläge und Tritte auf ihn einprasselten. Niemand kam ihm zu Hilfe. Alle auf der Straße, Marina eingeschlossen, standen nur da und sahen zu, wie ein Mann brutal zusammengeschlagen wurde. Als er sich nicht mehr rührte und die Aufschläge sich schrecklich weich und nass anhörten und eine dunkle Pfütze sich auf dem Straßenpflaster ausbreitete, sah einer der Männer trotzig in die Menge und schrie etwas. Da bemerkte Marina, dass sie ihn kannte: Er gehörte zur Entourage, war zwar niemand, der je am selben Tisch wie der Boss sitzen durfte, aber jemand, der im selben Raum mit ihm sein konnte, und das bedeutete, dass in gewisser Hinsicht auch sie Teil dessen war, wozu er gehörte. Dies hatte auch mit Harrys Geschäft zu tun. Und als dieser Mann die Umstehenden anschrie, drehten sich alle, die zugeschaut hatten, um und gingen ihrer Wege, so als wäre das alles etwas ganz Alltägliches – was es tatsächlich war. Die Schläger wandten sich um und gingen einfach weg, als hätten sie keine Angst, von der Polizei geschnappt oder bestraft zu werden. Kaum waren sie weg, sah sie, dass ein Kind herbeiflitzte und anfing, die Taschen vom Mann auf dem Boden zu durchwühlen, und dann noch ein zweites und ein drittes, bis sich eine ganze Schar um ihn drängte und schubste wie ein Schwarm Möwen, der sich um eine Brotkruste streitet. Harrys Fahrer tauchte auf, und um zu ihm zu gelangen, musste Marina über das dunkle, dickflüssige Blutrinnsal hüpfen, das in den Rinnstein floss.

So verging die Zeit. Marina verbrachte ihre Abende im Club und ihre Tage damit, sich die Haare und die Nägel machen zu lassen, Kleider anzuprobieren oder ins Kino zu gehen, wo die blendenden Traumkulissen Hollywoods in schreiendem Kontrast zu den vom Krieg dominierten Wochenschauen standen. Als Hitlers Armeen in ganz Europa einmarschierten, dachte sie an Bea in ihrem Pariser Atelier und fragte sich, ob es ihr wohl gutginge. 1940 ging in 1941 über, und Harry wurde immer angespannter, denn die Amerikaner zogen ihre Truppen aus Shanghai ab, und die Briten hatten zu viel mit dem Krieg in Europa zu tun, um sich um eine Kolonie in einem Land zu scheren, das bereits von den Japanern überrannt worden war. Die Engländer in Shanghai sprachen über die Uneinnehmbarkeit Singapurs. Harry pflegte seine Kontakte bei den Japanern und fing an, sein Geld außer Landes zu schaffen.

»Sind wir hier sicher?«, fragte sie ihn eines Tages.

»Aber natürlich, Liebling. Du weißt doch, ich würde nie zulassen, dass dir was passiert. Vorsicht ist besser als Nachsicht, wie?«, sagte er zwinkernd.

Aber je besser sie Harry kennenlernte, desto mehr fragte sie sich, was bei ihm »sicher« wirklich bedeutete. Er behielt seine Leute immer gerne im Auge, und er mochte keine Überraschungen. Als sein Chefkoch kündigte und eine Woche später für die Konkurrenz kochte, war Harry fuchsteufelswild. Wenige Tage nachdem Harry herausgefunden hatte, wo der Koch jetzt arbeitete, wurde dieser nachts beim Verlassen des Restaurants gestellt und halb totgeschlagen. Harry verlor kein Wort darüber, doch sie hatte das Gefühl, dass er etwas damit zu tun hatte. Es kursierten auch Geschichten über einen anderen Nachtclubbesitzer, der versucht hatte, etwas von Harrys Geschäft zu übernehmen – ob das Glücksspiel oder den Waffenschmuggel, wusste niemand genau zu sagen. Er wurde von Kugeln durchsiebt in seiner Limousine aufgefunden. Der oder die Mörder wurden niemals gefasst.

Es gab auch noch anderes. Als sie ihre Unterwäsche in den Schrank legte, den Harry ihr zugewiesen hatte, entdeckte sie, dass eine Schublade nicht richtig schloss, und als sie dahintertastete, fand sie einen schwarzseidenen Schlüpfer, der ganz bestimmt nicht ihr gehörte. Sie fragte Harry nicht danach. Sie hatte schon früh gelernt, sich nicht in seine Privatangelegenheiten zu mischen. Einmal hatte sie nach den Namen seiner Kinder gefragt, worauf er gezischt hatte: »Halt sie da raus!«

»Ich war doch nur neugierig –«

»Frag nie nach meinen Kindern oder meiner Frau. Verstanden?«

Harry hatte noch andere Leben an anderen Orten, und sie durfte nach keinem von ihnen fragen. Es gab nur ein Hier und Jetzt für sie. Aber nach und nach filterte sie aus dem Klatsch im Nachtclub heraus, dass ihre Vorgängerin Valerie geheißen hatte und eine hinreißend schöne Blondine gewesen war. Doch mit der Zeit war es zwischen Harry und ihr immer schlechter gelaufen – sie mochte Shanghai nicht und hasste die Chinesen, sie hatte Heimweh nach England, aber vor allem wollte sie, dass er seine Frau verließ.

»Und das hätte er nie und nimmer getan«, sagte Vera lachend. Vera spielte an den Abenden Klavier, an denen Marina freihatte, und wusste alles über jeden. »Eines Tages war sie dann verschwunden.«

»Wohin denn?«, fragte Marina.

»Nach Hause, nehme ich an«, sagte Vera mit der ihr eigenen Gleichgültigkeit gegenüber dem Schicksal anderer. »Ich hab's nie rausgekriegt. An dem einen Tag war sie noch da, am anderen dann weg.«

»Harry hat sie einfach fortgeschickt?«

Vera zuckte die Achseln. »Ich bin sicher, sie ist noch sehr gut weggekommen.«

Wenn Harry mit Marina allein war, war er immer sehr süß und liebevoll, er überschüttete sie mit Küssen, Geschenken und Zärtlichkeiten, so dass sie nie auch nur eine Sekunde an seiner Liebe zweifelte. Aber während seiner langen Abwesenheiten, wenn er geschäftlich unterwegs oder gar in London war, beschlichen sie Zweifel, und sie fragte sich, ob sie nur eine von vielen Valeries war und ebenfalls eines Tages aufwachen und feststellen würde, dass sie nicht mehr erwünscht war.

Als sie eines Tages auf dem Weg zu ihrem Friseur den Bund entlangfuhr, sah sie auf dem Huangpu einen kleinen Dampfer vor Anker liegen. Es war ein kleines mitgenommenes Schiff mit einem blassblauen Schornstein, das dringend frische Farbe brauchte. Es war zu weit weg, um den Namen auf dem Heck zu erkennen, doch kaum sah sie es, spürte sie, wie sich ihr Herz in der Brust zusammenzog, und wusste, dass es die *Fortuna* war.

Sie hatte das Schiff nur zweimal gesehen. Als sie das erste Mal einen ganzen Tag mit Stead verbrachte, hatte sie ihn gebeten, es ihr zu zeigen. Sie hatte sich etwas Kleines, Pittoreskes vorgestellt, wie ein Boot in einer Geschichte. In Wirklichkeit war es viel größer, aber gleichzeitig auch weniger geräumig, da es fast nur aus Frachträumen und Maschinen zu bestehen schien, wie ein richtiger Frachter eben, mit wenig Platz für Passagiere oder Vergnügungen.

»Der Schornstein gefällt mir«, sagte sie. »Das Blau erinnert mich an die Madonnenroben auf Renaissance-Bildern.«

Stead hatte zum Schornstein geblickt, mit einem Ausdruck intensiver Konzentration, der ihr langsam vertraut wurde. So blickte er immer, wenn er versuchte, das, was sie gesagt hatte, mit etwas zu verbinden, das er kannte, und dabei scheiterte.

»Hast du eine eigene Kabine?«, fragte sie. »Oder schlaft ihr alle in Hängematten?«

»Wir teilen uns zu viert eine Kabine«, erklärte er. »Und haben Etagenbetten.«

»Liegst du oben oder unten?«

»Unten.«

»Ich würde lieber oben liegen.«

»Aber bei hohem Seegang falle ich nicht so tief.«

Sie versuchte, es sich vorzustellen: ein Stockbett wie ein Regal und Stead, der mit einem dumpfen Aufschlag auf den Boden rollte, wenn das Schiff über eine Woge fuhr.

»Darf ich es mir auch von innen ansehen?«, fragte sie.

Er wurde verlegen. »Wir sollen niemanden mit an Bord nehmen«, sagte er.

»Wieso nicht?«

Er zuckte die Achseln. »So sind die Regeln.«

»Wie schade! Ich würde so gerne sehen, wo du wohnst.«

»Da gibt's nicht viel zu sehen.«

»Trotzdem wünschte ich, es ginge.«

Das Schiff war ihr wie ein Wahrzeichen für Freiheit vorgekommen, für ein Leben ohne Belastungen, losgelöst vom Alltäglichen. Wie viel Spaß würde es machen, durch die ganze Welt zu segeln, mit nur ein paar kostbaren Habseligkeiten! Genau so würde bald auch ihr eigenes Leben aussehen. Aber dann war ein Mann an Deck gekommen, ein stämmiger Kerl mit dunklem, buschigem Bart, der ein bisschen an einen Piraten erinnerte. »Mein Kapitän«, hatte Stead gesagt, sie beim Arm genommen, weggeführt und ihr Tee und Kuchen spendiert.

Das zweite Mal hatte sie das Schiff bei Nacht gesehen. Auf dem schwarzen Wasser hatten die Lichter der Stadt, der Sterne und des Mondes getanzt, und wegen der Dunkelheit waren die Rost- und Ölflecken des Schiffs nicht mehr zu sehen gewesen. Sie war ein bisschen beschwipst und benommen gewesen und sehr, sehr glücklich. Slick und

Roma hatten sich im Luna Park von ihnen abgesetzt, oder vielleicht auch umgekehrt, und plötzlich standen sie wieder hier am Kai.

»Willst du immer noch das Schiff sehen?«, fragte Stead und grinste jetzt gelöst.

»Ich dachte, das wäre gegen die Regeln.«

»Muss doch keiner erfahren. Ist ja niemand da.«

Also hatte er ihr an Bord geholfen, und als sie das sanfte Schwanken des Decks unter ihren Füßen gespürt hatte, war ihr sofort bewusst gewesen, dass sie ein ganz anderes Leben betreten hatte. Er hatte ihr die Brücke, den Maschinenraum und die Kabine gezeigt, wo er schlief. Sie hatte über die Pin-ups neben den anderen Kojen gestaunt und sich gefragt, was er wohl, kurz bevor er sie hereinließ, von seiner eigenen Wand abgenommen hatte. Wie spartanisch sein Leben war, wie wenig er besaß! Er hatte einen Spind mit ein paar Kleidern, aber keine Bücher und keine Andenken. Es war, als hätte er Schiffbruch erlitten, und doch lebte er schon seit drei Jahren so, vielleicht gar sein ganzes Leben.

Sie hatten sich geküsst, dort in der Kabine, und dann hatte er sie bei der Hand genommen und sie zu einer Kabine für Passagiere geführt, die zwar ganz klein und schlicht war, aber ein Schloss hatte. Sie hatten sie gut genutzt. Später hatten sie über ihre Hoffnungen und Träume geredet. Nach ein bisschen Stochern hatte er ihr ziemlich verlegen gestanden, dass er eines Tages ein eigenes Schiff haben wollte, vielleicht sogar dieses. Slick und er hatten schon darüber geredet, den alten Kapitän auszuzahlen. Er hatte sogar etwas dafür gespart, obwohl es noch nicht reichte.

»Was ist mit Slick? Hat er auch schon was gespart?«

»Der hofft noch, genug beim Pokern zu gewinnen«, sagte Stead lachend.

»Und was würdest du machen, wenn du erst mal das Schiff hättest?«

»Einfach weiterarbeiten, schätze ich mal.«

»Wenn ich eine berühmte Pianistin bin, könnte ich dich mieten, damit du mich hinbringst, wohin auch immer ich muss.«

»Wenn du berühmt wärst, könntest du auch mit einem richtig schönen Schiff fahren. Du müsstest nicht in so einem Kahn schippern.«

»Wenn es dein Kahn wäre, würde es mir nichts ausmachen.«

Er sagte zwar nichts, lächelte aber. Sie spürte, wie sich sein Brustkorb hob und senkte. Die Intimität hatte sie tief berührt.

Daher brachte der Anblick des Schiffs, das auf dem Huangpu schaukelnd vor Anker lag, mit einem Schlag die Erinnerung an ihn zurück, an seine Schüchternheit, an sein Schweigen, an sein Lächeln, bei dem ihr das Herz schmolz, an seine bärenartige Gestalt und die schwarzen Rillen in seinen Handflächen. Ihr erster Impuls war reines Entzücken – Stead, endlich, nach all den Jahren! –, und in der ersten Aufregung rief sie: »Halten Sie den Wagen an!« Aber John sagte, er könne hier nicht halten, also fuhr der Wagen weiter, und der kleine Dampfer mit dem blauen Schornstein verschwand hinter anderen, größeren Schiffen. Gleichzeitig damit beschlichen sie Zweifel und Ängste, nicht nur wegen Harry und dem, was sie über ihn erzählen sollte, sondern auch wegen Hawthornden House und allem, was dort geschehen war, und wegen ihrer vielen unbeantworteten Briefe.

Daraufhin verwandelte sich ihre Aufregung in quälende Unruhe, und sie wusste nicht mehr, was sie fühlen sollte, und als John über seine Schulter hinweg rief: »Hier anhalten?«, sagte sie: »Nein, nein. Ist schon gut. Fahren Sie weiter«, und ging zur ihrem Friseurtermin.

Denn was sollte ich ihm wegen Harry sagen?, fragte sie sich, als sie sich im Spiegel des Friseursalons betrachtete. Sie konnte sagen, dass er ihr Chef war, was der Wahrheit entsprach. Harry hatte ihr Arbeit gegeben, als sie einen Job brauchte, seinem Freund Maurice zuliebe. Am Anfang waren sie noch kein Paar gewesen – das ergab sich erst später. Aber jetzt gehörte sie ganz Harry. Sie arbeitete in seinem Club, schlief in seinem Bett, trug die Kleider, die er bezahlte, und gab das Geld aus, das er ihr schenkte. Bei dem Gedanken, all das Stead zu erklären, wurde ihr sehr unbehaglich zumute.

Sie hatte schon mehrere Monate für Harry gearbeitet – als Zigarettenverkäuferin, weil er schon Musiker hatte –, bevor er sie wirklich bemerkte. Eines Abends war sie bis spät nach Feierabend in seinem Club in Soho geblieben, und als alle Stühle auf den Tischen standen und die anderen Angestellten heimgegangen waren, hatte sie sich ans Klavier auf der Bühne gesetzt und etwas von Bach gespielt. Seit ihrem katastrophalen Vorspiel hatte sie kein Klavier mehr angerührt. Es fühlte sich vertraut und zugleich schmerzlich an, wieder zu spielen; es war die Rückkehr zu etwas einst Angenehmem und Tröstlichem, das nun – unwiderruflich? – mit Schmerz und Demütigung verbunden war. Doch da sie sich allein wähnte, hatte sie einfach gespielt und gespürt, wie die Musik sich wie eine verbotene Sprache in ihr entfaltete. Einen kurzen Moment lang war sie wieder sie selbst geworden.

Aber dann sagte Harry: »Warum haben Sie mir nicht erzählt, dass Sie Klavier spielen können?«, und als sie sich zu ihm umwandte, bemerkte sie, dass er sie anders als zuvor ansah. Nachdem sie ihm erst einmal aufgefallen war, verfolgte er sie mit solchem Nachdruck und Selbstvertrauen, dass sie ihm einfach nicht widerstehen konnte. Sie wurden ein Paar, und schon bald darauf bot er ihr an, sie mit nach Shanghai zu nehmen und sie zur Hauptattraktion in seinem Club, dem Golden West, zu machen. Ein Angebot, das sie, ohne lange nachzudenken, annahm.

Aber es gab Augenblicke, in denen sie sich fragte, ob er wirklich der Mann war, den sie, hätte sie eine Wahl gehabt, für sich ausgesucht hätte, oder ob sie sich einfach von seiner Leidenschaft hatte mitreißen lassen. Harry war so voller Leben, Energie und Selbstvertrauen, und ihr gefielen sein bulliger Körper, seine kampflustige Art, seine Hände, seine Küsse, die Art, wie er sie ansah, mit solch offenkundiger Befriedigung, als wäre sie ein seltenes Juwel und keine verdorbene Ware. Aber manchmal, wenn er nicht da war, betrachtete sie sich in dem großen Spiegel in seinem Ankleidezimmer und fragte sich, was er wohl in ihr sah. Er hatte sie nicht nach ihrer Vergangenheit gefragt, und sie hatte von sich aus nicht viel erzählt. Seine mangelnde Neugier hatte sie als seine natürliche, charmante Diskretion betrachtet. Stattdessen verließ er sich offensichtlich vollkommen auf den Augenschein und blickte nicht hinter ihre neuerdings auf Hochglanz gebrachte Fassade. Sie war ein hübsches Mädchen mit roten Lippen und roten Fingernägeln, das spätnachts verträumt auf einem Klavier klimperte: mehr nicht. Sie fand diese neue Version ihrer selbst faszinierend, aber manchmal hatte sie das Gefühl, sie wäre unter Vorgabe falscher Tatsachen hier, und dies könne er jeden Moment bemerken, und dann wäre der Bann gebrochen. Doch es war so göttlich verrucht, in einem Nachtclub zu arbeiten und einen Liebhaber zu haben (nun, da sie in der Marie-Stopes-Klinik gewesen war und kaum Gefahr lief, noch mal schwanger zu werden), dass sie sich sehr bemüht hatte, nicht darüber nachzudenken.

Aber der Anblick der *Fortuna* ließ das ganze glitzernde Konstrukt in einem neuen Licht erscheinen, und ihr wurde klar, dass sie sich schämen würde, müsste sie Stead von ihrem jetzigen Leben erzählen, nicht, weil es unmoralisch war (obwohl das stimmte), und auch nicht, weil er vielleicht eifersüchtig sein könnte (Pech für ihn). Sie konnte es Stead nicht erzählen, weil ihr plötzlich mehr als bewusst wurde, dass sie Harry nicht wirklich liebte. Er hatte Gefühle in ihr wachgerufen, die der Liebe sehr ähnelten, aber letzten Endes war es keine Liebe. Und trotz ihrer Erfahrungen glaubte sie widerstrebend doch an das, was Kathleen deklariert hatte: Wenn die Liebe zählte, zählte mangelnde Liebe auch. Der einzige Grund, so zu leben, wie sie gelebt hatte, war Liebe, und wenn sie Harry nicht liebte, konnte sie nicht in vollem Bewusstsein so weitermachen, sein Geld nehmen und in seinem Bett schlafen. Denn wenn sie ihn nicht liebte, war sie keine Geliebte, sondern eine Hure.

In den Kreisen, in denen sie sich bewegte, war das nichts besonders Schockierendes. Sie dachte an Madame Lara, die eines der erfolgreichsten Modegeschäfte in Shanghai besaß. Madame Lara war strahlend schön auf eine harte, faszinierende, grausame Weise und flirtete mit Männern und Frauen gleichermaßen. Ihre Herkunft war fragwürdig, obwohl sie darauf bestand, eine Gräfin zu sein (sie war Russin). Mit eiserner Entschlossenheit war es ihr nach ein paar Fehlschlägen gelungen, sich einen reichen Mann zu angeln, der ihr einen Laden einrichtete, für Miete und Ausstattung aufkam sowie für die Näherinnen, die Ballen Seide, Chiffon und Samt, die Werbeanzeigen in den Lokalzeitungen und die Partys zum Anlocken neuer Kunden. Sie war reizend zu ihm gewesen, solange sie seine finanzielle Unterstützung brauchte, doch kaum war ihr Geschäft etabliert und begann, Geld abzuwerfen – denn das stets aufs Neue versessene Shanghai stürzte sich auf Madame Lara, und ihre Kleider waren wirklich hübsch –, ließ sie ihn fallen wie eine heiße Kartoffel. Marina hatte sich gefragt, wie ihr Mann sich gefühlt haben mochte, doch er wirkte kaum überrascht, und daher fragte sie sich, ob ihm die Bedingungen des Arrangements von Anfang an bewusst gewesen waren und ihn daher nicht sonderlich bekümmerten. Solche Ehen und solche Frauen wie Madame Lara waren in Shanghai nichts Ungewöhnliches – verzweifelte Umstände verlangten verzweifelte Maßnahmen –, aber sich selbst konnte Marina nicht so kaltblütig sehen. Harry hat mich einfach überwältigt, redete sie sich ein. Das gab dem, was sie getan hatte und was sie geworden war, einen freundlicheren Anstrich. Doch das war jetzt vorbei. Es war Zeit, auf den Boden der Tatsachen zurückzukehren.

Doch wenn sie Harry verließ, was dann? Von Stead konnte sie nicht erwarten, dass er sie rettete. Alte Zweifel plagten sie wieder:

Ich kannte ihn doch nur drei Tage. Wie sollte es nach drei Tagen schon Liebe sein?

Stead hat nie auf meine Briefe geantwortet. Wenn er mich geliebt hätte, hätte er mir zurückgeschrieben.

Harry betet mich an. Harry hat mir das Leben ermöglicht, das ich mir immer gewünscht habe. Harry ist in fast jeder Hinsicht perfekt.

Nur dass er mich niemals heiraten wird. Und Musik ist ihm gleichgültig. Und ich liebe ihn nicht.

Als sie den Frisiersalon verließ, zurechtgemacht und wunderschön, saß John wartend am Steuer des Wagens und las Zeitung. »Bringen Sie mich zum Bund«, sagte sie. »Ich muss dort einiges erledigen.«

Sie musste Stead wiedersehen. Es hatte keinen Sinn, sich mit Zweifeln zu quälen – sie war sicher, wenn sie ihn nur sehen und mit ihm sprechen könnte, würde sie wissen, ob es für sie beide die Hoffnung auf Glück gab. Wenn ja, umso besser. Dann würden sie Pläne schmieden, und sie würde nach Hause gehen und mit Harry reden. Und dann würde ihr neues Leben beginnen. Sollte es allerdings keine Hoffnung geben, sollte Stead verlegen oder unangenehm berührt sein oder sich gar nicht mehr an sie erinnern, wollte sie auch das wissen.

John setzte sie am Bund ab, und sie eilte zu der Stelle, wo sie das Schiff hatte vor Anker liegen sehen. Vor lauter Aufregung klopfte ihr Herz immer schneller. Doch als sie dort ankam, wo der Dampfer gelegen hatte, war die Anlegestelle leer. Sie rannte los, unsicher auf ihren hohen Schuhen, und suchte den Fluss ab – vielleicht war es die falsche Stelle, vielleicht war das Schiff einfach woanders vertäut –, aber dann fuhr ein großer Frachter, der ihr die Sicht versperrt hatte, vorbei, und dahinter sah sie den Dampfer mit dem kleinen blauen Schornstein den Huangpu hinauftuckern, Richtung Jangtse und offenes Meer. Sie kam zu spät. Er war fort.

Wie in Trance lief Marina nach Hause und machte sich bittere Vorwürfe, nicht den Friseurtermin abgesagt zu haben und direkt zum Bund gegangen zu sein. Wenn sie beim Friseur nicht so viel Zeit mit ihren Gedanken und Befürchtungen verschwendet hätte, wäre sie vielleicht angekommen, bevor das Schiff auslief. Sie hatte ihre Chance verpasst, und eine zweite würde sie nicht bekommen.

Mit dem Aufzug fuhr sie in den fünften Stock und betrat ihre Wohnung, die ihr pompös und unwirklich vorkam wie ein Filmset. Als sie sich umblickte, spürte sie, wie eine Welle der Ohnmacht sie überwältigte. Es war ihr so klar erschienen, was zu tun war, als sie noch dachte, dass Stead am Ende auf sie wartete. Aber jetzt war es nicht mehr so einfach. Sie hatte kein Geld – zwar zahlte Harry ihr ein Gehalt, und sie bekam auch manchmal Trinkgeld, doch das alles hatte sie bereits ausgegeben. Geld hatte bisher keine Rolle für sie gespielt, weil Harry für alles zahlte. Zwar hatte sie Schmuck, aber das meiste davon war Modeschmuck, nur wenig davon war wirklich wertvoll.

Und selbst wenn sie ein bisschen Geld zusammenkratzen konnte: Wo sollte sie hin? Nach London? Sydney? Amerika vielleicht? Sollte sie wirklich das Risiko einer Seereise eingehen? Ihr blieb nichts anderes übrig, denn ohne Harry konnte sie auf keinen Fall in Shanghai bleiben. Harry betete sie an, aber sie wusste nicht, wie er reagieren würde, wenn sie ihn verließ. Natürlich war Harry immer äußerst zuvorkommend zu ihr gewesen, doch sie hatte ihn auch noch nie verärgert.

Nein, falls sie Harry wirklich verließ, musste sie unbehelligt davonkommen. Sie versuchte, ganz nüchtern ihre Möglichkeiten abzuwägen. In London hatten die nächtlichen Luftangriffe zwar aufgehört, und die Gefahr einer Invasion schien gebannt, da Deutschland nun auch Russland den Krieg erklärt hatte, aber die Lage dort war immer noch ungewiss.

Und angenommen, sie war bereit, die lange Seereise nach London zu riskieren, wollte sie wirklich dort sein? In London hatte sich im Verlauf eines quälenden Jahres ihre sorgfältig geplante Zukunft langsam, aber unwiderruflich in Luft aufgelöst. Konnte sie wirklich dorthin zurückgehen und alles noch mal von vorne beginnen: sich bei Musikschulen bewerben, Unterricht nehmen, jeden Tag stundenlang üben? Selbst wenn ihr das irgendwie gelang – und sie nicht umkam –, glaubte sie längst nicht mehr an ihren Erfolg. Ein Schauer durchfuhr sie, und ihre Hände fingen an zu zittern, genau wie an dem Tag des schrecklichen Vorspiels. Sie wusste, dass Talent allein nicht reichte, nicht mal harte Arbeit und unermüdliches Üben. Man musste unerschütterlich an sich glauben und andere dazu bringen, auch an einen zu glauben. Das hatte Harry sie gelehrt. Etwas Glück gehörte ebenfalls dazu. Und sie war nicht sicher, ob sie sich auf die beiden letzten Punkte verlassen konnte.

Dann nach Sydney? Dort hatte sie die ersten achtzehn Jahre ihres Lebens sehr glücklich verbracht, und nach ihrer langen Abwesenheit gab es einiges, nach dem sie sich sehnte: das Licht und den Hafen, die weiche, feuchte Luft, die Vertrautheit der Heimat. Ihre Mutter. Aber wollte sie dorthin zurückkehren und alles beichten, was sie getan hatte? Niemals würde sie ihrer Mutter die Wahrheit erzählen können, und eine Lüge würde ihr langes Schweigen nicht erklären. Außerdem konnte sie sich nach dieser aufregenden Zeit mit Harry kaum vorstellen, wieder ihr altes Leben zu führen. Sie war kein Kind mehr. Es würde ihr nicht mehr genügen, daheim zu sein und Klavier zu spielen.

Dann Amerika? Amerika war vom Krieg verschont geblieben. Aber sie kannte dort keine Menschenseele, nicht eine einzige, und bei dem Gedanken, dort ganz ohne Anlaufstelle und ohne Geld zu landen, kam sie sich unvorstellbar allein vor.

Eine Woche verstrich und dann eine zweite, ohne dass sie sich zu einer Entscheidung durchringen konnte. Zu ihrer Erleichterung bekam sie Harry kaum zu Gesicht; er hatte geschäftlich zu tun und kam nur selten nach Hause. Sie sparte gewissenhaft ihr Trinkgeld und versetzte insgeheim alles, was etwas einbrachte und Harry sicher nicht vermissen würde. Der Ertrag war eher mager, doch schaffte sie es, genug Geld für eine Passage dritter Klasse von Singapur nach Bangkok zusammenzukratzen. Und dann? Das würde sie später entscheiden.

Eines Morgens klopfte es an ihrer Tür. Es war Ende November 1941, und sie war allein in der Wohnung, lackierte sich die Nägel und hörte Radio. Harry war am Abend zuvor nicht aus dem Club heimgekommen. Als sie die Tür öffnete, sah sie Mr Wang, Harrys rechte Hand.

»Packen Sie Koffer«, sagte er. »Sie müssen mitkommen.«

Ihr Herz fing an zu rasen. »Wohin denn?«, fragte sie.

»Zum Hafen«, sagte er. »Ich habe Schiffspassage gekauft. Sie sich müssen beeilen.«

»Aber wohin denn?«, fragte sie mit wachsender Unruhe. »Was ist denn los? Wo ist Harry?«

»Er mich hat geschickt«, antwortete Mr Wang. »Ist alles arrangiert. Sie müssen weg. Heute. Packen Sie.«

Marina blickte auf ihre Nägel, die noch nicht getrocknet waren. »Heute?«, wiederholte sie.

»Wollen Sie ohne Gepäck nach Hause?«, fragte Mr Wang.

Nach Hause? Sie fragte sich, wo das war.

Sie eilte ins Ankleidezimmer, blickte auf die vielen Schränke mit Kleidern, Schuhen, Anzügen und Hüten und konnte sich nicht entscheiden, wo sie anfangen sollte. Also holte sie einen Koffer hervor und fing an, ihn wahllos vollzupacken. Auf der einen Seite des Ankleidezimmers waren ihre Sachen, auf der anderen Harrys. Er hatte nichts mitgenommen. Das brachte sie auf eine Idee. Sie drehte sich zu Mr Wang um, der ungeduldig auf der Türschwelle wartete.

»War's das?«, fragte sie. »Gibt Harry mir den Laufpass?«

»Laufpass?« Eine Sekunde lang wirkte Mr Wang verblüfft. Dann verstand er, was sie meinte. »Nein. Er geht weg. Ist Zeit.«

»Aus Shanghai?«, fragte sie und spürte, wie ein neues Gefühl des Entsetzens sie überkam. »Was ist denn los?«

»Ärger«, antwortete Mr Wang nur. Er griff in seine Tasche, holte einen Umschlag heraus und reichte ihn Marina. Darin befanden sich Bündel mit Banknoten verschiedener Währungen. Marina hatte noch nie so viel Geld in Händen gehalten. Sie spürte, wie ihr die Knie weich wurden.

»Von Harry. Gut aufbewahren. Nicht im Gepäck.«

Marina wandte ihm den Rücken zu, knöpfte ihre Bluse auf und stopfte das Geld in ihre Unterwäsche. Als sie ihre Bluse wieder zuknöpfte, bemerkte sie, dass Mr Wang das ganze Manöver in dem großen Spiegel gesehen hatte, doch es schien ihm gleichgültig zu sein. Er wirkte immer noch so ungeduldig wie zuvor.

»Schiff fährt bald«, sagte er. »Wir müssen gehen.«

Harrys Wagen wartete vor dem Haus. Mr Wang erteilte dem Fahrer ein paar knappe Anweisungen, dann fuhren sie los, und der Fahrer bahnte sich hupend und fluchend einen Weg durch den unverändert dichten und chaotischen Verkehr. Marina betrachtete die vorbeiziehende Parade aus Kauflustigen, Hausierern, Gaunern, Bettlern, Japanern, Matrosen und Huren, die alle ihren Geschäften nachgingen.

»Ich habe gutes Schiff gefunden«, sagte Mr Wang angespannt, den Blick auf die Straße gerichtet. »Überfahrt erste Klasse nach Singapur und dann nach London.«

London. Das also meinte er mit zu Hause.

»Und Harry?«, fragte sie. »Treffen wir uns auf dem Schiff?«

Als Mr Wang kurz zögerte, wurde ihr alles klar. Harry kam nicht mit ihr. Deshalb hatte er ihr so viel Geld gegeben. Er schickte sie allein nach London zurück.

»Bleibt er hier?«, fragte sie.

»Er ist schon weg.«

Ihr wurde schwindelig. Er war schon weg? Ohne ein Wort? »Sollen Sie etwas ausrichten?«

»Was ist damit?«, sagte Mr Wang und zeigte auf das Geld.

Da schwieg Marina, obwohl es keine Antwort auf ihre Frage war.

Am Kai übergab Mr Wang ihren Koffer einem Träger und setzte sie in einen Leichter, der sie zum Schiff bringen würde. Das ankerte in der Mitte des Flusses, wie sie sah.

»Sehr gutes Schiff. Beste Qualität«, sagte er und gab ihr das Ticket. »Auf Wiedersehen.«

»Auf Wiedersehen, Mr Wang. Und vielen Dank.«

Sie sah zu, wie der dünne Chinese in seinem perfekt geschneiderten Anzug davonging, und dachte, welch außerordentlich seltsamer Deus ex Machina er doch war. Tage hatte sie darüber nachgedacht, wie sie Harry entfliehen konnte, und jetzt, plötzlich und unerklärlich, hatte sich die – denkbar nobelste – Lösung ergeben: Von einem Gangster in Shanghai waren ihr ein Ticket erster Klasse und ein Haufen Geld geschenkt worden. Was ist passiert?, fragte sie sich. Wenn der Bürgerkrieg und die japanische Invasion von 1937 ihn nicht vertrieben hatten, was, in aller Welt, jetzt?

Was auch immer es sein mochte, sie würde sich keine Sorgen um ihn machen. Erleichtert fing sie an zu lachen, freudig überrascht darüber, dass sie zum ersten Mal seit langer Zeit Glück zu haben schien. Sie hatte Geld, viel Geld, und ein Ticket in die Freiheit. Offenbar erwartete Harry nichts weiter von ihr, als dass sie sich aus dem Staub machte. War das seine Art, sich zu verabschieden: ihr statt Erklärungen Geld anzubieten? Es sähe ihm sehr ähnlich, sich von einem unangenehmen Gespräch freizukaufen. Er konnte nicht wissen, dass sie sich trennen wollte, und rechnete wahrscheinlich mit Tränen und Vorwürfen. Doch die würde es nicht geben.

Später würde sie Zeit haben, darüber nachzudenken, wie leicht er sie hatte fallenlassen, und deswegen auch etwas gekränkt zu sein, aber im Moment verspürte sie nur schwindelerregende Erleichterung. Wieder löste sich ihre bisherige Existenz auf: Harry war verschwunden und mit ihm, wie eine Fata Morgana, ihr Leben mit ihm. Das Zimmer voller Kleider, Schuhe und Hüte war zurückgelassen worden. Wer würde all das bekommen, wer würde es tragen? Sie stellte sich das Zimmermädchen vor, das bei der ersten Gelegenheit alles ausräumen würde. Sie hatte auch ihre Noten zurückgelassen, ganze Regale voll. Dafür würde das Zimmermädchen keine Verwendung haben. Sie befürchtete, sie würden verbrannt werden. Doch das war ganz gleich, denn sie war frei, endlich wieder frei. Ein völlig neues Leben stand ihr bevor.

Kriegsende, 1945

Nachdem Stead London verlassen hatte, bekam er für lange Zeit keinen Landurlaub mehr. Er sah, wie die Küste der Normandie bombardiert wurde, wie Soldaten wie Wellen an den Strand gespült wurden, das schreckliche Gemetzel und die zerschmetterten Leiber, die zurückkehrten. Er sah beim Wechsel von 1944 auf 1945 den Sturm Richtung Berlin. Er sah Hafenstädte zerbombt, die er einst als junger Seemann angelaufen war, und Wracks von Schiffen, die seinem ähnelten, und Menschen, die mitten in den Ruinen lebten, die einzig bunten Flecken in der Landschaft, wie sie die Trümmer ihres Lebens und ihrer früheren Existenz durchwühlten und taten, was getan werden musste, um zu überleben: Frauen, Kinder und Alte, die ständig auf der Suche nach etwas zu kaufen oder verkaufen waren, die stöberten und sammelten, in dem Versuch, dem Chaos irgendeine menschliche Ordnung aufzuzwingen.

Er fragte sich, ob sie bereits wussten, dass das Schicksal sich wendete, ob sie die unerbittliche Machtverlagerung von einer Kraft zur anderen spürten. Aus der einen Richtung kamen die Amerikaner, aus der anderen die Russen, bahnten sich langsam ihren Weg durch Europa und eroberten einen Strand, ein Dorf nach dem anderen zurück, eine Stadt und eine zerstörte Kathedrale nach der anderen. Und würden sich diese Zivilisten freuen, wenn die Rückeroberung abgeschlossen und die Landkarten neu gezeichnet waren?

Aber noch tobte gnadenlos der Kampf, und ein Ende war nicht in Sicht. Steads Schiff war zwar mehrfach getroffen worden, jedoch nicht gesunken; Stead war nicht verletzt, im Gegensatz zu vielen seiner Kameraden. Offenbar näherte sich der Krieg rasch dem Ende, die Deutschen und die Japaner standen kurz vor der Kapitulation, es zog sich allerdings noch in die Länge. Dann fiel Berlin, und sie tanzten auf den Decks, aber es war nach wie vor nicht vorbei. Sie wurden zurück in den Pazifik beordert, zur Flotte, die Richtung Tokio vordrang. Zurück zum blauen Himmel, zum blendenden Licht und der unerträglichen Hitze, zurück zum Inselhüpfen im riesigen Ozean, zurück zu Fäulnis und Tropenkrankheiten. Der Krieg ging immer weiter, und Stead sah zu, wie die Infanteristen in Scharen auf das Landungsboot stiegen, an smaragdgrüne Ufer sprangen und später, zahlenmäßig erheblich reduziert, zurückkehrten: zerschunden, blutend und sehr still.

Daraufhin kam die Nachricht, dass über Hiroshima eine Atombombe abgeworfen worden war. Und ein paar Tage später noch eine. Danach war der Krieg zu Ende.

Und dann setzte wieder die große Völkerwanderung ein: Soldaten und Zivilisten, Sieger und Besiegte, Gefangene und Flüchtlinge machten sich auf den Weg. Steads Schiff wurde nach Shanghai geschickt, um die alliierten Zivilisten abzuholen, die in Lagern interniert worden waren. Als sie dort ankamen, war die gesamte Stadt in Bewegung. Die geschlagenen Japaner verkauften alles und strömten in ihre Heimat zurück, während die Engländer, Niederländer, Amerikaner und Franzosen sofort nach ihrer Entlassung aus den Lagern versuchten, alles wiederzuerlangen, was sie zurückgelassen hatten: Häuser, Möbel, Geschäfte, Geld. Die Staatenlosen versuchten erneut, einen Weg hinauszufinden, wohingegen die Chinesen wie die Flut hereinströmten, um sich zu schnappen, was sie kriegen konnten, und etwas Geld zu verdienen.

Aber die Stadt hatte sich verändert. Jetzt sah man weniger Weiße, und der Glanz und Glamour der Vorkriegsjahre war verschwunden. Stead ging durch die Straßen und fragte nach Harry und seiner Bar und einem Mädchen, das dort gearbeitet hatte. Doch er entdeckte, dass ihre Namen schon verblasst waren; niemand erinnerte sich mehr an sie.

»Die sind alle schon weg«, sagte ein Wiener Bäcker zu ihm. »Zumindest diejenigen, die Geld hatten.«

»Und diejenigen, die keins hatten?«

»Ein paar sind noch in den Lagern und warten auf Rettung«, antwortete der Bäcker. »Aber da können sie lange warten.« Dann kicherte er.

War das eine Erklärung für ihr langes Schweigen, ihre lange Abwesenheit? Hatte sie die ganze Zeit hier in einem Lager festgesessen und gewartet? Bestand die Möglichkeit, dass sie noch hier war?

Er erkundigte sich, wo die Lager waren, und machte sich zu Fuß auf den Weg. Er ging durch Straßen, die einst reich und prächtig und nun völlig zerbombt waren. Die Ruinen und die Trümmer der imposanten englischen Herrenhäuser standen noch, doch auf seinem Weg sah er, wie der Umbau bereits im Gang war. Überall um ihn herum wurden die Kriegstrümmer demontiert, ausgeschlachtet, überholt und neuen Zwecken zugeführt. Das Leben begann von vorn und so auch die Wirtschaft.

Das Lager – eine ehemalige Schule oder Universität – war trostlos und vollkommen leer, als wäre alles von Wert daraus entfernt worden. Zuerst dachte er, dort befände sich niemand mehr, aber dann gelangte er ins Gebäude und entdeckte in jedem einzelnen Zimmer kleine Behausungen. Auf dem Flur vor den Zimmern stapelten sich Kisten und Koffer und einzelne Möbelstücke, die letzten Habseligkeiten der Einwohner, und in den Zimmern saßen, standen oder lagen Menschen, lasen, rauchten oder dösten und warteten. Warteten.

»Wieso sind Sie noch hier?«, fragte er.

Jeder hatte seine eigene Geschichte: ein verlorenes Vermögen, ein von den Japanern besetztes Haus, ein zerstörtes Geschäft – doch letzten Endes war es immer dieselbe Geschichte. Dies waren nicht die Reichen und Berühmten, die auf Gartenpartys gingen, sondern die Angestellten, die Untergebenen, die Menschen mit wenig Geld, ohne Familie, ohne Ausbildung oder Aussichten, diejenigen, die irgendwo am Ende der Welt einen miesen Job angenommen hatten, um über die Runden zu kommen. Sie hatten für Firmen gearbeitet, die sich keine große Mühe gaben, sie zurückzuholen, daher saßen sie hier fest und warteten auf irgendeinen Ausweg.

Er fragte, wo die alleinstehenden Frauen wohnten. Darauf erntete er immer Gelächter. Schließlich fand er die Frauenunterkunft. Dort fragte er jede Frau, der er begegnete: »Haben Sie eine Marina gekannt?« Er zeigte ihr Foto herum, beschrieb sie und erzählte alles, was er von ihr wusste. Doch niemand hatte sie gesehen.

»An so eine würde ich mich erinnern«, sagte eine Frau abschätzig. »Aber so eine hatten wir hier nicht.«

»Wenn sie schlau war, ist sie verschwunden, als es noch ging«, sagte eine andere.

»Sind Sie sicher, dass sie nicht anders hieß?«, fragte eine dritte.

»Sie sollten sich ans Rote Kreuz wenden«, empfahl eine weitere. »Das ist ja deren Job.«

Enttäuscht, dass er nichts über Marinas Verbleiben erfahren hatte, kehrte er ins International Settlement zurück. Doch auf dem Weg dorthin wurde ihm klar, dass keine Nachricht eine gute Nachricht war. Wenn niemand sie kannte, hieß das, dass sie auch nie im Lager gewesen war. Vielleicht war sie rechtzeitig entkommen.

Aber wohin? Seine einzige Chance bestand darin, Harrys Angestellte zu finden.

Mr Wang war nicht einfach aufzuspüren. In der Zwischenzeit hatte Harrys Bar mehrfach den Namen gewechselt und war daher nur schwer ausfindig zu machen. Doch kaum hatte Stead den richtigen Club entdeckt, war auch Mr Wang leicht zu finden – wenn auch nicht zu sprechen. Denn jetzt war Mr Wang der Besitzer, und sein Personal schien nicht gewillt, Stead ins Allerheiligste vorzulassen.

Er bestellte ein Bier, setzte sich an die Bar – es war noch früh und ruhig – und fragte sich, wie viel sich wohl geändert hatte, seit sie hier nicht mehr arbeitete. Das Klavier stand auf einer Bühne in der Ecke des Saals. Hatte sie dort gesessen und gespielt? Eine halbe Stunde verstrich. Er trank sein Bier. Mr Wang zeigte sich nicht.

Dann kam eine Frau in einem wunderschönen Abendkleid herein und ging ans Klavier. Stead drehte sich nach ihr um. Sie war perfekt zurechtgemacht und verkörperte mit ihrer hochmütigen und eleganten Art eine typische Russin. Sie setzte sich auf den Klavierhocker, klappte den Deckel auf und hob schwungvoll die Hände.

Stead erinnerte sich an das Gespräch mit dem Bankangestellten. Dieser hatte eine Weißrussin erwähnt, die sich mit Marina abgewechselt hatte. Shanghai war voll von ehemaligen Gräfinnen und Prinzessinnen, von denen viele Klavier spielten, aber konnte dies wirklich dieselbe sein?

Als sie anfing, *Smoke Gets in Your Eyes* zu spielen, ging er zu ihr.

»Guten Abend«, sagte er.

»Guten Abend«, antwortete sie mit starkem russischen Akzent und sah ihn kühl an.

»Haben Sie auch vor dem Krieg schon hier gespielt?«, fragte er.

»Vor welchem?«, fragte sie und ließ ihre Hände in einem pompösen Glissando hin- und hergleiten.

»Dem letzten.«

»Vielleicht. Warum?«

»Erinnern Sie sich an Marina?«

Überrascht sah ihn die Frau wieder an. »Wer sind Sie?«

»Mein Name ist Stead.«

Berechnend musterte sie ihn. »Stead … Vielleicht erinnere ich mich an diesen Namen.«

»Also kannten Sie Marina?«

»Natürlich. Seien Sie nicht albern. In einer Stunde mache ich Pause. Dann können wir uns unterhalten.«

Als Stead ging und sich wieder hinsetzte, klopfte sein Herz schneller. Hatte diese Frau den Anhaltspunkt, nach dem er suchte? Er hoffte es, obwohl er ihr nicht traute.

Die Stunde schleppte sich dahin, aber endlich war sie vorüber, und die Pianistin erhob sich vom Klavier und rauschte quer durch den Saal auf ihn zu.

»Waren Sie und Marina befreundet?«

»Sehr eng sogar«, bestätigte sie. »Suchen Sie nach ihr? Warum?«

»Ich muss sie finden.«

»Warum?«

»Ich muss es einfach.«

Sie sah ihn mit ihren eisblauen Augen an. »Verstehe«, sagte sie. »Eine Herzensangelegenheit. Ich verstehe. Sie sind also derjenige, den sie zurückgelassen hat?«

Sein Herz fing an zu hämmern. »Sie hat von mir gesprochen?«

»Ich glaube, Sie waren gemeint.«

»Ist sie wirklich weggelaufen?«

»Wer hat Ihnen das erzählt?«

»Harry.«

»Harry.« Sie dachte darüber nach. »Ja. Es ist wahr. Sie war unglücklich mit ihm. Wer kann es ihr verdenken? Zu viele Weibergeschichten und eine Ehefrau zu Hause. Marina suchte nach Liebe. Der wahren Liebe. Nach einem Mann, der nur sie wollte.«

Wieder dieser durchdringende Blick aus den eisblauen Augen. Ihm wurde unbehaglich zumute.

»Wissen Sie, wohin sie wollte? Ist ihr die Flucht aus Shanghai gelungen?«

Die Russin zögerte, dann lächelte sie ihn katzengleich an. »Der Krieg war für alle schwierig«, sagte sie. »Viel Not und Entbehrungen. Das fordert seinen Tribut. Ich hatte mehr Glück als andere, weil ich nicht in ein Lager gesteckt wurde. Aber trotzdem gab es viele Unannehmlichkeiten, ich musste auf vieles verzichten. Mein Gedächtnis ist nicht mehr, wie es war. Ich habe eine Menge vergessen.«

Da begriff Stead. Er holte ein paar amerikanische Dollar aus seiner Tasche. »Würde das helfen?«, fragte er.

Die Russin schenkte ihm ein bezauberndes Lächeln. »Danke«, sagte sie und steckte das Geld ein. »Mr Wang hat sie auf ein Schiff gebracht«, fuhr sie fort, »das nach Singapur fuhr.«

»Welches Schiff?«

»Irgendeins«, sagte sie abschätzig. »Mehr weiß ich nicht.«

»Würde Mr Wang sich noch erinnern?«

»Das müssten Sie ihn selbst fragen.«

»Aber er empfängt mich nicht.«

Die Russin sah ihn einen Moment lang an, vielleicht um den Wert des Geldes abzuwägen, das sie an ihrer Brust verstaut hatte. Daraufhin sagte sie: »Ich glaube doch.«

Sie erhob sich, nahm seine Hand und führte ihn durch den Club, dann durch die Eingangshalle, eine Treppe hinauf, an einigen Leibwächtern vorbei, bis sie vor einer Tür stehen blieb.

»Ich möchte zu Mr Wang«, sagte sie gebieterisch.

Der Leibwächter öffnete die Tür. Mr Wang saß an einem imposanten Schreibtisch und schrieb in ein Geschäftsbuch. Bei ihrem Eintritt schlug er es zu.

»Was ist?«, fragte er, als er sie sah.

»Dieser Mann hier sucht nach Marina«, erklärte die Russin.

Mr Wang nickte, worauf die Frau verschwand. Mr Wang wies auf einen Stuhl, und Stead setzte sich.

»Hat Harry Sie geschickt?«

»Nein. Aber er hat Ihren Namen erwähnt.«

»Ich hab sie nach London zurückgeschickt«, sagte Mr Wang. »Erster Klasse. Sehr gutes Schiff.«

»Wissen Sie noch den Namen des Schiffs?«

Mr Wang dachte kurz nach. »*Princess Greta*«, sagte er schließlich.

Einen Moment lang wurde Stead schwarz vor Augen. Als er wieder sehen konnte, saß Mr Wang immer noch da, ein kleiner Mann mit scharf geschnittenen Zügen und blitzenden Augen.

»*Princess Greta*«, wiederholte Stead. »Sind Sie sicher?«

»Ziemlich sicher«, erwiderte Mr Wang. »Das allerbeste Schiff.«

Stead stand auf und streckte seine Hand aus. »Danke, dass Sie sich Zeit für mich genommen haben«, sagte er kraftlos, dann stolperte er aus dem Büro, die Treppe hinunter und hinaus auf die dunkle, stinkende Straße.

Damals war er noch Zivilist und arbeitete auf der *Fortuna*. Sie hatten gerade eine Ladung Gummi an der malaiischen Küste aufgenommen, wo es zuerst Unstimmigkeiten wegen irgendwelcher Papiere und dann Probleme mit dem Motor gegeben hatte. Als sie wieder die Küste hinunter Richtung Singapur fuhren, waren sie spät dran. Da es auf der *Fortuna* keinen Funk gab, konnten sie nicht wissen, was sie an diesem Morgen erwartete.

Das erste Anzeichen war ein in die Luft gefeuertes Notsignal. Sie reagierten so schnell wie möglich, doch als sie eintrafen, war das Schiff schon verschwunden. Sie waren mit voller Kraft gefahren, doch als sie die Trümmer sahen, stoppten sie die Maschinen. Stead war in dem Rettungsboot, das abgesenkt wurde; Slick und ein anderer ruderten. Er bemerkte schnell, dass dies kein gewöhnlicher Schiffbruch war – denn was auch immer geschehen war, war sehr schnell vonstattengegangen. So wie die Wrackteile aussahen, war das Schiff in tausend Stücke gerissen worden.

»Was ist denn hier passiert?«, fragte Slick.

»Irgendwas Übles«, antwortete Stead.

Er sah Verbranntes, Zertrümmertes, Zerquetschtes und Gesplittertes. Kaum zu erkennen, was es vorher gewesen war. Holzstücke, Teile vom Schiff. Auch anderes. Stofffetzen. Kissen. Koffer. Flaschen. Haare. Und Menschen. Viele Menschen. Gliedmaßen, die sich in der sanften Dünung hoben und senkten, Menschen, die eine erstaunliche Metamorphose erfahren hatten. Eine Hand, weiß wie ein schauriger Seestern. Ein Torso, der einen Strang Eingeweide hinter sich herzog wie eine Qualle. War das da drüben ein Kopf mit langen dunklen Haaren oder Seetang?

Langsam, auf der Suche nach Überlebenden, ruderten sie durch die Überreste. Stead drehte Leichen um, sah sich tote Gesichter an und suchte die Wasseroberfläche nach Bewegungen ab. Einmal meinte er, etwas zu sehen, und schrie vor Aufregung, doch als sie näher kamen, merkte er, dass die Bewegung von einem Stück Fleisch kam, das von unten von Haien angefressen wurde.

Sie fanden auch ein Rettungsboot. Darin befanden sich sechs Frauen und zehn Kinder, die alle von einem Maschinengewehr niedergemäht worden waren. Ihr Blut hatte das Boot halb zum Sinken gebracht.

Lange Zeit suchten sie nach Überlebenden, aber sie fanden nur Tote, nichts als Tote, und das, was noch da war, senkte sich bereits langsam unter die Oberfläche und begann seinen langen, allmählichen Abstieg in die Tiefe. Stead kehrte zur *Fortuna* zurück und berichtete, was er gesehen hatte. Er redete sich ein, dass es nichts Besonderes war, doch den Rest des Tages und noch einige Zeit darauf tauchten die Bilder immer wieder lebhaft und nervenaufreibend vor seinem inneren Auge auf.

Erst später erfuhren sie, was geschehen war: der Angriff auf Pearl Harbor. Die *Princess Greta* hatte Singapur gerade mit Kurs auf London verlassen, als die Japaner angriffen und das Schiff mit allen an Bord sank. Es war nur eines von vielen, die an diesem Tag versenkt wurden, eines von Hunderten, die seit Kriegsanfang gesunken waren. Doch für Stead war das alles schockierend und entsetzlich neu. Seit Ausbruch des Krieges hatte sich die *Fortuna* größtenteils im Fernen Osten aufgehalten, und bis dato hatten sie keinerlei Feindkontakt gehabt, was teils ihrer Vorsicht und teils ihrem Glück geschuldet war. Das Grauen wegen dieses

Wracks, seines ersten, verließ Stead nie, auch nicht, nachdem er weitaus Schrecklicheres gesehen und selbst erfahren hatte.

Es war nicht das Schlimmste, was er in diesem Krieg gesehen hatte. Schlimmer waren die Männer, die bei lebendigem Leib von Dampf gehäutet wurden. Schlimm waren auch die Geräusche, die ein Schiff machte, wenn es von Torpedos durchlöchert war, und ungewiss war, ob es einen zum Grund des Meeres mitnahm oder nicht. Er hatte Decks voller Menschen gesehen, die von Bomben abgesprengt und mit den Verwundeten darauf ihrem Schicksal überlassen wurden. Er hatte Menschen zugehört, die langsam, ganz langsam starben. Es war schlimmer, in der Hitze, im Lärm, im Getümmel, im Chaos und Eifer des Gefechts zu sein, wenn Menschen das Leben – diese geheimnisvolle Energie, diese wundersame Kraft – durch die stumpfsinnige Gewalt der Kriegsmaschinerie entrissen wurde. Die Nachwirkungen des Todes zu sehen, wenn das Sterben zu Ende gegangen ist, ist nicht so schlimm. Das Grauen bei einem einst lebendigen, jetzt aber toten Körper ist nicht so groß wie das bei einem Lebenden, der bald eine Leiche sein wird. Sterben ist leise.

Die Zerstörung der *Princess Greta* war nicht das Schlimmste, was er gesehen hatte. Aber es war ziemlich schlimm. Und nun wünschte er, er hätte sich die Gesichter der Frauen in dem Boot angesehen, war allerdings gleichzeitig froh, dass er es nicht getan hatte.

Sie hatten sehr gründlich gesucht. Unmöglich, dass sie in den Wellen des Ozeans zurückgelassen worden war. Von der *Princess Greta* hatte es keine Überlebenden gegeben. Marina war tot.

Marina war tot. Doch diese Erkenntnis drang nicht zu ihm durch. Er wusste es, aber er fühlte es nicht.

Wenn man bedachte, dass sie damals, 1941, fast in erreichbarer Nähe gewesen war. Sie hätten ohne weiteres im Hafen von Singapur aneinander vorbeigehen können, ohne es zu wissen. Hätte er sie wiedererkannt? Das konnte er nur hoffen. Aber damals hatte er noch nicht nach ihr gesucht – seine Suche hatte erst wenige Wochen später begonnen, als sein eigenes Leben in Trümmern lag, und seitdem hatte er sie gesucht, sich an sie geklammert, an sie geglaubt. Und die ganze Zeit war sie tot gewesen.

An diese Möglichkeit hatte er nie gedacht. Selbst nachdem er mit ihrer Mutter geredet und erfahren hatte, dass sie seit Jahren als vermisst galt, hatte er die Hoffnung nicht aufgegeben. Vermisst hieß nicht tot. Vermisst hieß nur vermisst. Er musste nur gründlich genug suchen, die richtigen Fragen stellen, die richtigen Leute finden, immer weiterfahren, dann würde er sie finden.

Aber jetzt bestand keine Hoffnung mehr. Sie würde nicht gefunden werden. Sie war auf der *Princess Greta*.

Marina war tot.

Im Rückblick erschien ihm das Wrack der *Princess Greta* wie eine Warnung des Schicksals, die allerdings von niemandem an Bord der *Fortuna* beachtet wurde. Mit dem unaufhörlichen Vormarsch der Japaner war Geld zu verdienen, viel Geld, denn die Zivilisten mussten von gefährdeten Plantagen evakuiert werden. Sie fuhren die Küste hinauf und hinunter, wichen japanischen Schiffen und Flugzeugen aus und nahmen Passagiere auf, die um ihr Leben rannten (vorausgesetzt natürlich, sie konnten bar bezahlen). Ein paarmal kamen sie nur knapp davon; dann beschloss der Kapitän, noch einmal sein Glück zu wagen. Als die Japaner zu Wasser, zu Lande und in der Luft unerbittlich nach Süden vordrangen, fuhr die *Fortuna* wieder nach Norden, nahm bis weit über die Belastungsgrenze Flüchtlinge auf und versuchte, noch einmal den sicheren Hafen von Singapur anzulaufen.

Stead und Slick waren im Maschinenraum, als der Torpedo einschlug. Das Schiff erzitterte, und beide wurden zu Boden geschleudert, und plötzlich schossen schneller als der Blitz Flammen durch den Raum, und irgendwie leckten sie nur kurz an ihm, bevor sie Slick in eine feurige Umarmung nahmen. Stead packte den in den Flammen schreienden Freund, rollte sich auf ihn, bis das Feuer erstickt war, und zerrte, mit dem Geruch von Grillfleisch in der Nase, den immer noch Schreienden durch den Niedergang, um ihn zur Krankenstation zu bringen. Doch das Schiff bekam unter ihnen bereits Schlagseite, und das Licht war aus, und er hörte, wie von unten Wasser einströmte, daher beschloss er, Slick nach oben zu schleppen. Er nahm ihn über die Schulter, blutüberströmt und mit Slicks Geschrei im Ohr, bis er schließlich wünschte, er würde einfach nur die Klappe halten, und kämpfte sich die nassen, rutschigen Stufen zum Deck hinauf. Dort erwarteten ihn Chaos und Geschrei, widersprüchliche Befehle und ein Dröhnen, Knacken, Hämmern und Bersten, ein lautes Reißen und Ächzen, während das Feuer sich durch das Schiff fraß, es aufriss und heißes Metall und sengende Luft im kalten Wasser des Meeres zischten. Er hörte, wie jemand ihm brüllend den Befehl erteilte, die Rettungsboote hinabzulassen, und jemand schrie ihm zu, er sollte den Leuten an Deck helfen, und einige der Passagiere rannten schon an Deck und sprangen einfach in die Tiefe, ohne Schwimmwesten oder sonst was, sie sprangen einfach und schwammen und verschwanden im Wasser, vorbei an der sich ausbreitenden Öllache, draußen im warmen blauen Ozean. Und wenn er nicht schon den immer noch schreienden Slick über der Schulter getragen hätte, hätte er vielleicht ernsthaft darüber nachgedacht, wieder unter Deck zu gehen, um bei der Sicherung des Schiffs und der Bergung verletzter Passagiere zu helfen, die dort unten im dunklen Unterdeck gefangen waren, aber mittlerweile drang schwarzer Rauch aus allen Luken, als wären es Schornsteine, und das Meerwasser zischte, als es sich in kochenden Dampf verwandelte. Daher wandte er sich zu seinen Kameraden, die ein Rettungsboot zu Wasser ließen, hievte Slick hinein, half, ein paar Verwundete auch noch hineinzuziehen, und dann ließen sie es hinab, und es kam klatschend auf dem Wasser auf. Sie fingen an zu rudern, und als er sich rudernd umsah, beobachtete er, wie seine Kameraden ein zweites Rettungsboot klarmachen wollten. Doch plötzlich begann das Schiff, zu ächzen und zu knirschen und zu kippen, es kippte, und die Öllache rings um das Schiff entbrannte zu einem Flammenmeer. Er sah, wie Menschen blindlings von Deck sprangen, sah aber nicht, was danach mit ihnen geschah. Er hörte es nur. Und konnte es sich denken. Dann kippte die *Fortuna* vornüber, stach durch die Oberfläche des Ozeans und wurde verschluckt.

Slicks Schreien versiegte zu Stöhnen und verstummte schließlich ganz. Stead sah nach den Verbrennungen seines besten Freundes, einmal nur, ein zweites Mal brachte er nicht über sich. Er gab ihm etwas zu trinken, und offenbar schluckte Slick auch, obwohl seine Augen geschlossen blieben.

Sie hielten nach Überlebenden Ausschau und ruderten dann gen Land, immer die Angst im Nacken, die Japaner würden zurückkommen und sie holen, doch sie kamen nicht. Die Nacht brach herein, das einzige Licht kam von den friedlichen Sternen, und Stead hockte in dem Boot und hörte zu, wie einer der Passagiere ihn immer wieder bat, Mike auszurichten, die zwei Dollar könne er vergessen.

»Sag ihm das«, beharrte er. »Sorg dafür, dass er es erfährt. Die zwei Dollar sind mir egal. Ist unwichtig geworden.«

»Ich werde es ihm sagen«, versprach Stead.

»Mike. Mike Howle. Bestellst du ihm, Georgie sagt, er soll sich um die zwei Dollar keine Gedanken machen?«

»Aber klar, Kumpel.«

»Sein Name ist Mike. Mike Howle.«

»Ist gut.«

Schließlich verstummte der Mann, und Stead döste ein, obwohl ihm der Arm weh tat, selbst im Traum.

Er wachte auf, als ihm ein Passagier Wasser anbot.

Er trank einen Schluck. »Vergesst meinen Kumpel nicht«, sagte er.

»Der ist tot.«

Stead sah hin und erkannte, dass Georgie tot war. »Ich kenne ihn nicht mal«, sagte er. Dann blickte er hinunter zu Slick, der neben ihm auf dem Boden des Boots lag, und sah, dass er immer noch die Augen geschlossen hatte.

»Hey, Slick«, begann er und stieß ihn dort an, wo sein Ärmel noch ganz war, kein grausiges Spitzenmuster aus Rot und Schwarz, wo eigentlich Haut hätte gewesen sein müssen. Aber Slick rührte sich nicht. »Slick?«

Sein Nebenmann fasste ihn ungerührt an. »Er ist schon kalt«, sagte er.

Jetzt konnte Stead es auch sehen. Slick schlief nicht, war auch nicht bewusstlos. Während er selbst geschlafen hatte, war sein Freund gestorben.

»Tut mir leid«, sagte der Mann und tätschelte ihm unbeholfen die Schulter.

Daraufhin besprachen sie, ob sie die Toten über Bord werfen sollten. Zuerst war Stead dagegen, doch dann wurde ihm klar, dass es keinen Sinn hatte und das Meer kein schlechtes Grab war, also sagte er nichts mehr und ließ zu, dass die anderen Georgie und Slick über Bord kippten.

Noch am selben Tag wurden sie von einem Schiff aufgenommen, das Richtung Niederländisch-Ostindien fuhr. Anstatt nach Singapur zurückzukehren, ging Stead nach Sumatra und meldete sich in der erstbesten Rekrutierungsstelle als Soldat, nicht weil es seine patriotische Pflicht war oder er die Freiheit, sein Land oder ähnlich Großartiges verteidigen wollte, sondern weil in einer einzigen Nacht alles, was seine kleine Welt ausgemacht hatte, vom Erdboden verschwunden war, einfach so, und er nun gar nichts mehr hatte. Zwar war die *Fortuna* nichts Besonderes gewesen, aber sie hatte sein Heim, seine Existenz und seine Familie dargestellt. Der Kapitän war ein echter Saukerl gewesen, und Stead hatte gelernt, ihm, wenn er trank oder miese Laune hatte, aus dem Weg zu gehen; doch wenn er nüchtern und guter Dinge war, hatte er einen trockenen Humor und einen großen Fundus an Geschichten besessen, und Stead sah nicht ein, wieso er mit Irren, Säufern oder Schikaneuren fahren sollte. Die Jahre auf seinem Schiff waren gute Jahre gewesen. Und ohne Slick hätte er sie nie erlebt – Slick mit seinen Plänen und dem endlosen Schwadronieren, seiner Vielweiberei und seinem Talent für schnelles Geld, seinem grenzenlosen Enthusiasmus und der Bereitschaft, nach jedem Tiefschlag sofort wieder aufzustehen und weiterzumachen, und Tiefschläge gab es immer wieder. Kaum hatte er ein bisschen Geld verdient, verlor er es schon wieder, und manchmal auch das von seinem besten Freund, aber das machte Stead nichts aus. Er war zufrieden damit, in seinem Kielwasser zu segeln und sich von seiner nicht zu stoppenden Redeflut tragen zu lassen. Slick hatte ihn unter seine Fittiche genommen, sich mit ihm angefreundet und ihre Freundschaft zu etwas Bedeutsamem gemacht – Stead war sein Publikum, sein Kumpan, sein Berater und Vertrauter, sein Stichwortgeber. Er hatte ihn über Jahre hinweg in sein bewegtes Leben verwoben, bis Stead nicht mehr wusste, wer er gewesen war, bevor er ihn kennenlernte.

Das Schockierende war, wie plötzlich alles vorbei war. In der einen Minute redete Slick noch mit ihm, und in der nächsten schrie er nur noch, und dann sagte er kein Wort mehr, und als Stead sich nach ihm umdrehte, war er tot. Ohne Vorwarnung, einfach so. Ohne letzte Worte. Erst war er da, dann nicht mehr.

Und jetzt war Stead ganz allein auf der Welt, einsamer, als er je gewesen war, denn es gab keinen Weg voran und keinen zurück und keinen Ort mehr, wohin er gehen wollte. Ihm fiel kein einziger Mensch auf der ganzen weiten Welt ein, der sich darum scherte, ob er lebte oder tot war.

Aber an eines musste er immer wieder denken, und das war die Erinnerung an einen seltsamen Traum, den er in jener ersten Nacht hatte, als er im wippenden Rettungsboot auf Hilfe wartete, während Slick neben ihm starb und sein eigener Arm wegen der Brandwunden pochte, die er noch gar nicht bemerkt hatte: ein Traum wie eine Erinnerung an eine kleine neue, noch im Bau begriffene Stadt mit einer brandneuen Brücke, an eine vom Meer umschlossene Stadt und an das Mädchen, das er dort kennengelernt hatte. Im Traum hatte er einen langen Gang hinuntergeblickt, oder vielleicht war es auch ein hoher gewölbter Raum, und die Kleine war am anderen Ende gewesen, der einzige Lichtpunkt in der Düsternis, und hatte Musik gespielt, die wie eine einst gekannte, doch längst vergessene Sprache klang, und dann hatte sie ihm ihr Gesicht zugewandt, so eifrig, so strahlend, so verheißungsvoll, und gesagt: »Wir werden uns wiedersehen, nicht wahr? Du wirst dein Versprechen halten?« Und er hatte gesagt: »Natürlich werde ich das«, obwohl er bis zu diesem Moment sein Versprechen vergessen hatte. Dann hatte sich der Traum aufgelöst, und er war in tieferen Schlaf gesunken, bis die Schmerzen ihn in die Wirklichkeit mit der schrecklichen Entdeckung zurückholten, dass sein bester Freund tot war.

Aber der Traum – das Mädchen, das Gesicht, die Musik und das Versprechen – hatte ihn nicht losgelassen, und allmählich schien ihm, auch wenn er normalerweise nicht abergläubisch war, dass die Kleine irgendwie nach ihm gerufen hatte, und aus dieser Vorstellung erwuchs die Gewissheit in ihm, dass er sie finden musste, dass sie irgendwo in der großen, weiten Welt auf ihn wartete, und wenn er sie wiederfände, würde er sie heiraten, und alles würde in Ordnung kommen. Alles würde wieder einen Sinn bekommen.

Doch jetzt, vier Jahre später, war der Krieg zu Ende, und er wusste, er würde sie nicht finden. Das Chaos hatte sie verschlungen, wie so viele andere Menschen auch, und er war dazu verdammt, die Welt zu umsegeln und vergeblich nach ihr zu suchen, während alle Hoffnung ihn verließ.

Stead ging zurück auf sein Schiff, das auf dem Huangpu vor Anker lag, legte sich in seine Koje und starrte an die Decke. Sie war für ihn der Grund gewesen, weiterzumachen, das Ziel, auf das er hinarbeitete, der Urquell seines Lebens. Ohne sie war er vollkommen verloren. Vielleicht schlief er, vielleicht auch nicht. Er wusste es nicht. Die Welt erschien ihm wie ein finsterer, unheilvoller Alptraum. Aber nach und nach drang kränkliches Licht durch sein Bullauge. Um ihn herum erwachte alles zum Leben. Ein weiterer Tag auf Erden begann ohne sie. Doch mit dem Licht dämmerte ihm auch ein Plan. Ein letzter Plan. Er würde ein Schiff nach Sydney suchen und ihrer Mutter die Nachricht persönlich überbringen. Er wusste, dass er auch einen Brief schreiben oder sie einfach im Ungewissen lassen konnte. Wäre es nicht gnädiger, ihr die Gewissheit zu ersparen, dass ihr Kind tot war? Aber er glaubte, dass sie es wissen und trauern wollte. Und was würde er dann tun, wenn seine Aufgabe erledigt war? Wieder aufs Meer fahren oder darin untergehen.

Singapur, Dezember 1941

Die *Princess Greta* segelte zielstrebig nach Süden Richtung Singapur. Marina hatte eine Passage erster Klasse, die sie bis nach London bringen würde, aber sie hatte einen Plan. All ihre Briefe an Stead hatte sie an dieselbe Adresse geschickt: Mr Stead von der *Fortuna*, c/o Moore und Hammond, Schiffsagenten, Bukit Timah Road, Singapur. Zwar hatte sie nie eine Antwort bekommen, doch da diese Adresse ihr einziger Anhaltspunkt zu Steads Verbleib war, hatte sie sich daran gehalten.

Anfang Dezember landeten sie in Singapur. Marina hatte befürchtet, es würde schwierig werden, die Geschäftsstelle der Schiffsagenten ausfindig zu machen, aber bereits nach ein paar Erkundigungen fand sie den Weg dorthin. Die Agentur war ein kleiner, dunkler und schäbiger Raum, der in drei Bereiche aufgeteilt worden war: Vorne, unmittelbar hinter der Eingangstür, stand ein winziger Empfangstisch mit einer äußerst gepflegten eurasischen Sekretärin, und dahinter befanden sich, hinter zwei weiteren Türen mit entsprechenden Schildern, die Büros von Mr Moore und Mr Hammond. Ihr wurde mitgeteilt, dass Mr Moore geschäftlich unterwegs sei, aber Mr Hammond sich freue, sie zu empfangen.

Marina trat durch die rechte Tür und fand Mr Hammond an seinem Schreibtisch. An der Decke bewegte sich sacht ein Ventilator. Trotz der frühen Stunde war es schon drückend heiß.

»Was kann ich für Sie tun?«, fragte Mr Hammond, dessen Anzug mit Flecken von Essensresten besprenkelt war.

»Ich hoffe, Sie können mir helfen. Ich versuche, ein Schiff namens *Fortuna* ausfindig zu machen. Ist Ihnen das bekannt?«

»Aber ja«, erwiderte Mr Hammond. »Ich kenne es sehr gut. Geht es um etwas Geschäftliches?«

»Nein, um etwas Persönliches.«

»Ach«, sagte Mr Hammond mit enttäuschter Miene, »worum denn genau, wenn ich fragen dürfte?«

»Ich müsste einem Crewmitglied eine Nachricht zukommen lassen. Zumindest denke ich, dass derjenige zur Mannschaft gehört – oder gehörte.«

»Verstehe«, sagte Mr Hammond. »Ich fürchte jedoch, mit der Mannschaft der *Fortuna* habe ich nichts zu tun – da ich alles Geschäftliche über den Kapitän abwickle.«

»Sein Name ist nicht zufällig Stead, oder?«, fragte Marina hoffnungsvoll.

»Nein, Mackenzie.« Mr Hammond griff nach einem Buch mit komplizierten Tabellen aus Daten, Pfeilen und Symbolen. Er studierte sie eine Weile, blätterte vor und zurück und sagte dann: »Wie der Zufall es will, befindet sich die *Fortuna* ganz in der Nähe. Genauer gesagt nimmt sie weiter oben an der malaiischen Küste eine Ladung Gummi auf. Ich erwarte sie Mitte nächster Woche im Hafen zurück.«

»Hier? Sie wird hierherkommen?«

»Ja. Wahrscheinlich, wenn alles gutgeht, am Dienstag, es könnte aber auch Mittwoch werden.«

»Sie werden am Dienstag hier sein?« Am liebsten hätte Marina laut losgelacht.

»Davon gehe ich aus. Hinterlassen Sie bei meiner Sekretärin eine Nachricht, dann sorgt sie dafür, dass Captain Mackenzie Sie erreicht. Sie könnten natürlich auch nächsten Dienstag zu den Docks gehen und sich selbst am Schiff melden.«

»Das werde ich wohl tun. Vielen Dank, Mr Hammond.«

»Nichts zu danken.«

Vor lauter Freude hüpfte Marina geradezu auf die Straße hinaus. Ihr war bewusst, dass Stead durchaus schon vor langer Zeit die *Fortuna* hätte verlassen haben können, doch ihr Instinkt sagte ihr, dass er noch dort war, und in diesem Fall würde sie ihn bereits in wenigen Tagen wiedersehen. Sie wurde so aufgeregt wie an dem Tag, als sie die *Fortuna* auf dem Huangpu hatte vor Anker liegen sehen; aber dieses Mal war sie ein freier Mensch. Ihr Abenteuer mit Harry lag hinter ihr. Vielleicht hatten sie jetzt endlich die Möglichkeit, dort weiterzumachen, wo sie drei Jahre zuvor aufgehört hatten.

Die *Princess Greta* sollte am nächsten Tag die Segel setzen, doch sie wusste, dass sie nun unmöglich nach London aufbrechen konnte. Also ging sie direkt zum Büro der Schiffslinie und ließ sich ihre Passage auszahlen.

»Hier ist es sicherer, wie?«, fragte der Angestellte, als er ihr das Geld gab.

»Nein, das ist es nicht«, erwiderte Marina, dann fiel ihr allerdings nichts mehr ein.

Nachdem sie das Büro verlassen hatte, suchte sie sich eine günstige Unterkunft und sorgte dafür, dass all ihre Koffer von Bord geholt wurden. Sie wusste nicht genau, wie viel sie davon brauchen würde, und die Vorstellung, mit leichtem Gepäck zu reisen, war verlockend, aber andererseits hatte es keinen Zweck, sich ohne Not vorzeitig davon zu verabschieden.

Am Abend aß sie allein im Speisesaal des Hotels, zog sich früh zurück und las unter einem surrenden Ventilator ein Buch. Am nächsten Tag, einem Samstag, besichtigte sie ein bisschen die Stadt, bevor es zu heiß wurde, und ging anschließend auf ihr Zimmer, um die heißeste Tageszeit mit einem Nickerchen zu überbrücken. Als sie am späten Nachmittag aufwachte, wurde ihr mit leichtem Schrecken bewusst, dass die *Princess Greta* ohne sie losgefahren war. Aber wenn nicht alles nach Plan verläuft, sagte sie zu sich, dann kann ich mir immer noch ein neues Ticket kaufen.

Später begegnete sie ein paar Bekannten vom Schiff, die sie baten, sich zum Essen zu ihnen zu setzen, daher verbrachte sie einen geselligen Abend mit Essen und Trinken – hauptsächlich Trinken – in einer Gruppe britischer Banker und deren Frauen, die Shanghai sicherheitshalber verlassen und nach Singapur gegangen waren. Es waren Leute, die zwar in Harrys Club gekommen waren, ihn aber niemals auf ihre Partys eingeladen hatten, deshalb war es ein bisschen seltsam, in ihre Mitte genommen zu werden. Obwohl sie erzählt hatte, dass sie zumindest nicht sofort nach London zurückkehren würde, vergaßen die Frauen ziemlich schnell diesen Umstand und gerieten über die Aussichten, die sie zu Hause erwarteten, zunehmend in Aufregung. Die Wochenschauen, die sie gesehen hatten, ließen das Leben einer alleinstehenden jungen Frau in Kriegszeiten ziemlich abenteuerlich erscheinen.

»Sie könnten bei der Truppenbetreuung mitarbeiten.«

»Oder lernen, einen Bus zu fahren. Ich würde so gerne Busfahren lernen. Fänden Sie das nicht auch sehr aufregend?«

»Oder einen Krankenwagen. Das wäre noch besser.«

»Aber an Ihrer Stelle würde ich nicht in einer Fabrik arbeiten. Das wirkte ziemlich grässlich.«

Keine von ihnen hatte auch nur einen einzigen Tag ihres Lebens gearbeitet. Die Vorstellung erschien ihnen sehr exotisch.

»Ich werde einfach mal sehen, wohin es mich verschlägt«, sagte Marina.

In dieser Nacht drehte sich das Bett unter ihr so, als könnte sie die Bewegung der Erdkugel spüren. Zu viele Gin Tonics, dachte sie. Diese Banker können wirklich was vertragen.

In den frühen Morgenstunden schrak sie von lautem Getöse auf. Als sie die Augen aufriss, dröhnte und donnerte es um sie herum, und an den Rändern der Vorhänge flackerte ein seltsames Irrlicht. Sie stand auf, spürte, wie der Boden und sogar die Luft erzitterten von wiederholten Detonationen, und ging zum Fenster. Sie sah, wie grelle Flammenfächer und dunkle Rauchwolken die Sterne verdeckten, und als sich ihre Augen an die Dunkelheit gewöhnt hatten, konnte sie in Schutt und Asche gelegte Häuser und hier und dort ein paar dunkle Formen am Boden erkennen, die sich langsam als Leichen entpuppten. Irgendwo über sich hörte sie Motorengebrumm und ein schreckliches Pfeifen, dicht gefolgt von einem schockierend lauten Knall. Ohne zu wissen, wohin sie gehen oder was sie tun sollte, steckte sie den Kopf aus der Tür und blickte in den Flur. Da dort kein Licht brannte, sah sie nichts, aber Stimmengewirr verriet ihr, dass auch andere Gäste auf den Flur gestolpert waren.

»Was ist los?«

»Ein Luftangriff.«

»Diese verfluchten Japsen! Wie können sie es wagen!«

»Keine Sorge, die schicken wir bald zum Teufel!«

»Weiß irgendjemand, ob das Hotel einen Luftschutzbunker hat?«, rief Marina.

Das wusste keiner.

»Wohin sollen wir gehen? Was sollen wir machen?«

Darauf wieder Stimmengewirr: hierbleiben, hinunter in den Speisesaal gehen, einen Verantwortlichen suchen, sich unter dem Bett, im Schrank oder unter dem Tisch verstecken.

»Aber wenn das Hotel getroffen wird?«

»Dann haben wir alle ein großes Problem«, sagte ein Mann.

Marina beschloss, Schutz in ihrem Zimmer zu suchen, bis die Gefahr vorbei war. Mühsam zog sie die Matratze von ihrem Bett, zerrte sie zum alles andere als massiven Schreibtisch und versteckte sich darunter. Das war schwer, unbequem und nach kurzer Zeit auch sehr heiß, aber sie redete sich ein, damit wäre sie vor Trümmern, Glas- und Schrapnellsplittern geschützt, und blieb, wo sie war. Nach ein paar Minuten fiel ihr ein, dass das gesamte Geld, das Harry ihr gegeben hatte, im Koffer steckte. Ihr kam auch in den Sinn, dass Mr Wang ihr geraten hatte, es sicher aufzubewahren – nicht im Koffer –, und sie wünschte, sie hätte seinen Rat besser beherzigt. Aber wer hätte denn mit so etwas gerechnet?

Harry. Zumindest hatte er es geahnt. Deshalb hatte er sie weggeschickt und ihr das viele Geld gegeben. Sie fragte sich, ob er auf reinen Verdacht hin so gehandelt hatte oder ob einer seiner japanischen Kontaktmänner ihm einen Tipp gegeben hatte. Wenn ja, dann wäre dieser Tipp wohl besser etwas früher gekommen – oder Harry hätte ihn früher in die Tat umgesetzt. Wenn sie gewusst hätte, dass so etwas im Anzug war, hätte sie niemals das Schiff verlassen. Dann wäre sie jetzt sicher auf dem Weg nach London.

Als das Motorengebrumm leiser wurde, fragte sie sich, ob es sicher genug war, um unter dem Tisch hervorzuklettern und das Geld aus dem Koffer zu holen – und sich etwas anzuziehen. Sie hatte sich gerade dazu entschlossen, als das Dröhnen der Flugzeuge wieder lauter wurde. Ein neuer Bombenangriff rauschte über sie hinweg, und jetzt war er so nah wie nie zuvor – das Pfeifen der Bomben, der Knall der Explosionen –, und dann schien sich das ganze Zimmer zu bewegen, der Boden, die Matratze, der Schreibtisch. Sie fühlte die Wucht des Aufpralls, und darauf ertönten ein lautes Rauschen und ein schreckliches Geräusch. Erstarrt vor Entsetzen wartete Marina darauf, dass das Hotel über ihr einstürzte und sie unter sich begrub. Aber es stürzte nicht ein, und obwohl sie es überall ächzen und knirschen und Glas splittern hörte, schien es zu halten. Der Bomber entfernte sich, die Einschläge und die Explosionen kamen aus immer größerer Entfernung, und da wusste sie, was auch immer geschehen war: Sie hatte überlebt.

Lange Zeit wartete sie unter der Matratze, bis es schließlich so aussah, als wären die Bomber weg und der Angriff vorüber. Als sie sich aus ihrem Versteck kämpfte, sah sie, dass das Fenster ihres Zimmers explodiert war und Scherben den ganzen Fußboden bedeckten. Der Fensterrahmen hatte sich verzogen und knackte bedrohlich, aber ansonsten war alles heil geblieben. Vorsichtig tippelte sie über den Fußboden, bis sie ihre Schuhe fand. Sie schüttelte die Scherben davon ab, streifte sie über, zog sich dann an, holte den Koffer mit dem Geld darin und verstaute dieses sorgfältig in ihrer Unterwäsche. Allerdings war es ziemlich viel und beulte alles schrecklich aus. Da der Himmel langsam heller wurde, ging sie mit ihrem Nähzeug zum Fenster, verstaute einen Teil der Geldscheine zwischen ihrem Rock und dem Futter und nähte sie dort ein. Als sie fertig war, ging sie nach unten, um zu sehen, was sie in Erfahrung bringen konnte.

Das Nebengebäude war getroffen worden – von dieser Explosion war Marinas Fenster zersprungen –, doch das Hotel selbst war zwar beschädigt, aber nicht direkt getroffen worden. Im Speisesaal sickerte erst langsam durch, was geschehen war. Zuerst ging niemand davon aus, dass das Ganze mehr war als eine Provokation der Japaner, aber als im Verlauf des Tages immer mehr Neuigkeiten bekannt wurden, erwies es sich als Teil eines viel größeren und ehrgeizigeren Plans. Es hatte gleichzeitig Angriffe auf Singapur, auf Shanghai, auf Hongkong und auf die amerikanische Flotte in Pearl Harbor gegeben. Schon bald erfuhren sie, dass japanische Truppen im Norden der Malaiischen Halbinsel und in Siam gelandet waren. Die Japaner waren im Anmarsch.

Marinas erster Impuls war es, schnurstracks zum Büro der Schiffslinie zu gehen und sich ein Ticket zu kaufen – ganz gleich, wohin. Aber als es wieder Strom gab und das Hotel Essen servierte, schienen Angst und Entsetzen sich zu legen. Die Hotelgäste, die durch den Luftangriff aus ihrer Selbstzufriedenheit gerissen worden waren, fingen fast unmittelbar darauf an, sich einzureden, dass sich Derartiges unmöglich wiederholen könne. Jeder – auch die Japaner – wusste, dass Singapur uneinnehmbar war. Es würde einfach nicht dem Feind überlassen werden. Die Japaner würden sehr schnell zurückgedrängt werden, und dann würde das Leben wie zuvor weitergehen. Marina hörte zu und ging an diesem Tag keine Schiffspassage kaufen. Doch sie packte eine leichte Tasche mit dem Allernötigsten – einem Sonnenhut, einer Strickjacke, ihrer Zahnbürste, ihrem Pass –, um unverzüglich aufbrechen zu können, und als sie das Hotel verließ, nahm sie diese mit.

In der Hoffnung, Neuigkeiten von der *Fortuna* zu erfahren, machte sie sich auf den Weg zu Moore und Hammond. Überall in der Stadt sah man die Ruinen zerstörter Gebäude, und in den Straßen stank es nach Rauch, Backsteinstaub, zerborstenen Abflussrohren und Leichen, die in der Morgenhitze verwesten. Noch schlimmer wurde es, als sie die Docks erreichte. Hier waren die Bombenangriffe am heftigsten gewesen, immer noch brannte es allerorten, und der Hafen selbst war mit beschädigten und gesunkenen Schiffen blockiert. Die Geschäftsstelle von Moore und Hammond war vom Angriff verschont geblieben. Als sie eintrat, saß die elegante Sekretärin nicht an ihrem Platz, wohl aber Mr Hammond.

»Ich hatte mich gefragt –«, setzte Marina an.

Das Telefon klingelte. »Verzeihen Sie«, sagte Mr Hammond mit gequälter Miene und ging an den Apparat. »Moore und Hammond? … Ja … Soweit ich weiß … Wo? … Nein, das reicht keineswegs … Nun, dann muss man ihm zeigen, wo es langgeht. So war das nicht vereinbart … Genau. Wiederhören.« Er legte auf. »Tut mir leid. Was wollten Sie sagen?«

»Die *Fortuna*. Ich hatte mich gefragt, ob –«

Wieder klingelte das Telefon. »Entschuldigung. Moore und Hammond? … Das kann ich nicht genau sagen … Wie viel? … Ich sehe mal, was sich machen lässt.« Er legte auf.

»Ja, die *Fortuna*. Ich hatte nur gehofft, alle wären unversehrt und Sie hätten etwas gehört –«

Das Telefon ertönte wieder. »Moore und Hammond? … Im Moment ist hier alles etwas chaotisch … Ja, verstehe. Ich schaue, was sich machen lässt … Genau.« Er legte auf. »Ich habe nichts von der *Fortuna* gehört, bin aber sicher, dass alles in Ordnung ist.«

»Aber sagten Sie nicht, sie wären irgendwo im Norden? Und sind nicht genau da auch die Japaner?«

Als das Telefon erneut klingelte, sah man Hammond seine Ungeduld an. »Verfluchtes Mädchen«, murmelte er, und Marina brauchte einen Augenblick, bis ihr klarwurde, dass er die abwesende Sekretärin meinte. »Wie Sie sehen, habe ich momentan viel zu tun. Kommen Sie morgen noch mal. Ich lasse Sie wissen, ob es Neuigkeiten gibt.« Er ging ans Telefon. »Moore und Hammond?«

Mit wachsendem Unbehagen stand Marina auf und ging hinaus. Wenn Steads Schiff in den Vormarsch der Japaner geraten war, konnte ihm alles Mögliche zugestoßen sein. Sie blickte hinaus zum Hafen mit den vielen halb und ganz gesunkenen Wracks, und dabei waren nicht nur Hochseeschiffe, sondern auch kleine Dampfer und Passagierboote, malaiische Sampans und chinesische Dschunken. Der Angriff war allumfassend gewesen und hatte keine Unterschiede gemacht. Hatte Stead Glück gehabt oder nicht?

Rastlos und voller Sorge kehrte sie zum Hotel zurück und schloss sich den Gästen an, die sich in der Hoffnung auf neue Nachrichten ums Radio drängten. Die Berichte handelten ausschließlich davon, dass zivile Kräfte mobilisiert würden und alle mit anpacken müssten, doch zwischen den Zeilen ahnte man unheilvolle Lücken in der Verteidigung. Die Flugzeuge, die Singapur hätten abschirmen sollen, waren größtenteils schon in der ersten Nacht zerstört worden – ohne erst gestartet zu sein. Die Boden-Luft-Raketen waren nutzlos gewesen. Es gab keine Luftschutzbunker, um die Zivilbevölkerung zu beschützen – man sagte ihnen, sollten die Bomber wiederkommen, sollten sie sich in die Monsungräben flüchten, die normalerweise voller stinkender Jauche waren. Alle hatten ihre Hoffnungen auf die beiden Kriegsschiffe gesetzt, die *Prince of Wales* und die *Repulse*. Als sie aus dem Hafen von Singapur ausliefen, bezweifelte niemand, dass die beiden mächtigen Schiffe es mit der japanischen Kriegsmarine aufnehmen konnten, und Marina empfand es als tröstlich, sie dort draußen zu wissen, denn konnte Stead besseren Schutz haben als den Stolz der britischen Navy?

Am nächsten Morgen eilte sie schon früh zum Hafen, um zu sehen, ob die *Fortuna* eingelaufen war. Doch gab es keinerlei Spur von ihr. Daraufhin ging sie wieder zu Moore und Hammond, wo eine neue Sekretärin den Empfang besetzte: eine ältere Frau, die das wie schon am Vortag ununterbrochen klingelnde Telefon nervös zu machen schien.

»Ich möchte Mr Hammond sprechen«, sagte Marina.

Die Frau sah sie argwöhnisch an. »Ach ja? Wieso denn das?«

Obwohl ihr diese Frage seltsam vorkam, antwortete Marina höflich: »Ich hoffte auf Neuigkeiten von der *Fortuna*.«

Die Frau betrachtete einen Moment verwirrt das Telefon mit seinen vielen Knöpfen, dann kapitulierte sie und rief: »Haben wir was von der *Fortuna* gehört, Liebling?«

»Nein!«, brüllte Mr Hammond aus seinem Büro. »Ist die junge Frau wieder da?«

»Ja!«

»Sag ihr, sie soll morgen noch mal kommen!«

»Kommen Sie morgen noch mal«, sagte Mrs Hammond, als hätte Marina nichts von der lautstarken Unterhaltung hören können.

»Aber das hat er gestern schon gesagt«, protestierte Marina.

»Wir können Ihnen nichts sagen, wenn wir selbst nichts wissen!«, erwiderte Mrs Hammond ärgerlich. »Kommen Sie morgen wieder.«

Gereizt und frustriert verließ Marina die Geschäftsstelle, doch dann sagte sie zu sich, schließlich sei es noch früh am Tag. Bei ihrem ersten Gespräch mit Mr Hammond – das erst in der Woche zuvor stattgefunden hatte, ihr jetzt aber eine Ewigkeit zurückzuliegen schien – hatte er gesagt, möglicherweise würden sie nicht Dienstag, sondern Mittwoch einlaufen. Also konnte man noch nicht von Verspätung sprechen. Kein Grund, sich Sorgen zu machen. Doch sie wusste es besser.

Da sie sich nicht zu weit vom Hafen entfernen wollte, machte sie einen Spaziergang, kaufte sich eine Zeitung und suchte sich einen Platz, wo sie sich mit Tee und einem Brötchen hinsetzen konnte. Die Zeitung wimmelte von Schreckensnachrichten, aber ihr Blick wurde von der Schlagzeile der dritten Seite angezogen: *Princess Greta* gesunken.

Fassungslos las sie den Artikel: Die *Princess Greta* war während des Angriffs von einem Torpedo getroffen worden, gesunken und hatte schrecklich viele Todesopfer gefordert. Marina las den Artikel bis zum Ende, ohne die Einzelheiten wirklich zu erfassen. Vor lauter Schock wurde ihr schwindelig. Eigentlich wäre sie auf diesem Schiff gewesen. Eigentlich wäre sie jetzt tot. Tiefes Mitleid mit all den Menschen, die sie auf dem Schiff zurückgelassen hatte, erfüllte sie. Diese Menschen waren nun alle tot. Das überstieg einfach ihr Begriffsvermögen, vor allem die Vorstellung, dass sie nicht dazugehörte. Warum hatte sie so viel Glück gehabt?

Sie trank ihren Tee aus und ging zurück zum Hafen, weil sie hoffte, das Glück wäre ihr weiterhin hold und die *Fortuna* liefe ein. Aber es fehlte immer noch jede Spur von ihr. Enttäuscht kehrte sie ins Hotel zurück.

Der folgende Tag war der Mittwoch. Doch im Hafen war keine *Fortuna* eingelaufen. Es gab keine Neuigkeiten bei Moore und Hammond. Sie kaufte sich noch eine Zeitung und starrte auf die Fotos fröhlicher junger Frauen, die freiwillig Verbände aufrollten. Sie fragte sich, ob sie sich ihnen anschließen sollte, aber in ein paar Tagen würde sie wahrscheinlich nicht mehr hier sein.

Sie glaubte oder hoffte nach wie vor, dass jeden Moment Steads Schiff auftauchen würde. Dann würde sie ihn sehen, sie würden reden, und sie hoffte doch sehr, wenn sie sich sähen, würde es wie beim ersten Mal sein: Er würde schüchtern und liebenswert und einfach perfekt sein, und sie konnte ihn fragen, was sie tun sollten, und was auch immer er vorschlüge, würde gemacht werden. Vielleicht sollte sie sich der Crew der *Fortuna* anschließen, oder sie konnte mit Harrys Geld eine Schiffspassage für sie beide kaufen. Sie wusste, dass sie nicht hierbleiben konnte. Aber sie musste auf Stead warten. Stead würde wissen, was zu tun war.

Da es sinnlos schien, noch mal Mr Hammond aufzusuchen, kehrte sie in ihr Hotel zurück.

Doch kaum betrat sie das Foyer, wusste sie, dass etwas Schreckliches passiert war. Eine junge Frau weinte, die Angestellten am Empfang wirkten entsetzt.

»Sie sind gesunken«, sagte einer. »Beide.«

»Wer denn?«, fragte Marina und dachte sofort an die *Fortuna*. Ihr Herz fing an zu rasen.

»Die *Prince of Wales* und die *Repulse*.«

Sie brauchte einen Augenblick, bis die Namen in ihr Bewusstsein sickerten. An diesem Morgen war ihre Zeitung voller Geschichten über die beiden Schlachtschiffe gewesen; die Verteidigung Singapurs und des gesamten Umlands hing fast vollständig von ihnen ab. Und nun waren beide gesunken? Schon? Aber sie hatten doch erst am Vortag den Hafen verlassen. Wie konnten beide so schnell gesunken sein, ohne auch nur einmal zugeschlagen zu haben?

»Aber das kann nicht sein«, sagte sie.

»Jetzt sind wir erledigt«, bemerkte der Angestellte. »Erledigt. Jetzt sind wir dran.«

»Sag das nicht«, fauchte der andere Angestellte. »Singapur werden sie niemals einnehmen. Niemals.«

Benommen ging Marina wieder in den Speisesaal und hörte sich die Nachrichten im Radio an. Es war schlimm. Die *Prince of Wales* und die *Repulse* waren tatsächlich verloren und mit ihnen ein Großteil der Besatzung. Zwar gab es Bodentruppen, und Verstärkung war auf dem Weg, doch ohne Schlachtschiffe und ohne Deckung aus der Luft würde die Verteidigung wesentlich schwieriger werden.

In den darauffolgenden Tagen hörte Marina immer und immer wieder die eine Frage: Sollen wir bleiben oder fliehen? Jeden Tag sah sie ein paar Familien mehr mit großem Gepäck zum Hafen aufbrechen. Doch noch mehr entschieden sich zu bleiben, teils auch, weil sie sich weigerten, Schiffe nach Indien oder Australien zu nehmen, und lieber auf eine direkte Passage nach Großbritannien warteten. Manche beschlossen, einfach auszuharren, ermutigt von dem Umstand, dass trotz des japanischen Vormarsches immer noch Passagierschiffe ein- und ausliefen. Selbst wenn sich die Dinge zum Schlechten wenden sollten, schien immer noch genug Zeit zur Flucht zu bleiben.

Marina ging jeden Tag zum Hafen, um nach der *Fortuna* zu suchen, aber sie kam nie. Danach suchte sie stets die Geschäftsräume von Moore und Hammond auf. Die eurasische Sekretärin war auf ihren Posten zurückgekehrt und beschied ihr täglich: »Tut mir leid. Immer noch keine Neuigkeiten.« Eines Tages, endlich, gab es allerdings doch Neuigkeiten. Die Sekretärin führte sie in Mr Hammonds Büro.

»Sie sind schließlich doch noch aufgetaucht. Ich bekam gestern Abend eine Nachricht. Irgendein Maschinenschaden hat sie aufgehalten, aber jetzt können sie sich wieder an die Arbeit machen – und davon gibt es reichlich. Im Norden ist alles ein einziges Chaos – zu viele versuchen, vor den Japanern zu fliehen, und es gibt nicht genügend Fluchtmöglichkeiten. Sie sind nun da oben, sammeln Passagiere ein und kommen dann gleich hierher.«

»Also werden sie bald da sein?«

»Ja, das werden sie.«

»Sie haben wohl nicht meine Nachricht übermittelt?«

»Ehrlich gesagt habe ich das vergessen«, gestand Mr Hammond. »Liegt vielleicht daran, dass hier Krieg herrscht.«

Marina wurde rot. »Natürlich. Verzeihen Sie bitte.«

»Anfang nächster Woche sollten sie hier sein. Aber ich muss Sie warnen – Sie müssen schnell sein. Denn es gibt mehr Arbeit, als zu bewältigen ist. Sobald sie im Hafen sind, werden sie gleich wieder auslaufen.«

»Könnten Sie mich im Hotel anrufen, wenn sie einlaufen?«, fragte Marina.

»Sagen Sie's meiner Sekretärin«, erwiderte Mr Hammond. »Die wird sich darum kümmern.«

Marina ging zurück ins Hotel und teilte dem Angestellten mit, dass sie noch eine weitere Woche bleiben würde. Zumindest wusste sie jetzt, dass sie den ersten Angriff überlebt hatten und noch auf See waren, doch angesichts der japanischen Bomber und der anrückenden japanischen Flotte war sie nicht vollständig beruhigt.

Marina wartete also weiter, obwohl sie mit jedem verstreichenden Tag dringender den Wunsch verspürte, Singapur zu verlassen, solange es noch ging. Aber genauso dringend wollte sie Stead wiedersehen, und sie wusste, wenn sie ihn nun entwischen ließ, bekam sie vielleicht nie mehr eine Chance. Sie konnte nicht darauf bauen, dass ihre Nachrichten übermittelt wurden. Sie musste ihn persönlich sehen. Daher wartete sie. Und wartete.

Dann kam der ersehnte Tag. Sie betrat Mr Hammonds

Geschäftsstelle und sah, wie die Sekretärin bei ihrem Anblick aufschrak. »Mr Hammond?«, rief die Eurasierin.

Dieses eine Mal öffnete Mr Hammond persönlich seine Tür. »Ah«, sagte er mit unbehaglicher Miene, »Sie kommen wohl besser mal herein.«

Marina spürte, wie ihr schwindelig wurde, als sie in sein Büro ging und sich setzte.

»Ich hab's heute Morgen erst erfahren«, sagte Mr Hammond. »Es gab einen Unfall. Oder besser gesagt: einen Angriff. Sie müssen jetzt stark sein. Die *Fortuna* ist gesunken. Es ist noch nicht klar, was genau passiert ist. Irgendein Zusammenstoß mit einem japanischen Schlachtschiff. Aber das Schiff ging ziemlich schnell unter, und es gab nur einen Überlebenden.«

»Wer ist es? Wie lautet sein Name?«

»O'Farrell oder O'Flaherty oder so. Ein Ire.«

»Haben Sie mit ihm gesprochen? Sind Sie sicher, dass es keine weiteren Überlebenden gibt?«

»Er hat keine gesehen. Allerdings sagte er, es sei ein schreckliches Durcheinander gewesen, und er hätte die anderen aus den Augen verloren. Es waren, glaube ich, noch andere im Wasser, die nicht mit dem Schiff untergingen, aber er weiß nicht, was mit ihnen passiert ist.« Mr Hammond zögerte. »Also besteht vielleicht noch Hoffnung.«

Obwohl Mr Hammond nicht besonders hoffnungsvoll klang, klammerte sich Marina an diese Worte. Es gab noch Hoffnung – natürlich gab es die. Wenn dieser O'Farrell überleben und gerettet werden konnte, war Stead vielleicht auch gerettet worden. Sie versuchte, sich nicht vorzustellen, wie er im Wasser kämpfte, denn sie wusste, dass er nicht schwimmen konnte. Aber es musste noch Hoffnung geben. Es musste einfach.

»Was werden Sie denn jetzt tun?«, fragte Mr Hammond.

»Das weiß ich nicht«, antwortete Marina, die keinen klaren Gedanken fassen konnte. »Ich werde wohl abwarten, ob er hier auftaucht. Wohin würde er Ihrer Meinung nach gehen? Würde er hierherkommen?«

»Hierher, zu mir?«, fragte Mr Hammond ziemlich erstaunt. »Ich weiß nicht. Möglicherweise. Aber wie ich schon sagte, habe ich nichts mit der Crew zu tun. Ich verhandle nur mit den Kapitänen.«

»Aber es wäre doch möglich, oder nicht?«

»Möglich wäre es schon …«

»Dann sollte ich bleiben.«

Mr Hammond verzog das Gesicht und rang sichtlich mit sich, um etwas zu sagen. »Junge Dame, dürfte ich Ihnen vielleicht einen väterlichen Rat geben?«

»Ja«, erwiderte Marina, leicht überrascht.

»Warten Sie nicht länger. Ich weiß nicht, wer dieser Mann ist oder warum Sie ihn so dringend sprechen müssen, aber … ich glaube nicht, dass Sie das bekommen, was Sie sich wünschen, wenn Sie hier länger bleiben.«

»Ach«, sagte Marina.

»Ich weiß, es geht mich nichts an, aber wenn Sie Geld brauchen, dann könnte ich mit ein paar Leuten sprechen und sehen, was sich machen lässt. Es wäre nichts Großartiges, aber wenn Sie hier rauswollen –«

»Das ist sehr freundlich von Ihnen«, antwortete Marina verlegen, »aber es ist keine Frage des Geldes.«

»Ja, worauf warten Sie denn dann?«, fragte Mr Hammond. »Verschwinden Sie, solange es noch geht! Die Japaner kommen, und wenn sie erst mal da sind, ist das kein Ort für eine junge Dame. Haben Sie denn nicht die Geschichten aus dem Norden gehört? Was sie den Zivilisten da oben antun, das ist einfach schrecklich. Sie müssen hier weg – so schnell wie möglich – heute noch.«

»Aber ich dachte, es würde alles wieder in Ordnung kommen«, sagte Marina.

»Ich hab meine Frau schon auf ein Schiff nach England gesetzt. Ich wickle jetzt noch die letzten Geschäfte ab und verschwinde dann auch. Mitte nächster Woche bin ich weg.«

»Aber – aber –«

»Hören Sie auf meinen Rat – und ich sage Ihnen das, was ich meiner eigenen Tochter sagen würde, wenn ich eine hätte: Hören Sie nicht auf die Idioten, die behaupten, Singapur würde nicht fallen, denn genau das wird verdammt noch mal passieren. Und dann wollen Sie nicht hier sein.«

Benommen und am Boden zerstört verließ Marina Mr Hammonds Büro. Was sollte sie tun? Die *Fortuna* war gesunken, offenbar mit Mann und Maus (ausgenommen O'Farrell). Falls Stead auf dem Schiff gewesen war und falls er den Schiffbruch überlebt hatte – und weder das eine noch das andere war gewiss –, dann waren ihre Chancen, ihn zu finden, gering. Der Stead, den sie kannte, hatte kein Zuhause und keine Familie, nur dieses Schiff und seine Mannschaft. Falls beides verloren war, konnte man unmöglich voraussagen, wohin er gehen würde. Er konnte auf einem anderen Schiff anheuern, heim nach Amerika fahren oder irgendwo sonst verschwinden. Mr Hammond war ihre einzige Verbindung zu ihm gewesen; in einer Woche würde auch er weg sein. Stead war für sie verloren.

Die Enttäuschung war niederschmetternd, verwandelte sich jedoch rasch in Panik. Wenn Stead sie nicht retten konnte, war sie wirklich auf sich allein gestellt. Sie hatte sich in eine schreckliche Lage gebracht.

Mit Mr Hammonds Warnung im Hinterkopf eilte sie ins Hotel. Sie wusste, dass alle um sie herum Angst hatten, doch die meisten waren nicht bereit, es zuzugeben. Jeder wusste, dass sie in Gefahr waren, aber so etwas konnte einfach nicht laut ausgesprochen werden. Nun, da Mr Hammond es wirklich gesagt hatte, wusste sie, er hatte recht, und es war Wahnsinn, noch länger zu warten. Welche Gründe sie auch gehabt haben mochte, zu bleiben, sie waren nun verflogen. Sie hatte sich selbst in Gefahr gebracht. Es war Zeit, sich in Sicherheit zu bringen, wenn das noch möglich war.

Was sie wieder einmal vor die Frage stellte, wohin sie gehen sollte. Sie hatte genug Geld für die Rückreise nach London, aber wollte sie wirklich dorthin? Die Vorstellung, dorthin zurückzukehren und einen weiteren Versuch einer Musikkarriere zu starten, rief nur Müdigkeit in ihr hervor. Natürlich gab es in England für ein Mädchen wie sie viele Möglichkeiten, wie schon die Frauen der Banker erzählt hatten. Es musste nicht unbedingt die Musik sein; es gab Krankenwagen zu fahren und Codes zu entschlüsseln. Für ein Mädchen mit Pep gab es Kriegsjobs in Hülle und Fülle.

Doch sie hatte es satt, immer wieder von vorn anzufangen. Fremde Orte zu sehen, fremde Gerüche zu riechen, Schilder in fremden Sprachen zu lesen und Menschen zu treffen, die sie nicht verstanden. Sie hatte es satt, sich isoliert zu fühlen und sich ständig halb zu verlaufen, als würde sie vollkommen verlorengehen, wenn sie nur einmal die falsche Straßenabbiegung nähme. Es war ihr Traum gewesen, nach London zu gehen, aber als sie erst einmal da war, hatte sich die Wirklichkeit allzu oft als trist, freudlos und elend erwiesen. Teilweise lag es am Wetter, teilweise an dem schrecklichen Gefühl der Einsamkeit. Vielleicht wäre es in Kriegszeiten anders – zumindest behaupteten das die Wochenschauen. Aber vielleicht auch nicht.

Jetzt, allein in Singapur, ertappte sie sich, wie sie sich nach den verlorenen Freuden ihrer Heimat sehnte: den langen Sommern in Sydney, die so warm und lieblich waren, den einheimischen Vögeln, die am Morgen vor ihrem Fenster sangen, den Stränden, dem Essen, den Bäumen, dem Licht, doch vor allem nach dem Gefühl, sicher und geborgen an einem Ort zu sein, wo alles angenehm und vertraut war. Sie würde ihre alten Freundinnen wiedersehen. Sie würde ihre Mutter wiedersehen. Es würde alles wieder so sein wie früher.

Es würde alles wieder so sein wie früher – doch früher hatte sie Tag und Nacht davon geträumt, fortzugehen. Sie hatte Größeres erwartet, als Sydney ihr zu bieten hatte. Das würde sich in den drei Jahren ihrer Abwesenheit nicht geändert haben. Das Leben, das sie sich erhofft hatte – ein Leben mit Musik und Kunst, Glanz und Glamour –, war so unerreichbar wie eh und je. Und sie wäre ihrer Mutter immer noch Rechenschaft schuldig, genau wie ihren Freundinnen und früheren Lehrerinnen. Sie würde ihnen erklären müssen, warum all ihre Hoffnungen gescheitert waren. Der Gedanke daran ließ sie frösteln, sogar in der Hitze Singapurs. Trotzdem verspürte sie den Drang, nach Hause zurückzukehren. Nach Hause. Sie wollte nach Hause.

Die Ticketverkaufsstelle war beim Luftangriff getroffen worden, aber im Haus des Geschäftsführers konnte man immer noch Fahrkarten kaufen. Entschlossen, ihr Geld so weit wie möglich zu strecken, buchte sie die günstigste Passage nach Sydney, die sie finden konnte. Allerdings sollte das Schiff erst in ein paar Wochen auslaufen. Sobald sie das Ticket gekauft hatte, wachte sie jeden Morgen mit der Angst auf, dass etwas schiefgehen würde, dass die Japaner kommen würden und sie nicht rechtzeitig fliehen konnte. Weihnachten kam und ging wieder; Silvester verbrachte sie mit Fremden, die tapfer Papierhütchen trugen und in Partytröten bliesen. Jeder Tag brachte neue schreckliche Nachrichten von eingenommenen Dörfern, Häfen und Städten.

Singapur wurde von Flüchtlingen auf der verzweifelten Suche nach Sicherheit überflutet, aber diese war nirgendwo zu finden. Jeden Tag gab es Luftangriffe, Benzin und Nahrungsmittel wurden rationiert, und die Schutthaufen der zerbombten Gebäude schienen immer höher zu werden. Wenn man sich aus der Tür wagte, geriet man direkt ins Chaos: Die Straßen waren übersät mit liegengelassenen, ausgebrannten Wagen und Lastern; Leichen verwesten stinkend, und wenn sie eingesammelt wurden, wurden sie innerhalb von drei Tagen verbrannt, ob sie nun identifiziert worden waren oder nicht. Scharen von australischen Soldaten strömten führer-, waffen- und ziellos durch die Straßen, stets auf eine Gelegenheit aus, sich zu betrinken, zu prügeln oder Ärger zu machen. Die Frontlinie rückte immer näher; die Japaner bewegten sich unerbittlich die Malaiische Halbinsel hinunter. Plötzlich waren sie fast schon auf der Insel, die Briten verkündeten, Frauen und Kinder würden evakuiert, und auf einmal schien allen in vollem Ausmaß zu dämmern, was sie bis dahin geleugnet hatten. Panik erfasste die Stadt, und die Kais füllten sich mit Menschen, die zu entkommen versuchten. Zivilisten wurden von Deserteuren beiseitegedrängt, die verzweifelt fliehen wollten. Es gab Gerüchte von Soldaten, die Schiffe kaperten, um nach Niederländisch-Ostindien zu fliehen. Die Schiffslinien verkauften immer weiter Passagen, obwohl niemand garantieren konnte, dass die Schiffe auch wirklich kamen. Denn der Schiffsverkehr war in den von den Japanern kontrollierten Gebieten bereits unterbunden worden, und niemand wusste, ob die Schiffe noch durchkommen würden.

An dem Tag, an dem ihr Schiff, die *Viking Star*, auslaufen sollte, verließ Marina mehrere Stunden zu früh das Hotel, weil sie wusste, dass es lange dauern konnte, bis sie die Kais erreichte. Ihr Wagen musste halten, noch bevor der Hafenbereich in Sicht war, da die Zufahrtsstraße von Hunderten verlassener Fahrzeuge blockiert war. Sie stieg aus und machte sich, mit einem Koffer in jeder Hand, auf den Weg. Ihren Schrankkoffer hatte sie zurücklassen müssen, denn man hatte ihr gesagt, dass nur zwei Gepäckstücke pro Person zulässig waren. Aber sie hatte die Adresse ihrer Mutter daraufgeklebt, nur für den Fall, dass er zu späterer Zeit nachgeschickt würde. Sie bezweifelte jedoch, ihn jemals wiederzusehen. Obwohl es noch früh war, strömten schon Scharen von Menschen zum Hafen, und während sie ging, schien die Menge immer dichter zu werden. Alle waren beunruhigt, in Angst vor einem Angriff, in Angst, zurückgelassen zu werden, und diese Unruhe verwandelte sich in eine ansteckende Massenpanik: Einer begann zu laufen und zu schubsen, und sofort fingen die Menschen um ihn herum ebenfalls an zu laufen und zu schubsen, bis alle in einer wilden, ziellosen Welle drängend, schiebend und stoßend vorwärtsströmten und gegen die Hafentore brandeten, wo diejenigen mit den Fahrkarten sich nach vorne kämpften und diejenigen ohne Tickets sich noch stärker wehrten, bis ein paar durchkamen. Marina wurde von der Woge erfasst und vorwärtsgespült, und es gab Augenblicke, wo es sie von den Füßen riss und sie befürchtete, umgeworfen, niedergetrampelt oder ihrer Koffer beraubt zu werden. Doch sie schaffte es unbeschadet bis zum Tor, wo sie ihre Fahrkarte vorzeigte, die sie fest mit ihren Fingern umkrallte, damit sie ihr niemand entriss. Sie wurde zum Kai durchgelassen, wo sie ruhiger zur Gangway gehen und sich aufs sichere Schiff begeben konnte.

Von Deck aus sah sie zu, wie sich Frauen und Kinder weinend von ihren Männern und Vätern verabschiedeten, die auf der anderen Seite der Tore feststeckten. Sie beobachtete, wie ein Matrose am Kai den Koffer eines Kindes öffnete und einen kleinen braunweißen Hund hervorholte, der trotz des heftigen Bettelns und Flehens seines Besitzers nicht an Bord durfte und danach stundenlang bellend den Kai hinauf- und hinunterflitzte, um einen Weg an Bord zu finden. Sie sah, wie ein junger Mann, der versucht hatte, zu einem Schiff zu schwimmen und an einem Tau hinaufzuklettern, zurückgeschleppt und wieder hinters Tor geworfen wurde. Sie sah, wie alle sich auf den Boden warfen, als ein japanischer Bomber über sie hinwegflog, ohne das Feuer zu eröffnen. Die Menge auf dem Schiffsdeck wurde immer dichter; die Szenen am Einlass zum Hafen immer verzweifelter; und dann war es so weit, das Schiffshorn tutete, die Leinen wurden gelöst, die großen Motoren begannen zu dröhnen, und zu Marinas unbeschreiblicher Erleichterung bewegten sie sich langsam aus dem Hafen von Singapur und hinaus aufs Meer.

Auf dem Deck wimmelte es von Frauen und Kindern mit Koffern, Teddybären und Decken. Marina beobachtete sie und bemerkte, dass der Familienalltag wenig Zeit zum Jammern oder Nachdenken ließ. Auf jede Frau, die hilflos in ihr Taschentuch schluchzte, kamen zig andere, die Butterbrote auspackten, Nasen putzten, Haarbänder richteten oder »Ich sehe was, was du nicht siehst« spielten. Für Frauen mit Kindern gab es nicht den Luxus, sich in Tränen aufzulösen oder über das nachzugrübeln, was sie verloren hatten. Es gab zu viel im Hier und Jetzt zu tun.

Marina spürte, wie ihre Erleichterung wuchs und sich in ihr ausbreitete. Zum ersten Mal seit Wochen brauchte sie keinen Luftangriff und keine Invasion zu fürchten. Ihre Flucht war geschafft, sie war auf dem Weg nach Süden, nach Hause.

Als sie ihr Ticket gekauft hatte und klarwar, dass sie nach Australien zurückkehren würde, hatte sie mehrfach versucht, ihrer Mutter einen Brief zu schreiben, um ihr Kommen anzukündigen. Aber jedes Mal wenn sie sich zum Schreiben hinsetzte, fühlte sie sich gezwungen, ihr langes Schweigen zu erklären – oder es zumindest einzugestehen –, und dann konnte sie einfach nicht mehr weiterschreiben. Schließlich hatte sie eine ganz schlichte, kurze Notiz verfasst, in der sie nur ihre Heimkehr, den Namen des Schiffs und dessen Abfahrts- und Ankunftszeit mitteilte. Am Tag vor ihrem Aufbruch hatte sie das Schreiben aufgegeben, doch da die gesamte Stadt sich in Auflösung befand, war nicht zu sagen, ob es je sein Ziel erreichen würde.

Den ganzen Tag kamen sie ohne Zwischenfall voran. Marina sah zu, wie das Meer vorbeiströmte und flache grüne Inseln am Horizont auftauchten und wieder verschwanden. Sie dachte an Odysseus, der sich am Ende von dem seltsamen Bann auf Calypsos Insel hatte befreien können und nach einer unverzeihlich langen Abwesenheit nach Hause zurückkehrte, ohne zu wissen, was er dort vorfinden würde. Eine Frau, die ihm untreu geworden war? Einen Thron, der nicht mehr ihm gehörte? Einen Sohn, der mittlerweile zum Mann geworden war? Eine Heimat, die durch Zeit, Entfernung und schmerzliche Erfahrungen fremd geworden war? Sie meinte, sich zu erinnern, dass Odysseus zu Hause wiedererkannt und willkommen geheißen worden war: zuerst von seinem Hund und den Dienern, dann von seinem Vater und seinem Sohn und schließlich von seiner Frau, um am Ende seinen rechtmäßigen Platz auf dem Thron wieder einzunehmen. Sie hingegen befürchtete, dass ihre eigene Heimkehr weniger erfreulich verlaufen würde.

An jenem Abend nahm sie in einem überfüllten Speisesaal eine einfache, dürftige Mahlzeit zu sich – weit entfernt von den üppigen Diners auf dem ersten Abschnitt ihrer Reise, aber das kümmerte sie nicht. Sie dachte bereits an die

Freuden ihrer Heimat und das Essen ihrer Mutter: Lammkeule, Bratkartoffeln und ihr ganz spezieller Apfelkuchen. Nach der Mahlzeit ging sie an Deck, um Luft zu schnappen und die Sterne zu betrachten. In ihrer Kabine war es heiß und voll: Da so viele Kinder zu evakuieren waren, hatte das Schiff mehr Passagiere aufgenommen, als es Betten gab. Marina teilte ihres mit einer Mutter und zwei Kindern, daher hatte sie keine Eile, sich schlafen zu legen. Es war besser, die Mutter brachte ihre Kinder ohne weitere Ablenkung von ihr zu Bett. An Deck versuchten andere Mütter, ihre Kinder im Freien zum Schlafen zu bringen, allerdings ohne großen Erfolg – die Kinder waren aus ihrer vertrauten Routine gerissen und zu aufgeregt. Ständig setzten sie sich wieder auf oder rannten zur Reling, um aufs Wasser zu schauen, eine Frage zu stellen, etwas zu trinken zu bekommen oder einen verlorenen Teddy zu suchen, bis die Mütter fast mit ihrer Kraft am Ende waren. Viele von ihnen hatten in Singapur oder Kuala Lumpur wohl Kindermädchen dafür gehabt, während sie selbst sich zurücklehnten und an einem Gin Tonic nippten. Aber alle Kindermädchen waren zurückgelassen worden.

Plötzlich wurde es auf dem Deck gleißend hell. Suchscheinwerfer hatten sie erfasst und in Licht getaucht, und noch bevor die Kinder aufschrecken konnten, ertönte ein lautes Dröhnen, und dann schlugen nacheinander zwei Torpedos ins Schiff. Es schaukelte heftig, das Deck kippte zur Seite, und viele Passagiere rutschten direkt ins Meer. Marina fiel auch, schlug jedoch so heftig gegen einen Pfosten an Deck, dass ihr die Luft wegblieb, sie aber nicht von Bord glitt. Irgendwo tief im Inneren des Schiffs hörte sie eine Explosion. Bald darauf drang von unten Rauch auf das zur Seite geneigte Deck, und dann sah Marina Flammen und eine Rauchwolke aus einem Loch in der Seite des Schiffs aufsteigen. Die Motoren waren verstummt, und als sie zur Brücke blickte, sah sie auch dort Feuer.

Um sie herum bemühte sich die Crew, die Rettungsboote zu Wasser zu lassen, während die Passagiere um die Rettungswesten rangelten – die bei weitem nicht für das überfüllte Schiff reichten. Sie sah Passagiere, die benommen und blutüberströmt, manche schwer verletzt, von den unteren Decks heraufstolperten und Kinder hinter sich herzogen. Das Schreien und Weinen war furchtbar und erschreckend, als Passagiere und Crew umhertaumelten, halb blind von den gleißend hellen Suchscheinwerfern. Ätzender Rauch nahm ihnen die Luft, und sie versuchten, einander zu helfen, das Schiff zu retten, auch wenn allzu bald klarwurde, dass das Schiff nicht gerettet werden konnte. Es versank immer tiefer im Wasser, die Decks legten sich immer mehr zur Seite, bis der Befehl ertönte, das Schiff zu verlassen, so dass alle Frauen und alle Kinder gezwungen waren, vom sinkenden Deck in das tiefschwarze Meer zu springen und sich irgendwie über Wasser zu halten.

Marina sprang und fing an zu schwimmen. Sie wusste, dass ein sinkendes Schiff manchmal Überlebende mit sich in die Tiefe zog und sie daher Abstand gewinnen musste. Doch überall um sie herum waren Frauen und Kinder, die kämpften und untergingen und schrien – Mummy! Mummy! David? Kitty? Ich bin hier! Ich komme! –, und obwohl sie vor lauter Verzweiflung in Panik geriet, wusste sie, dass sie sich nicht einfach in Sicherheit bringen konnte. In der Nähe schlug eine Frau wild um sich und schrie: »Hilfe! Ich kann nicht schwimmen!«, während sie gleichzeitig versuchte, ihren kleinen Jungen über Wasser zu halten, ein verängstigtes Kind, das höchstens vier Jahre alt war. Marina schwamm zu ihr, und die Frau packte in Panik nach ihr und zog sie nach unten. Marina löste sich vom Griff der Frau und kam hustend wieder nach oben. »Auf den Rücken drehen«, keuchte sie, sobald sie wieder Luft bekam. »Versuchen Sie, sich einfach treiben zu lassen. Sie haben mehr Auftrieb, als Sie denken. Und keine Panik. Ich bleibe bei Ihnen.« Wassertretend hielt Marina den Kopf der Frau so lange über Wasser, bis sie ruhig genug geworden war, um sich um das Kind zu kümmern. Dann fing sie an, beide durchs Wasser zu ziehen, weg vom brennenden Schiff, was sehr mühsam war. Sie wusste, lange würde sie das nicht durchhalten. Ihre Arme und Beine begannen schon, vor Anstrengung zu brennen, ihre Kehle war wund von Salzwasser und Öl, und ihre Rippen schmerzten dort, wo sie gegen den Pfosten geknallt war. Sie würde etwas finden müssen, an dem sie sich festhalten konnten, sonst wären sie alle verloren.

Sie blickte um sich, so gut sie konnte, und entdeckte in einiger Entfernung ein Rettungsboot. »Ich sehe ein Boot«, keuchte sie. »Bis dahin schaffe ich es. Durchhalten!« Sie kämpfte sich weiter und bemühte sich nach Kräften, Frau und Kind über Wasser zu halten. Das Kind hatte allerdings Angst und versuchte ständig, an seiner Mutter hinaufzuklettern, worauf beide wild um sich schlagend in Panik gerieten, bis Marina kaum noch Hoffnung hatte, sie zu retten. Aber am Ende schaffte sie es doch irgendwie. Zwei Matrosen zogen Mutter und Kind in das Boot, und dann fragte einer der beiden Marina: »Können Sie schwimmen?«

»Ja.«

»Sind Sie verletzt?«

»Nein.«

Daraufhin drückte er ihr das Ende eines Seils in die Hand. »Hier. Nehmen Sie das und sammeln Sie so viele im Wasser ein, wie es geht. Wir ziehen sie ins Boot. Ich würde es ja selbst machen, aber ich kann nicht schwimmen.«

Marina nahm das Seil und blickte sich wieder um. Im

Licht der Sterne sah man immer noch viele im Wasser kämpfende Gestalten. Sie steuerte diejenigen an, die ihr am nächsten waren, und fing an, so viele Menschen wie möglich einzusammeln, schwamm, wie sie noch nie in ihrem Leben geschwommen war. Doch noch während sie schwamm, wusste sie, dass es nicht reichte, denn so viele Stimmen riefen um Hilfe, kleine Mädchen und kleine Jungen und Menschen, die verletzt waren, und andere, die jemanden verloren hatten. Sie alle schrien in die Dunkelheit, aber je mehr Zeit verstrich, desto mehr Stimmen erstarben. Als sie schließlich erschöpft war und nicht mehr schwimmen konnte und der Matrose sie in das überfüllte Rettungsboot zog, waren alle Stimmen verstummt.

Den Rest jener Nacht trieben sie durch die Dunkelheit, getragen von den Strömungen zwischen den Inseln und immer auf der Suche nach vorbeischwimmendem Treibgut, in der Hoffnung, es könnte wertvolle Vorräte bergen. Das Schiff war so schnell untergegangen, dass sie kaum Zeit gehabt hatten, etwas mitzunehmen, und was der Morgen brachte, wusste nur Gott. Sie würden Nahrungsmittel und Wasser brauchen, Medikamente und Verbandszeug, aber abgesehen von einem Erste-Hilfe-Koffer und einer kleinen Flasche Wasser hatten sie nichts. Zwölf Erwachsene und fünf Kinder, davon ein Baby, befanden sich im Rettungsboot. Im Laufe der Nacht hatten sie zwei weitere Passagiere gerettet, einen mit einer Schwimmweste, den anderen mit einem Wrackteil, an dem er sich festhielt: Das ergab vierzehn, mehr, als das Boot sicher aufnehmen konnte, daher hatte man beschlossen, dass die kräftigsten Erwachsenen, die sich nicht um ein Kind kümmern mussten, zurück ins Wasser mussten. Marina gehörte zu ihnen, und die Matrosen legten so gut wie möglich Rettungsleinen aus, um sie alle am Boot festzubinden.

Das Wasser war zwar nicht besonders kalt, doch je länger sich die Nacht dahinzog, desto mehr fror Marina, außerdem brannten die Leine und das Salzwasser unangenehm auf ihrer Haut. Sie wurde so müde, dass sie wider besseres Wissen einzudösen begann, wachte aber wieder auf, sobald ihr Gesicht ins Wasser fiel. Einige auf dem Boot waren verletzt worden – eine Frau hatte schlimme Verbrennungen, eine andere wahrscheinlich einen gebrochenen Arm und eine dritte eine Kopfverletzung –, doch unter diesen beengten Umständen konnten sie kaum etwas zur Linderung ihrer Schmerzen tun, und ihr Stöhnen war schrecklich. Eine Mutter, die ihr Baby umklammert hielt, weinte ununterbrochen, weil sie ihr älteres Kind losgelassen hatte, worauf es untergegangen war. Das Baby war nass und unglücklich, und als es im Laufe der Nacht immer hungriger wurde, wurde sein Geschrei immer quälender. Schließlich döste es vor lauter Erschöpfung ein, aber allzu schnell wachte es wieder auf und jammerte und quengelte, bis Marina vollkommen verzweifelt war. Nachdem sie ein paar Stunden im Wasser getrieben waren und endlich der Mond aufgegangen war, entdeckte einer der Matrosen eine Art Kiste und schrie: »Da! Die müssen wir haben! Vielleicht ist was Nützliches drin!« Das Ganze spielte sich auf der anderen Seite des Boots ab, daher konnte Marina nicht sehen, was als Nächstes geschah, doch es gab ein Klatschen, Schreien und Fluchen, und dann sprang der Matrose, der gesagt hatte, er könne nicht schwimmen, vom Boot. Anfeuerungsrufe wie »Da!«, »Fast hättest du's gehabt!« und »Sehr gut!« ertönten, einen Moment später klatschte es allerdings wieder, und sie hörte »Zieht ihn rein!«, »Wer hat das Seil?«, »Helft ihm, helft ihm doch!«, »Ich krieg's nicht los, helft mir doch mit dem verfluchten Seil!« und »Werft ihm was zu! Schnell, irgendwas!«. Aber offenbar war so schnell nichts aufzutreiben, die Rettungsleinen konnten nicht gelöst werden, und so mussten die Leute auf der anderen Seite des Boots zusehen, wie einer der beiden erfahrenen Matrosen wild um sich schlagend unterging und nicht wieder auftauchte. Daraufhin herrschte lange Schweigen.

Sie trieben weiter, in der Hoffnung auf Rettung, in der Furcht vor der Entdeckung durch die Japaner. Schließlich wurde der Himmel heller, und man entdeckte, dass zwei der Passagiere an den Rettungsleinen in der Nacht unbemerkt untergegangen waren. Als es immer heller wurde und Inseln am Horizont auftauchten, kamen sie überein, die nächstliegende anzusteuern. Im Boot befand sich ein Ruder – das andere war anscheinend verlorengegangen, doch sie machten aus einem Stück Treibholz ein Paddel und versuchten, zur Insel zu rudern. Aber die Strömung war sehr stark und trieb sie direkt an ihr vorbei. »Rudern Sie doch stärker!«, rief eine der Mütter, als die Insel hinter ihnen zurückblieb. »Hat keinen Zweck, Kraft zu vergeuden«, erwiderte der Matrose, der am Ruder saß. »Wir haben sie verpasst. Aber hier gibt's tausend Inseln. Wir müssen nur die nächste ansteuern.« Doch die Sonne stieg stetig, das Trinkwasser war bereits verbraucht, und es gab nichts zu essen und keinen Schutz vor der sengenden Sonne. Marinas Beine waren hoffnungslos und schmerzhaft unterkühlt; als die Sonne allerdings an Kraft gewann, spürte sie, wie ihr Gesicht und die Schultern zu brennen begannen. Auf dem Rettungsboot wurde mit einem Jackett und einer Strickjacke ein notdürftiger Sonnenschutz für die Kleinsten gebaut, aber er nützte nicht viel, und für die anderen gab es keinen Schatten. Die Kinder verwelkten buchstäblich in der Hitze, das Baby jedoch wimmerte unaufhörlich und monoton vor sich hin. Die Frau mit den Verbrennungen hatte Fieber und stöhnte immer lauter, während die mit den Kopfverletzungen eingeschlafen war und nicht mehr aufgeweckt werden konnte.

Gegen Mittag bemerkten sie, wie schwere Wolken sich über ihnen zusammenzogen. »Sieht wie ein Sturm aus«, sagte einer. »Das bedeutet Regen – von dem wir so viel wie möglich sammeln müssen.« – »Sturm heißt auch Wind«, erwiderte der letzte Matrose, »und starke Regengüsse. Es könnte raue See geben.«

Er hatte recht. Bis jetzt war das Meer glatt gewesen, doch als sich der Sturm zusammenzog, begann das Boot, die Dünung hinauf- und hinunterzusegeln, und Wellen schlugen über die Seiten. Eine Bö wehte ihnen ins Gesicht, und dann ging der Regen auf sie hernieder. Marina hielt ihr Gesicht mit offenem Mund nach oben und versuchte, so viel Regenwasser wie möglich zu schlucken, aber eine Welle schlug ihr ins Gesicht, und sie schluckte mehr Salz- als Süßwasser. Der Regen prasselte, und das Boot schaukelte in den Wogen. Ein Kind wurde über Bord gespült, und eine der Frauen sprang hinter ihm her. Beide waren verschwunden, bevor man irgendwas zu ihrer Rettung tun konnte. Marina versuchte, sich von der Rettungsleine loszubinden, weil sie ihnen nachschwimmen wollte, doch sie war so mit Wasser vollgesogen, dass sie sie nicht aufbekam. Da fuhr ihr durch den Sinn, dass sie untergehen würde, wenn irgendwas mit dem Boot passierte. Aber das Boot blieb über Wasser, und schließlich legte sich der Sturm.

Sie hatten es geschafft, mit allem, was als Gefäß taugte, etwas Regenwasser zu sammeln, und teilten es nun unter sich auf.

Doch das Unwetter hatte seinen Tribut gefordert. Nur Marina hielt sich noch an der Rettungsleine fest, und im Boot waren die Frau mit den Verbrennungen und die Frau mit den Kopfverletzungen gestorben. Eine ehemalige

Krankenschwester vergewisserte sich mit dem Spiegel ihrer Puderdose, dass keine von ihnen mehr atmete, und nachdem alle dahingehend beruhigt waren, wurden ihre Leichen ins Meer gekippt. Als Marina daraufhin an Bord gezogen wurde, war sie so durchgefroren und erschöpft, dass sie sich nicht bewegen konnte. Jetzt befanden sich nur noch sieben Erwachsene und vier Kinder an Bord, die seit fast vierundzwanzig Stunden nichts mehr gegessen hatten. Der Matrose und ein Junge versuchten, ein Fischernetz herzustellen, und warfen es nach allem aus, was vorbeitrieb, aber sie fischten nichts. Eine weitere Nacht brach an, ohne dass sie Anzeichen von Japanern sahen.

In dieser Nacht bekam die Mutter des Babys Wahnvorstellungen und meinte, die Stimme ihres verlorenen Kindes zu hören. »Ich komme, Simon, Schatz! Halt durch! Ich komme dich holen!«, rief sie, und ehe sie jemand aufhalten konnte, drückte sie Marina ihren Säugling in die Arme, sprang über Bord und nahm den einzigen Rettungsring mit. »Warten Sie! Kommen Sie zurück!«, riefen die anderen. »Denken Sie an das Baby!«

»Ich schwimme ihr nach«, sagte eine der wenigen anderen Frauen, die schwimmen konnten, und stand mühsam auf. »Wo ist sie hin? Ich sehe sie nicht.« Da der Mond nicht schien, war es sehr dunkel. Der Kopf der verstörten Frau war sehr schnell unter Wasser verschwunden.

»Das ist sinnlos«, sagte eine der anderen Frauen und zog sie zurück. »Sie werden sie niemals finden.«

Einen Moment lang schwiegen alle und blickten aufs Meer, in der Hoffnung, die Frau würde wieder auftauchen, aber vergeblich. Dann drehte sich eine nach der anderen um und sah das Baby in Marinas Armen an.

»Was machen wir jetzt mit der Kleinen?«, fragte eine der Mütter.

»Ich nehme sie«, sagte die Mutter des kleinen Jungen.

»Sie haben doch schon genug zu tun«, sagte die Frau, die schwimmen konnte.

»Ich kümmere mich um sie«, erklärte Marina.

»Haben Sie denn Erfahrungen mit Babys?«

Marina spürte, wie sie rot wurde, doch es war dunkel: Niemand konnte es sehen. »Nein«, sagte sie. »Aber ich gebe mein Bestes. Weiß jemand, wie die Kleine heißt?«

»Grace«, antwortete eine prompt. »Sie ist sieben Monate alt.«

»Grace«, wiederholte Marina. »Hallo, Grace.«

Grace war ein rundliches, kompaktes Geschöpf mit drallen Ärmchen und Beinchen. Nach einem Tag ohne Essen und fast ohne Wasser hatte sie nur noch die Kraft, sich vor Unbehagen zu winden und zu quengeln, konnte sich aber nicht mehr beruhigen. Marina hielt sie fest und wiegte sie besänftigend im Arm, bis sie schließlich eindöste.

Sie trieben weiter, und der nächste Tag brach an. Wieder sahen sie eine Insel und versuchten, sie anzusteuern, doch erneut wurden sie vorbeigetrieben, bevor sie das Ufer erreichten. Dieser zweite Fehlschlag war niederschmetternd. Kurz darauf starb die Frau mit dem gebrochenen Arm und wurde ins Meer gesenkt.

Am Nachmittag kam erneut Sturm auf. Sie machten sich bereit, so viel Regenwasser wie möglich zu sammeln, aber dieses Mal endete es katastrophal. Als ein Windstoß Wasser hineinblies und das Boot zu schwanken begann, verlor der Matrose den Halt und fegte die Wasserflasche ins Meer. Drei Passagiere stürzten sich darauf, gerade als eine Welle sie von der anderen Seite traf, worauf das Boot umkippte und alle ins Meer warf. Marina glitt das Baby aus den Armen, und sie sah, wie es in die Tiefe sank. Vor

Entsetzen stockte ihr das Herz, sie tauchte ihm nach, griff blindlings im grünen Wasser um sich und bekam den Saum seines Kleidchens zu fassen. Heulend und spuckend kam die Kleine wieder an die Oberfläche. Marina drückte sie fest an ihre Brust und keuchte: »Ist schon gut. Ist schon gut. Nicht weinen, Gracie. Nicht weinen.« Der Regen schlug ihr ins Gesicht, und die Wellen brachen über ihnen zusammen, während sie ihr Bestes gab, mit einem dicken, um sich schlagenden Baby in den Armen über Wasser zu bleiben. Um sich herum sah sie noch ein paar der anderen, doch es waren bereits weniger geworden. Wie durch ein Wunder hatte das Rettungsboot sich wieder umgedreht und trieb nun führerlos, leer und verlockend nahe an ihr vorbei. Trotz ihrer Erschöpfung kraulte Marina mit einem Arm dorthin, während sie mit dem anderen den Kopf des Babys über Wasser hielt, sah aber, dass das Boot von ihr wegdriftete. Dann spürte sie, wie etwas sie streifte – es war eine Leine vom Boot. Sie griff nach ihr und zog daran: Sie spannte sich, sie war am Boot festgebunden. Mit einer Hand hielt sie sich daran fest, mit der anderen stützte sie den Säugling und schwamm unendlich langsam am Seil entlang aufs Boot zu. Sie hatte solche Angst, entweder das Seil oder das Baby zu verlieren, dass sie dachte, sie würde es niemals schaffen, doch endlich konnte sie den Bootsrand umfassen. Sie hob Grace in die Höhe und schob sie ohne große Umstände über den Rand. Das Baby landete mit einem dumpfen Schlag und fing an zu schreien, aber ein kleiner Stoß war wohl nichts gegen die Gefahr des Ertrinkens. Mit allerletzter Kraft legte sie beide Hände auf den Bootsrand und stemmte sich zurück ins Boot. Es schwankte zwar alarmierend, kippte allerdings nicht wieder um. Sofort nahm sie Grace auf den Arm und tröstete sie. Erst dann sah sie sich nach den anderen um.

Aber wohin sie auch blickte, da war niemand. Sie war ganz allein mit dem Baby.

Alles, was sie aus dem Wrack hatten sammeln können, war verloren, auch das Ruder, die Wasserflasche und der provisorische Sonnenschutz für die Kinder. Marina entdeckte eine mit Kordel am Boot befestigte Blechdose und stellte sie aufrecht, um so viel Wasser wie möglich aufzufangen, bevor es aufhörte zu regnen. Sie hatte noch einen Lippenstift in ihrer Tasche und benutzte den Deckel, um Wasser in Grace' Mund zu träufeln. Grace trank es gierig und sperrte den Mund weit auf. So schnell wie möglich füllte Marina den Deckel nach und gab ihr schluckweise zu trinken, wusste aber, dass es nicht reichte. Es war ihr zweiter Tag ohne Essen und fast ohne Trinken. Zwar wusste sie nicht viel über Babys, war sich jedoch ziemlich sicher, dass selbst ein kräftiges Kind unter solchen Bedingungen nicht lange überleben konnte.

Als es aufhörte zu regnen, schob Marina sorgfältig den Deckel über ihren Lippenstift. Sie wiegte Grace in den Armen und sang ihr vor:

The water is wide, I cannot get o'er
And neither have I wings to fly
Give me a boat that will carry two
And both shall row, my love and I.

Trotz der Wolken brannte die Sonne, und ihre Kleider dampften. Marina versuchte, die Kleine so gut wie möglich mit ihrem Körper abzuschirmen. Grace war quengelig und wand sich unruhig in ihren Armen, doch schließlich schlief sie ein, und als sie wieder aufwachte, schien ihr das kurze Nickerchen genug Kraft gegeben zu haben, um Marina mit großen, wachen Augen anzusehen und ihr Gesicht zu betrachten, als fragte sie sich, wer dieser neue Mensch wohl war. Diese Frage war in ihren großen braunen Augen deutlich zu sehen, und Marina erwiderte ihren Blick, sprach mit ihr und versuchte, sie zum Lächeln zu bringen, was manchmal, zu ihrer großen Überraschung, sogar gelang. Aber schon bald wurde Grace wieder müde, die Augen fielen ihr zu, sie begann erneut zu zappeln und zu quengeln, und Marina konnte sie nur an sich drücken, sie trösten und sorgsam mit dem Trinkwasser und ihrer Hoffnung umgehen, dass ihr Schicksal sich wenden würde.

Am späten Nachmittag dieses zweiten Tages tauchte eine Silhouette am Horizont auf. Es war ein Schiff, und als es näher kam, erkannte Marina, dass es ein Kriegsschiff war.

»Ein Schiff, Gracie. Ein Schiff! Vielleicht haben wir Glück und sie bringen uns nach Hause!«

Gracie fest an sich gedrückt, winkte sie, so heftig sie konnte, und wurde belohnt, als das Schiff den Kurs änderte und auf sie zukam. Mit Bildern von einem weichen Bett, einer warmen Mahlzeit und einer Flasche Milch für Gracie im Kopf sah sie zu, wie das Schiff vor der untergehenden Sonne auf sie zufuhr, doch als es schließlich an ihnen vorbeirauschte, gehörten die staunenden Augen, die vom Deck auf sie herabblickten, japanischen Seeleuten.

Sofort fielen Marina alle Geschichten über das ein, was die Japaner mit Zivilisten anstellten, und sie verlor den Mut. Aber sie drückte Gracie nur an sich, sagte mit betont munterer Stimme: »Vielleicht ist heute einfach nicht unser Glückstag«, und harrte der Dinge, die da kommen mochten.

Changi, 1942–45

Im Lager hielten sie zwei Dinge am Leben.

Als Erstes die Musik. Eines Morgens tauchte ein Klavier auf, und niemand ließ durchblicken, woher es kam; offenbar hatte jemand in der Nacht den Zaun überwunden und es besorgt. Wie man es dann ins Lager geschafft hatte, war ein weiteres Rätsel. Aber da es nun schon da war, erlaubten die japanischen Wachen ihnen offenbar, es zu behalten, und es wurde unverzüglich in Gebrauch genommen.

Natürlich war Marina nicht die einzige Klavierspielerin; viele Frauen im Lager konnten Klavier spielen. Doch kaum hatten die anderen sie einige der Songs spielen hören, die sie im Golden West gelernt hatte, war sie eine gefragte Frau. Sie spielte alle Lieblingslieder: *We'll Meet Again* und *It's a Lovely Day Tomorrow* und *White Cliffs of Dover*, wenn sie traurig waren, und *In the Mood* und *It Don't Mean a Thing* und *Boogie Woogie Bugle Boy*, wenn sie tanzen wollten. Sie spielte, wann immer sie jemand darum bat, und obwohl sie das, was sie spielte, früher nicht als ernstzunehmende Musik betrachtet hatte – schließlich waren es nur Popsongs –, wurde ihr jetzt, je länger sie spielte, klar, dass die Bedeutung von Musik nicht davon abhing, wie komplex oder ambitioniert sie war, sondern davon, was sie bewirkte. Im Lager, wo ihnen so viel genommen worden war, gab die Musik ihrem Leben ein Gefühl von Reichtum, Lebendigkeit, Schönheit und Fülle, das so leicht zu verlieren war. Die Musik war eine Tür in eine andere Welt, in ein Leben jenseits des Krieges. Musik sprach von Freud und Leid, von Sex, Verlangen und Lust, von Trost und Heimat, und sie sprach einen tiefer an als Wörter oder Vorstellungen. Musik war keine Vorstellung, sondern ein Gefühl und bewegte einen jenseits aller Gedanken und aller Vernunft tief im Inneren.

Oberflächlich gesehen unterschied sich Marinas Aufgabe im Lager kaum von ihrem früheren Job im Golden West. Dort hatte sie zur Unterhaltung gespielt, und hier tat sie dasselbe. Aber je mehr Zeit verstrich, desto mehr veränderte sich ihre Sicht auf die Dinge. Bei ihrer Arbeit und ihrem Leben mit Harry war es nur um Darstellung gegangen. Sie hatte täglich Harrys schöne, elegante Muse dargestellt, ob sie nun im Club spielte oder einen Einkaufsbummel auf der Nanjing Road unternahm. Sie gab ihre Darstellung als musikalische, raffinierte Schönheit, und die Songs, die sie spielte, waren Teil davon. Sie waren glamourös gewesen, glatt und kultiviert, genau das, was ihr Publikum hatte hören wollen, und es hatte irgendwie ihrer Eitelkeit geschmeichelt, drei, vier Nächte pro Woche dort oben zu sitzen, lächelnd ihre Rolle zu spielen und dafür bewundert zu werden. Aber die ganze Zeit, während sie *A Place in My Heart* für englische Banker, japanische Offiziere und chinesische Gangster klimperte, hatte sie einen Hauch Verachtung empfunden für das, was sie tat, und das, was sie spielte. Es war keine Musik. Es war etwas anderes. Sie hatte sich eingeredet, dass es ihr nichts ausmachte. Wirklich.

Aber wenn sie im Lager spielte, begann etwas in ihr, sich langsam aufzulösen und dann zu etwas Neuem zusammenzufügen. Von dem Moment an, als sie Sydney verlassen hatte, hatte sie sich zunehmend verloren gefühlt, wie eine führerlos auf dem Meer treibende Barke, während das Einzige, was ihrem Leben einen Sinn gab, immer weiter in der Ferne verschwand. Hier im Lager war Musik wieder Freude, so als würde sie sich erst jetzt daran erinnern, wozu sie gedacht war. Es war die wahre, die geheime Sprache des Herzens, die die Verschleierungen und Entstellungen der Worte umging und direkt durch die Mathematik der Töne und Intervalle, Harmonien und Rhythmen sprach, um etwas Göttliches – oder zutiefst Menschliches – zu erschaffen. Wann immer sie die Möglichkeit hatte, schlich sie sich zum Klavier – als wäre es ihr Geliebter. Obwohl es schon Jahre her war, fielen ihr nach und nach einige ihrer Lieblingsstücke ein, und sie spielte sie immer wieder, rief sie sich in Erinnerung, entdeckte und erforschte sie neu, so dass sie wieder reich, vielschichtig und lebendig wurden. Ihre technischen Fähigkeiten kehrten zurück, und sie vertiefte sich in ein paar ihrer Paradestücke, die sie für Prüfungen und Aufführungen gelernt hatte, entdeckte die Kraft in ihren Fingern wieder, aber auch Dinge, die sie vorher nicht in den Stücken gesehen hatte: Klänge, jedoch auch den Geist, den Gesang hinter den Noten, den roten Faden, das Gefühl, das Herz.

Sie traf eine andere Frau im Lager, die ihre Liebe zur Musik teilte und ihren eigenen Vorrat an Lieblingskonzerten und -sonaten hatte. Während der langen Tage, in denen sie über ihren Reisrationen saßen, ihre Zellen ausfegten, Essbares und Brauchbares suchten, fabrizierten und flickten, rekonstruierten sie diese Stücke nur mit ihren Stimmen, summten und sangen sie einander vor, verglichen Aufnahmen und Aufführungen, so dass ihr geistiges Repertoire half, die gähnende Leere zu füllen, die der Hunger verursachte.

Das Zweite, was sie am Leben erhielt, war Grace.

Nachdem sie von den Japanern gerettet worden waren, kamen sie auf ein anderes Schiff, das sie zu ihrer Bestürzung direkt zurück nach Singapur brachte. Dort wurden sie mit einer Handvoll weiterer Überlebender nach Changi ins Internierungslager gesteckt, wo Tausende von Männern und etwas weniger Frauen und Kinder von den Japanern gefangen gehalten wurden. Als sie dort ankam, erzählte sie den Verantwortlichen ihre Geschichte und beschrieb möglichst viele Details vom Schiff, den Überlebenden, ihrer Herkunft und ihrem Schicksal, weil sie hoffte, das Rote Kreuz würde diese Informationen an verzweifelt auf Nachrichten wartende Verwandte weiterleiten. Die Verantwortlichen wussten nicht, was sie mit Grace machen sollten.

»Ihre Mutter ist tot?«

»Ich glaube, ja.«

»Und Sie wissen nichts über ihren Vater?«

»Gar nichts. Die Mutter war in ziemlich schlimmem Zustand und sagte nicht viel, bevor sie ging.«

»Also könnte das Kind auch eine Waise sein?«

»Möglicherweise. Ich weiß es nicht.«

Die beiden Frauen sahen einander an. »Vielleicht wäre jemand bereit, sie zu sich zu nehmen?«

»Wir könnten Mrs Sturgess fragen.«

»Oder Mrs Hamilton.«

»Das ist nicht nötig«, sagte Marina entschieden. »Ich kümmere mich um sie.«

»Aber wenn Sie keine eigenen Kinder haben, meine Liebe –«

»Ein Kind in diesem Alter und unter diesen Bedingungen: Sie haben ja keine Ahnung, was Sie da auf sich nehmen!«

»Ihre Mutter hat sie mir anvertraut«, erwiderte Marina fest, »und ich habe bis jetzt dafür gesorgt, dass es ihr gutgeht. Wenn Sie nichts dagegen haben, möchte ich es weiter versuchen.«

Die Frauen zogen zwar die Augenbrauen in die Höhe, als sie das hörten, aber Marina ließ sich von ihrem Vorhaben nicht abbringen. »Nun«, sagte eine der beiden, »dann suchen wir Ihnen wohl besser eine Unterkunft.«

Es waren etwa vierhundert Frauen und Kinder in den Betonzellen des Gefängnisblocks untergebracht. Der Raum, den man Marina und Grace zuwies, war knapp zwei mal drei Meter fünfzig groß, hatte in der Mitte eine Betonplatte für das Bett und an einem Ende ein chinesisches Plumpsklo. In einer der Wände war ein winziges vergittertes Fenster eingelassen, aber viel zu hoch, um hinauszublicken. Zwei Frauen teilten sich bereits den Raum. Eine, Mrs Sullivan, war Australierin; die andere, Mrs Jenkins, Engländerin. Sie zogen Streichhölzer für die Platte – sie ging an Mrs Sullivan, und Marina und Mrs Jenkins schliefen daneben auf dem Boden. Für Grace wurde ein Bettchen gefunden, das am Fußende von Marinas Lager stand. Zuerst dachte sie, sie würde sich niemals daran gewöhnen, auf Stein zu schlafen. Nachts kroch ihr die Kälte in die Knochen, bis sie meinte, sie würden zerspringen, und selbst als sie sich eine Decke und einen mit Heu gefüllten Sack als Matratze ergattert hatte, störte die Kälte sie immer noch, doch sie gewöhnte sich daran. Zuerst war auch der Lärm überwältigend: der metallische Widerhall der ständigen, nicht mal nachts endenden Schritte auf den stählernen Gängen und Treppen vor ihrer Zellentür; die Geräusche Hunderter, in winzige Zellen gepferchter Frauen und Kinder, deren Schnarchen, Husten, Reden und Weinen von den harten Wänden zurückgeworfen wurden. Aber mit der Zeit gewöhnt man sich an alles, und bald wurde Marina nachts nur noch von den Geräuschen geweckt, die Grace von sich gab.

Grace entpuppte sich als ausgeglichenes kleines Mädchen mit sonnigem Gemüt, wachem Blick und stetem Lächeln, obwohl die Zustände im Lager ihr sehr zusetzten. Ein hungriges Baby kann nie wirklich glücklich sein, und trotz Marinas Anstrengungen hatte Grace wie alle anderen Kinder immer Hunger. Aber Marina hatte mehr Glück als andere: Obwohl ihr Gepäck verlorengegangen war, waren die Kleider, die sie beim Schiffbruch angehabt hatte, mehr oder weniger unversehrt geblieben, daher hatte sie noch das eingenähte Geld. Sie fragte sich, was Harry wohl davon gehalten hätte, wenn er gewusst hätte, dass sie sein Geld für Milchpulver und all die anderen Dinge ausgab, die man für ein kleines, aus dem Meer gefischtes Mädchen brauchte.

Mrs Sullivan fielen fast die Augen aus dem Kopf, als Marina ihr den kleinen Schatz zeigte, den sie in ihrem Rock versteckt hatte. »Gute Güte, lassen Sie das bloß niemanden sehen!«, sagte sie. »Was haben Sie gemacht? Eine Bank ausgeraubt?«

»Damit sollte ich zurück nach England kommen«, erwiderte Marina.

»Dann ist wohl nicht alles nach Plan verlaufen«, sagte Mrs Sullivan.

Mrs Sullivans Mann hatte auf der Malaiischen Halbinsel eine Zinnmine geleitet, und ihre beiden halbwüchsigen Söhne gingen auf ein Internat in Melbourne. Mrs Jenkins' Mann hatte als Buchhalter in der Mine gearbeitet. Die Japaner waren praktisch ohne Vorwarnung bei ihnen eingefallen, so dass Mrs Sullivan, Mrs Jenkins und noch ein paar Ehefrauen kaum Zeit gehabt hatten, einen Koffer zu packen, bevor sie mit einem schrottreifen Laster entkamen. Die Männer waren zurückgeblieben, um das Mineninventar unbrauchbar zu machen, damit es dem Feind nicht in die

Hände fiel. Seit Februar hatten sie nichts mehr von ihnen gehört.

Marina achtete darauf, ihren Zellengenossinnen nicht zu viel von ihrer eigenen Geschichte zu erzählen, aber diese fragten kaum nach, wie sie in Shanghai gelebt oder warum ihr Boss ihr so viel Geld gegeben hatte, wenn er doch nur ihr Chef war. Erst später entdeckte sie, dass beide Frauen davon ausgegangen waren, die Geschichte über Grace' über Bord gesprungene Mutter wäre eine Lüge gewesen, um den Umstand zu vertuschen, dass sie ein uneheliches Kind hatte.

»Wieso sollte ich so eine Geschichte erfinden?«, fragte Marina, als sie sich vom ersten Schock erholt hatte.

»Ja, ich weiß«, lachte Mrs Sullivan. »Warum nicht einfach einen Ehemann erfinden – wilde Romanze, tragischer Tod. Aber bei solchen Sachen sind die Menschen nicht immer klug.«

»Beim Lügen?«

»Genau. Obwohl es eigentlich offensichtlich war, dass Sie keine Mutter sind. Jeder konnte sehen, dass Sie, als Sie hier ankamen, nicht die geringste Ahnung hatten, was zu tun war«, erklärte Mrs Sullivan lächelnd.

»Aber da waren Sie nicht die Einzige«, fügte Mrs Jenkins hinzu. »Einige der Mütter hier mussten sich nie mehr als fünf Minuten um ihre Kinder kümmern. Ohne ihre Kindermädchen sind sie verloren!«

Mrs Sullivan hatte ihre eigenen Jungen in verschiedenen rauen Gegenden in Australien und auf der Malaiischen Halbinsel aufgezogen, und das größtenteils allein. Mrs Jenkins war erst seit einem Jahr verheiratet und hatte noch keine Kinder. Aber beide sahen auf die reichen Frauen im Lager herab, die ihren eigenen Kindern hilflos gegenüberstanden, weil sie nicht gewohnt waren, ohne Komfort zu leben, und nicht gewillt, mit anzupacken und zu helfen. Doch

Marina hatte ihre Anerkennung und Bewunderung dafür, dass sie Grace bei sich aufgenommen hatte, und sie halfen ihr, wo sie nur konnten.

Grace liebte Marina wie ihre eigene Mutter, und Marina liebte sie ebenfalls. Am Anfang kam sie sich seltsam vor, wie eine Hochstaplerin, sie hatte Angst, Fehler zu machen, und fürchtete, jeden Moment könne jemand kommen und Grace zurückfordern. Aber Mrs Sullivan gab ihr Ratschläge, wenn es nötig war, und Marina und Grace lernten, einander zu verstehen. Sie bildeten ihre eigene kleine Familie, und langsam bekam Marina das Gefühl, dass Grace wirklich zu ihr gehörte. Am Anfang, als Grace noch klein war, spielte Marina Klavier, wenn sie schlief. Als sie älter wurde, hämmerte sie gern selbst auf den Tasten herum oder tanzte zu den Melodien, die Marina spielte. Und wenn sie allein waren, erzählte ihr Marina von ihrer Kindheit und ihrem Elternhaus, vom Blick auf den Hafen und von den Schiffen, die sie von ihrem Fenster aus sehen konnte. Sie erzählte vom Baum im Vorgarten und dem herrlichen australischen Sommer, über Eiscreme am Bondi Beach und elegante Damen, die bei David Jones Tee tranken. Grace liebte diese Geschichten, obwohl sie keine Ahnung hatte, was Eiscreme war, und noch nie einen Scone gegessen hatte. »Wenn wir nach Hause kommen, wirst du all das bekommen«, versicherte Marina ihr. Und als Grace alt genug war, um etwas zum Gespräch beizutragen, sprach sie selbst von Sydney, als wäre es auch ihre Heimat.

Obwohl Marina wusste, dass Grace nicht ihr Kind war, fühlte sie im Herzen etwas ganz anderes. Das Schicksal hatte ihr Grace geschenkt – wieso sonst wäre sie ihr so in den Schoß gefallen? Sie hatte ein Baby verloren, aber die Götter hatten ihr ein anderes gegeben, und dieses Mal hatte sie es gerettet, es aus der Tiefe gezogen und in Sicherheit gebracht, und diese Rettung kam ihr langsam wie eine Wiedergutmachung für ihr erstes Versagen, für ihren ersten Verlust vor. Grace war kein Ersatz für ihr eigenes Kind; sie war ein eigenständiger Mensch, lebendig, besonders und vollkommen. Doch für Marina war sie ein Geschenk, und mit der Zeit glaubte sie, dass Grace wahrscheinlich wirklich eine Waise war und sie sie bei ihrer Rückkehr adoptieren und für immer behalten konnte. Es war eine Sache, eine ledige Mutter zu sein, aber eine ganz andere, ein mutiges Mädchen zu sein, das sich um eine Kriegswaise kümmerte. Dagegen konnte ja wohl niemand etwas einwenden, oder?

Trotzdem wurde sie immer wieder daran erinnert, dass Grace nicht ihr Kind war. Sie kannte Grace' Nachnamen nicht, und jedes Mal wenn sie ihren Namen auf eine Liste setzte – was oft geschah –, musste sie daran denken, dass Waters, der Nachname, den sie für sie gewählt hatte, erfunden war. Und wenn eine der anderen Frauen fragte: »Wann hat sie denn Geburtstag?«, dann konnte Marina keine Antwort geben. Falls Grace wirklich sieben Monate alt gewesen war, als sie in Marinas Obhut kam, dann musste sie im September 1941 geboren worden sein. Also entschied sie sich für den 15. September, aber sie hatte keine Ahnung, wie nah dieses Datum dem eigentlichen Geburtsdatum kam. Die Frauen hier machten viel Aufhebens um Geburtstage; sie hamsterten Essensrationen und kleine Geschenke, damit angemessen gefeiert werden konnte. Zu ihrem ersten Geburtstag bekam Grace eine Lumpenpuppe und einen kleinen Teddybären, die liebevoll aus sorgfältig gehorteten Stoffresten zusammengenäht worden waren. Grace gefielen zwar beide, aber der Teddy war ihr besonderer Liebling, und ohne ihn konnte sie nicht schlafen.

Als sie jenen ersten Geburtstag feierten, schien es unvorstellbar, dass sie so lange an diesem Ort festgehalten werden würden, doch die Tage schleppten sich dahin und wurden zu Wochen und Monaten. Ihre Rationen wurden weniger, dann wieder mehr und dann wieder weniger. Durchfall und Malaria waren allgegenwärtig, aber Marina tat alles, um Grace vor dem Schlimmsten zu schützen, kaufte zu immer unverschämteren Wucherpreisen eine Hefepaste namens Marmite gegen Beriberi und ein Moskitonetz gegen Malaria. Grace hasste das Moskitonetz und wehrte sich dagegen, doch Marina blieb hart, hütete es jeden Tag vor Diebstahl und hüllte Grace jede Nacht darin ein. Sie selbst hatte nicht so viel Glück: Ihr erster Malariaanfall kam Ende des ersten Jahres, und von da an folgte alle zwei bis drei Monate ein weiterer Anfall, der sie jedes Mal zwei Wochen auf die Krankenstation brachte. Aber sie kämpfte sich weiter durch die trostlosen, immer gleichen Tage des Lageralltags: Pflichten und Mahlzeiten, Schlangestehen und immer wieder Appelle, um gezählt zu werden. Es gab jede Menge Aktivitäten: Geburtstage, Konzerte, Musikunterricht für die Kinder, alle möglichen Treffen und Vorträge, um sie beschäftigt zu halten. Dennoch herrschte entsetzlich quälende Langeweile. Ständig gab es neue Gerüchte, endlose Gerüchte: Sie sollten umquartiert werden, das Lager würde geschlossen werden; sie würden nach Hause geschickt, sie würden nach Japan verschifft, sie würden ins Arbeitslager kommen, sie würden alle erschossen werden. Nichts von alldem wurde jemals wahr, trotzdem zehrte es sie auf, blieb ihnen doch dadurch ständig im Bewusstsein, wie ohnmächtig sie waren.

Aber es gab auch schöne Momente. Eines Tages wurde verkündet, die Frauen dürften einen Badeausflug machen. Sie wanderten eine lange Strecke durch die sengende Sonne, bis sie einen Strand erreichten. Nach so vielen Monaten, in denen sie nur graue Wände gesehen hatten, versetzte sie der wunderschöne Anblick des unendlich weiten glitzernden blauen Meeres schlagartig in eine andere Welt. Marina ließ Grace mit Mrs Jenkins am Strand zurück, damit sie im Sand spielen konnte, und stürzte sich in die Fluten. Es war Jahre, wirklich Jahre her, seit sie zum letzten Mal zum Spaß geschwommen war; es war ein köstliches Gefühl, das kalte Wasser auf ihrer Haut zu spüren, und so aufregend, dass sie fast meinte, den ganzen Weg nach Australien schwimmen zu können. Sie wagte sich so weit wie möglich hinaus und blickte dann zurück zum Strand, der ihr schon sehr fern erschien. Eine Wache hatte sie gesehen und winkte ihr wütend mit der Waffe, daher seufzte sie und schwamm mit großen Zügen ans Ufer zurück. Die Kinder hüpften kreischend und spritzend im flachen Wasser herum, und als Marina ankam, ging Mrs Jenkins mit Grace zum Wasser hinunter und ließ sie vorsichtig ihre Zehen hineintauchen.

»Hast du schon mal so viel Wasser gesehen?«, gurrte Mrs Jenkins. Grace quietschte, als eine winzige Welle über ihre Beine spritzte, aber Marina lachte beruhigend, und schon bald platschte und paddelte Grace mit den Mutigsten herum und kreischte vor Vergnügen.

»Wenn wir wieder nach Hause kommen, machen wir das jeden Sommer«, versprach Marina, und Grace strahlte sie an.

An den Abenden sprachen sie vor allem über ihr Zuhause und darüber, wen sie dort wiedersehen würden. Mrs Sullivan und Mrs Jenkins hatten schon erfahren, dass ihre Männer noch lebten, jedoch in verschiedenen Lagern, und beide redeten endlos darüber, was sie tun würden, wenn sie erst wieder zusammen wären. Mrs Sullivan hatte zahlreiche Pläne für das Haus, das sie nach ihrer Rückkehr in Melbourne beziehen würden. Sie hatte vieles von ihrem besten Inventar zurückgelassen, als sie auf die Malaiische Halbinsel übersiedelte, und nichts machte ihr mehr Spaß, als sich vorzustellen, wie es sich anfühlen würde, wieder in ihrem eigenen Bett zu schlafen, oder was sie im Garten pflanzen und wohin sie ihre antike Uhr, ihre Anrichte und ihr bestes Porzellan hinstellen würde, das sie zur Hochzeit geschenkt bekommen hatte (»In fünfzehn Jahren Ehe habe ich nicht ein einziges Stück davon zerbrochen, nicht ein einziges!«). Mrs Jenkins hingegen beabsichtigte, endlich ihre eigene Familie zu gründen. Sie wollte zu Anfang ein Pärchen, erst einen Jungen, dann ein Mädchen. Sie hatte schon ihre Namen ausgesucht, obwohl sie ihren Mann auch ein Wörtchen mitreden lassen wollte, falls er das Bedürfnis verspürte. Mr Jenkins stammte aus einer Kleinfamilie und wollte viele Jungen; Mrs Jenkins, die drei Brüder hatte, war davon nicht so begeistert. Sie wollte erst einmal abwarten und nach den ersten beiden Kindern entscheiden.

Zuerst hielt sich Marina mit Erzählungen ihres eigenen Liebeslebens zurück, doch je mehr Zeit verstrich, desto mehr Einzelheiten kamen heraus. Mrs Sullivan war jemand, der gut zuhören und sich seinen Teil dazu reimen konnte, sie schien viel über menschliches Verhalten zu wissen, hielt sich aber mit Urteilen zurück. Langsam und geduldig entlockte sie Marina ihre Geschichte mit Stead – wie sie sich in Sydney begegneten, die nicht eingehaltene Verabredung zu Silvester, ihr Beinahetreffen in Shanghai und die letzten schrecklichen Wochen in Singapur. Nur den Teil mit dem Baby ließ Marina aus – wie immer, wenn die Frage aufkam, was sie einen Großteil des Jahres 1939 gemacht hatte, erzählte sie, sie wäre schrecklich krank gewesen und hätte sich nur langsam erholt.

»Was für eine romantische Geschichte!«, sagte Mrs Jenkins, als sie endlich alles gehört hatten. »Im Vergleich dazu ist meine eigene Liebesgeschichte ziemlich langweilig. Wir lernten uns kennen, gingen ins Kino, er machte seinen Antrag, und wir heirateten. Ende.«

»Zumindest haben Sie geheiratet«, bemerkte Marina.

»Nichts gegen eine langweilige Liebesgeschichte«, sagte Mrs Sullivan. »Ich für meinen Teil hatte genug Aufregungen. Wäre ein netter, ruhiger Samstagabend zu Hause nicht schön, an dem man mit seinem Mann und einer Tasse Kakao die Füße hochlegt und Radio hört?«

Marina versuchte, sich vorzustellen, wie Stead und sie in zueinanderpassenden Ohrensesseln vor einem Kamin saßen und sich ein schönes Violinkonzert von Mozart anhörten, aber es gelang ihr nicht.

»Mir wären ein Bier mit Limonade und ein Tanzlokal lieber«, sagte Mrs Jenkins.

Nachdem Marina ihre Geschichte erzählt hatte, versuchten Mrs Sullivan und Mrs Jenkins zuerst, sie dazu zu bewegen, Stead in ihre Träume von zu Hause mit einzuweben, doch Marina wehrte sich dagegen. Zweimal hatte sie sich erlaubt zu träumen, Stead würde sie retten: einmal in Hawthornden House und einmal in Singapur. Und in gewisser Weise hatte er sie auch gerettet: Der Gedanke an ihn hatte ihr geholfen, aus Shanghai heraus- und von der *Princess Greta* herunterzukommen, aber sie durfte nicht hoffen, ihm noch einmal zufällig zu begegnen. Sie hatte so viel Glück gehabt, mehr konnte man für ein Leben nicht erwarten. Sie konnte einfach nicht weiterträumen, hoffen und auf seine Rückkehr warten. Stead war fort, und sie würde sich ein Leben ohne ihn aufbauen müssen.

Doch die Welt schien ihr trister ohne ihn.

Ihren zweiten Geburtstag feierte Grace im Lager, kurz nach ihrem dritten Geburtstag wurden die Frauen allerdings in ein neues Lager auf der Sime Road verlegt. Die Hütten dort waren genauso eng und voll, aber es gab auch ein paar Bäume, und die Umgebung war grüner, was Marinas Stimmung ein wenig hob. Grace war kein Kleinkind mehr, sondern ein drahtiges kleines Mädchen voller lustiger Einfälle, das die elenden Bedingungen im Lager nicht zu bedrücken schien. Marina versuchte ein paarmal, ihr einfache Melodien auf dem Klavier beizubringen, doch Grace tanzte und sang lieber und erfand Lieder ohne rechte Melodie.

Anfang 1945 war Harrys Geld aufgebraucht; von nun an konnte sie alles, was über ihre zunehmend mageren Rationen hinausging, nur noch zusammenkratzen. Es trafen immer schlimmere Nachrichten ein: Im Februar erfuhren sie, dass Mrs Jenkins' Mann gestorben war; im März folgte ihm seine Frau. Grace war zum ersten Mal ernsthaft krank; Marina wich nicht von ihrer Seite und versuchte, durch reine Willenskraft zu erzwingen, dass es ihr besserging. Das gelang auch, aber danach war Grace nicht mehr dieselbe: Geschwächt durch die Krankheit, verwandelte sich ihre charakteristische Munterkeit immer mehr in Reizbarkeit, und jedes Mal, wenn sich ihr Zustand verschlechterte, befürchtete Marina, die nächste Krankheit könnte ihre letzte sein. Die Gerüchte verstummten nicht, und obwohl alle überzeugt schienen, dass der Krieg für die Japaner übel enden würde, war ihr eigenes Schicksal doch ungewiss. Die Japaner konnten unberechenbar und grausam sein, und selbst wenn sie den Krieg verloren, bestand immer noch die Gefahr, dass sie sich in einem letzten Akt der Gemeinheit an ihren Gefangenen rächen würden.

Doch dann sickerte die Nachricht durch, dass über Hiroshima eine Bombe abgeworfen worden war; Japan schwankte. Schon bald darauf war es vorbei. Sie waren frei.

Marina ließ sich für die Rückkehr nach Sydney registrieren. Sie erzählte dem Mann vom Roten Kreuz Grace' Geschichte in der Gewissheit, dass darauf nichts nachfolgen würde und sie das Mädchen mit nach Australien nehmen könnte. Die Frauen im Lager schrieben Empfehlungsschreiben und legten ein gutes Wort für Marina ein: *Für Grace hätte nicht besser gesorgt werden können. Marina war eine ausgezeichnete Mutter. Es wäre grausam, sie zu trennen.* Grace plapperte aufgeregt über alles, was sie sehen und tun würden, sobald sie in Sydney wären. Es hieß, ein Schiff sei unterwegs, um sie nach Hause zu bringen.

Eines Tages saßen sie zusammen im Schatten und betrachteten ein Bilderbuch, das mit einem Paket vom Roten Kreuz gekommen war – es war ein Tierbuch, und Grace fragte gerade: »Gibt es im Taronga Zoo Elefanten? Und Kängurus?«, und Marina antwortete: »Ja, ja natürlich« –, als Mrs Sullivan zu ihnen kam, in Begleitung eines Mannes vom Roten Kreuz und eines anderen Mannes, der eindeutig gerade aus einem der Internierungslager für Männer entlassen worden war. Er war erschreckend mager – fast schon wie ein Skelett –, doch als Marina zu ihm aufblickte, schenkte er ihr ein mutwilliges Lächeln, das zeigte, dass ihn sein Kampfgeist noch nicht ganz verlassen hatte.

»Marina«, sagte Mrs Sullivan, »hier sind zwei Herren, die Sie gerne kennenlernen möchten. Dies ist Mr Andrews vom Roten Kreuz, und dies ist Mr Maguire.«

»Sehr erfreut, Sie kennenzulernen«, begann Mr Andrews und gab ihr die Hand.

»Ebenso«, sagte Mr Maguire. »Ich glaube, ich habe Ihnen sehr zu danken.«

Marina sah zu ihm hoch und spürte, wie ihr flau im Magen wurde. »Tatsächlich?«

»Wir glauben, dass Grace Mr Maguires Tochter ist«, erklärte Mr Andrews.

Marina spürte, wie sie ihren Griff um Grace verstärkte, die auf ihrem Schoß saß, und die Kleine drückte sich an ihren Brustkorb.

Mr Maguire ging mühsam vor Grace in die Hocke und schaute sie forschend an. »Hallo, Gracie«, sagte er.

Grace verbarg ihr Gesicht an Marinas Schulter. Marinas Herz fing an zu rasen. »Aber – aber – sind Sie sicher? Ich dachte –«

»Sie waren auf der *Viking Star*, ist das korrekt?«, fragte Mr Andrews.

»Ja«, antwortete Marina.

»Ich habe Florence und die Kleinen persönlich auf das Schiff gebracht«, sagte Mr Maguire. »Simon war fünf Jahre und Gracie war sechs Monate alt. Ich konnte nicht mit, weil ich kein Ticket bekam – und als ich interniert wurde, dachte ich, dass zumindest sie unbeschadet rausgekommen wären. Erst ein paar Monate später erfuhr ich, was mit ihrem Schiff passiert war. Ich kann Ihnen sagen, dass mich das fast umgebracht hätte. Aber man muss ja weitermachen, nicht wahr?«

Marina nickte benommen.

»Erst gestern hörte ich, dass Gracie gerettet wurde. Sie können sich nicht vorstellen –« Ihm brach die Stimme, und er verstummte.

Marina sah, wie er Grace anblickte, mit fast hungriger Miene und Tränen in den Augen, und vor lauter Mitleid über das, was er hatte erleiden müssen, floss ihr das Herz über. Andererseits hatte sie auch gelitten, und sie hatte hart gearbeitet und alles getan, damit es Gracie gutging. Das zählte doch auch etwas, oder nicht?

Mr Maguire streckte die Hand aus, um der Kleinen übers Haar zu streichen, doch sie wich zurück. Er zuckte zusammen und zwang sich zu lächeln. »Das kann ich ihr nicht verdenken. Ich sehe bestimmt übel aus.«

»Das wird schon, wenn sie sich erst mal an Sie gewöhnt hat«, sagte Mrs Sullivan und blickte mit unbehaglicher Miene von Marina zu Mr Maguire.

»Sie müssen ihr Zeit lassen, sich an den Gedanken zu gewöhnen«, sagte Marina.

»Ich fürchte, das geht nicht«, antwortete Mr Andrews.

»Ich reise heute noch ab«, erklärte Mr Maguire.

An diesem Morgen war ein Schiff im Hafen eingelaufen, das die Briten heimbringen sollte.

»Sie können sie mir nicht wegnehmen«, sagte Marina. »Noch nicht.«

Grace brach in Tränen aus und schlang ihre Arme fest um Marina.

»Sie ist meine Tochter«, erwiderte Mr Maguire.

»Woher wissen Sie, dass er wirklich ihr Vater ist?«, brach es aus Marina heraus. »Kann er das beweisen?«

»Wir sind überzeugt, dass alles seine Richtigkeit hat«, antwortete Mr Andrews.

Mrs Sullivan legte Marina die Hand auf die Schulter. »Wollen Sie ihr nicht beim Packen helfen?«

»Aber es ist zu früh – zu plötzlich –, ich lasse nicht zu, dass Sie sie mir wegnehmen!«

Da sah Mr Maguire sie an, und obwohl seine Stimme sanft klang, war sein Blick stählern: »Sie haben ein Wunder bewirkt, als Sie meine Tochter retteten«, sagte er, »und ich werde Ihnen auf ewig dankbar sein für alles, was Sie getan haben. Aber sie ist meine Tochter. Mein Fleisch und Blut. Und sie gehört zu mir.«

Marina schaute ihn an und entdeckte in seinen dunklen Augen und der Form seiner Nase Ähnlichkeit mit Gracie.

»Dann komme ich mit«, antwortete sie. »Ganz gleich, wohin Sie fahren.«

»Ein sauberer Schnitt ist besser«, entgegnete Mr Maguire.

»Sie wissen doch gar nicht, wie man sich um sie kümmert«, warf Marina verzweifelt ein. »Sie kennt Sie doch gar nicht.«

»Wir werden uns kennenlernen«, erwiderte Mr Maguire.

Mrs Sullivan hatte Grace' Sachen zusammengesucht und zu einem Bündel geschnürt, das sie nun ansahen. »Jetzt ist es Zeit, sich zu verabschieden«, sagte sie und nahm Grace bei der Hand.

»Nein!«, schrie Grace. Sie klammerte sich fest an Marina. »Ich will nicht. Nein!«

Marina hielt Grace noch einen Moment fest, als könnte sie sich gegen das, was ihr bevorstand, wehren. Aber dann blickte sie auf, sah in Mr Maguires traurige dunkle Augen in seinem gezeichneten Gesicht und wusste, dass sie Grace gehen lassen musste.

»Gracie«, sagte Marina, »dein Daddy ist gekommen. Du weißt doch noch, wie wir manchmal darüber gesprochen haben? Tja, und jetzt ist er da und freut sich so sehr, dich wiederzuhaben.«

»Aber ich will bei dir bleiben«, schluchzte Grace.

»Er ist deine richtige Familie«, sagte Marina. »Es wird bestimmt schön, wieder mit deinem Daddy zusammen zu sein.«

»Zu Hause hast du Tanten, Onkel, Cousins und Cousinen und Großeltern, die sich alle sehr auf dich freuen.«

»Aber ich will die Löwen im Taronga Zoo sehen.«

»In Edinburgh gibt es auch Löwen«, sagte Mr Maguire. »Wir sehen sie uns zusammen an.«

Mrs Sullivan löste Grace aus Marinas Armen und gab sie Mr Maguire, der versuchte, sie in die Luft zu schwingen, sie aber kaum hochheben konnte. »Früher hab ich dich immer mein fliegendes Baby genannt«, sagte er. »Seitdem bist du ein bisschen gewachsen.« Grace schluchzte immer noch. Marina konnte die Vorstellung kaum ertragen, dass dieses kleine aufgelöste Mädchen mit Fremden gehen sollte, die nicht wussten, wie man sie tröstete, was sie mochte und was nicht, was sie gewohnt war, was ihr Freude und was ihr Angst machte. Sie war so klein und schutzlos.

»Ich werde schreiben«, sagte Mr Maguire, »und Ihnen mitteilen, wie sie sich macht.«

Marina nickte nur, weil sie kein Wort herausbrachte.

Sie setzten sich in Bewegung, und einen Augenblick lang konnte Marina sich nicht rühren. Aber dann fiel ihr die schreckliche Nacht in Hawthornden House ein, als sie zugelassen hatte, dass man ihr ohne Abschied ihr Baby wegnahm. Daher eilte sie ihnen nach und nahm Grace ein letztes Mal in die Arme. »Leb wohl, mein Schatz«, sagte sie. »Sei ein braves Mädchen und mache deinem Daddy Freude.«

Zum letzten Mal hielt sie diesen kleinen vertrauten Körper im Arm, den sie dreieinhalb Jahre geliebt und umsorgt hatte, diese quicklebendige, süße Gestalt, spürte, wie ihre Brust sich hob und ihr Herz schlug, und dann ließ sie sie los. Grace ging fort, an der Hand ihres Vaters, an den sie sich nicht erinnern konnte, und viel zu schnell war sie verschwunden.

In dieser Nacht saß Marina mit Mrs Sullivan in der Hütte.

»Es ist schwer«, bemerkte Mrs Sullivan leise. »Aber es ist richtig, dass sie zu ihrer Familie geht.« Sie schwieg kurz. »Mr Maguire hat eine schreckliche Zeit hinter sich. Er war bei der Bahngesellschaft von Burma. Stellen Sie sich vor: Wenn man denkt, alle Lieben wären tot, und plötzlich erfährt man, dass einer noch lebt. Das ist doch wie ein Wunder.«

Marina antwortete nicht.

»Er schreibt Ihnen ganz sicher. Und Sie können ihr schreiben.«

»Sie wird mich vergessen«, sagte Marina. »Sie wird alles vergessen.«

»Und ist das nicht gut so?«, fragte Mrs Sullivan. »Wir haben unser Bestes gegeben, aber es ist trotzdem ein schrecklicher Ort. Sie kann von Glück sagen, wenn sie es vergisst.«

Eine Weile lang schwiegen sie beide.

»Was für eine Verschwendung«, sagte Marina. »Was für eine furchtbare Verschwendung. Jahre unseres Lebens einfach weg, für nichts.«

»Ja«, erwiderte Mrs Sullivan. »Aber wir haben noch Glück. Zumindest haben wir überlebt.« Sie zögerte. »Sie sind noch jung. Sie haben noch viel Zeit. Vielleicht werden Sie eines Tages selbst Kinder bekommen.«

Doch sie wären nicht Grace.

Marinas Schiff nach Australien kam. Sie vermisste Grace schmerzlich, aber trotz ihres Elends verspürte sie Erleichterung, dass sie endlich, nach all diesen Jahren, Umwegen und Katastrophen, nach Hause kommen würde. Von dem Moment an, da sie 1938 ihren Fuß auf das erste Schiff gesetzt hatte, hatte sie sich durchkämpfen müssen und die ganze Zeit das Gefühl gehabt, das Schicksal stelle sich gegen sie. Auf Schritt und Tritt hatten Pech und falsche Entscheidungen sie begleitet. Selbst Entscheidungen, die damals vernünftig erschienen – wie zum Beispiel nach Shanghai zu gehen –, hatten sich am Ende als schlecht herausgestellt. Nur eines gab es, das unzweifelhaft gut war: dass sie Grace gerettet hatte. Doch dieser Kampf war beendet, ihre Aufgabe erfüllt, und sie war müde, so müde. Sie sehnte sich danach, in die Arme ihrer Mutter zu stürzen und sich vor der Welt zu verstecken.

Am Morgen vor der Abreise war ein Telegramm gekommen. Es lautete: *Wunderbarste aller Neuigkeiten. Sehen uns im Hafen. Mutter.*

Während sie südwärts fuhren, spielte Marina wieder Klavier. Es gab einen Flügel auf dem Schiff, und Marina spielte, wann immer sie darum gebeten wurde, Songs zum Tanzen, Träumen und Erinnern. Manchmal schlich sie sich in den frühen Morgenstunden in den leeren Speisesaal und spielte nur für sich selbst. Durch ihre Erinnerungen spielte sie sich einen Weg heim, bis sie fast die kühle Berührung der Tasten und den sanften Schlag der Filzhammer spürte, die Brise, die durch das offene Fenster wehte; bis sie die Holzmaserung ihres Pianos vor sich sah, den goldenen Schriftzug auf dem Deckel, schwarze Noten auf liniertem weißen Papier, eine ihrer Lieblingssonaten von Chopin. Sie sah sich wieder im Haus ihrer Mutter, und durch das Fenster konnte sie den Kakadu auf dem Baum in ihrem Garten krächzen hören. In ihrer Vorstellung war es der Abschluss eines endlos langen Sommers, immer noch sonnig, wolkenlos und warm, aber nicht mehr heiß, und die Morgenluft war einfach köstlich, während ihre Hände über die Tastatur glitten und sie in dem Glück schwelgte, wieder daheim zu sein – doch ihr Zuhause waren nicht nur dieses Piano, diese Wände, dieser Baum. Es war die Musik selbst, Chopin, die ihr so stark und wahr wie ein Wunsch entströmte, und kaum hatte sie die eine Sonate zu Ende gespielt, begann sie die nächste, und dann spielte sie immer weiter. Ihre Hände und ihr Geist waren eins, alles kam im Strom der Musik zusammen, als wären ihre Hände und ihr Herz wieder im Einklang und als wäre die riesige Auswahl an Musik, die sie einst gelernt hatte, wieder die Sprache ihres Herzens geworden. Wenn sie sie sprach, wenn sie sie spielte, wusste sie wieder, wer sie war und was sie sein musste. Sie war dies hier, und dies war sie, die Hände auf dem Klavier und die Töne, die sie erschuf.

Sie entdeckte, dass die Musik mehr als Worte darüber sagte, wie es war, jemanden zu lieben und ihn zu verlieren. Zwar ließ die Musik den Schmerz nicht verschwinden, aber durch sie konnte manches, was ihr das Herz schwermachte, aus ihr herausströmen und sich in Luft auflösen, so dass ihr danach etwas leichter zumute war. Und sie wusste, wenn sie morgen und übermorgen und immer wieder spielte, dann würde irgendwann ein Tag kommen, da alle Traurigkeit verschwunden wäre und die Welt ihr wieder strahlender vorkäme.

Es war Zeit, heimzukehren und wieder zu sich zu kommen, sich ein Leben aufzubauen und zu überlegen, was sie tun wollte. Vielleicht würde sie Klavier spielen, vielleicht auch unterrichten. Das wusste sie noch nicht. Der Gedanke an Stead kam ihr zwar, doch sie wusste, es war sinnlos, auf ihn zu hoffen. Selbst wenn er den Krieg überlebt hatte, wie sollte sie ihn jetzt, in all diesem Chaos, finden? Er war für immer fort. Sie hatte ihn verloren. So etwas passierte im Krieg. Man musste einfach das Beste daraus machen und sein Leben leben.

Vielleicht hatte Mrs Sullivan auch recht – vielleicht würde sie einen netten Mann kennenlernen, heiraten und Kinder bekommen. Das kam ihr unwahrscheinlich vor, aber es war schon Seltsameres passiert.

Von Singapur nach Sydney, 1945

Stead verließ Shanghai und heuerte auf einem Schiff an, das über Hongkong nach Singapur fuhr. In Singapur fand er ein Schiff, das schon am nächsten Tag nach Sydney auslaufen sollte. Es war ein alter Luxusliner, der im Krieg als Truppentransportschiff gedient hatte und nun ziemlich mitgenommen war: die schicken Luxuskabinen verwohnt und zerschrammt, die Tanzsäle ausgeschlachtet, die Heerscharen an Zimmermädchen, Kellnern, Hausdienern, Masseuren und Friseuren ersetzt durch rückkehrende Soldaten und Flüchtlinge, die zu Hunderten an Bord gepfercht wurden, manche mit Bergen von Koffern, die meisten aber ohne jedes Gepäck und versehen mit vom Roten Kreuz gespendeten Kleidern in Einheitsgrößen. Stead heuerte an und machte sich an die Arbeit.

Er glitt zurück in den schleppenden Rhythmus langer Arbeitstage, fuhr immer noch bei jedem plötzlichen Geräusch, bei jeder abrupten Bewegung des Schiffs auf, doch selbst seine Angst schien gedämpft. War das Wissen um das Ende des Krieges endlich in sein Bewusstsein gesickert? Oder war ihm mittlerweile alles gleichgültig?

Wenn er nicht arbeitete, schlief er oder versuchte es zumindest. Eine schreckliche Müdigkeit hatte ihn überkommen, als forderte sein Körper den jahrelang vorenthaltenen Schlaf jetzt ein. Manchmal lag er wach und stellte sich das Gespräch mit Marinas Mutter vor. Was würde er ihr sagen? Wie viel würde er ihr erzählen? Natürlich durften die Schwangerschaft und das Kind nicht erwähnt werden. Dieses Versprechen hatte Bea ihm abgenommen, und sie selbst hatte einiges dafür getan, es vor der Mutter zu verbergen. Aber wie waren dann Marinas abrupter Wechsel ihrer Pläne und ihre Flucht nach Shanghai zu erklären? Wie sollte er Harry West erklären? Marinas Mutter wäre entsetzt, wenn sie auch nur die Hälfte von dem erführe, was Stead wusste. Aber wie in aller Welt sollte er sonst erklären, wie Marina auf der *Princess Greta* gelandet war?

Immer weiter fuhren sie nach Süden, und je näher sie ihrem Ziel kamen, desto mehr wurde Stead von einer merkwürdigen Rastlosigkeit ergriffen – vielleicht fiel ihm an Bord die Decke auf den Kopf, obwohl er all die Jahre als Seemann keine Probleme damit gehabt hatte. Er merkte, dass er unbedingt an Land wollte, wo er auf Straßen gehen, Bäume sehen und endlich Frieden finden konnte. Er merkte, dass er sich nach dem milden Klima von Sydney sehnte, wo es weder zu heiß noch zu kalt war, nach dem blauen Himmel, dem strahlenden Licht, den Klippen aus weichem, von Rinnsalen durchzogenem Sandstein, aus dem Farne und Feigenbäume in die Höhe wuchsen, als wäre der Fels unendlich fruchtbar. Wann immer Stead dienstfrei hatte, trieb ihn die Rastlosigkeit aus seiner Koje hinauf an Deck, wo er den Horizont betrachtete oder die Decks abging, eines nach dem anderen, hinauf, hinunter und wieder hinauf. Auf die Menschen um ihn herum achtete er kaum, er hatte auch kein Bedürfnis, Bekanntschaften zu machen, sich zu unterhalten oder am Bordleben teilzunehmen. Wenn ihn jemand ansprach, antwortete er so knapp wie möglich oder ging einfach weiter, als hätte er nichts gehört. Er wusste, er würde schon bald darüber nachdenken müssen, was als Nächstes zu tun war. Aber die Zukunft blieb ein unbeschriebenes Blatt.

Eines Morgens kam er von der Arbeit und merkte, dass er trotz der langen Nacht nicht schlafen konnte. In seinem Kopf schienen die Gedanken endlos Karussell zu fahren, und um sie zum Stillstand zu bringen, setzte er selbst sich in Bewegung. Es war früh, und die meisten Passagiere schliefen noch. Nur eine leichte Brise ging, die See war ruhig. Das Deck hatte er größtenteils für sich allein. Er begann, Richtung Bug zu wandern, bis ihm irgendwann ein leiser, kaum wahrnehmbarer Klang in sein Bewusstsein drang. Er blieb stehen und versuchte auszumachen, was es war und woher es kam. Dann merkte er, dass er in der Nähe eines ehemaligen Tanzsaals stand und Musik von dort ertönte. Ein seltsames Gefühl überkam ihn, als hätte seine Haut plötzlich ein Eigenleben bekommen, und sein Herz fing an zu hämmern. Erinnerungen kamen auf, zupften und schubsten an seinem Gehirn, damit es seinem Körper folgte, der in jähem Erkennen erwacht war. Ein Klavier, leicht verstimmt, auf dem etwas Zartes, Geheimnisvolles und Fremdartiges gespielt wurde. Er kannte diese Musik.

Wie von selbst bewegte er sich auf die Tür des Tanzsaals zu. Seine Hand langte nach dem Griff. Und dann war die Tür offen.

Der einst so elegante Tanzsaal war nun mit langen Tischen und Bänken zugestellt und wirkte düster und trist. Stead überflog den Raum und bemerkte zum ersten Mal das Piano, das an der hinteren Wand stand. Eine dunkelhaarige, hagere Frau mit gelblichem Gesicht saß am Klavier und bewegte ihre Finger sanft über die Tasten. Lange Zeit stand Stead nur da und lauschte. Jede Note weckte einen Widerhall in seiner Erinnerung. Es war das Stück, das Marina vor all den Jahren gespielt hatte, das Stück, das eine geheime Botschaft nur für ihn zu enthalten schien.

Vielleicht bewegte er sich, vielleicht hörte sie ihn atmen, jedenfalls hörte sie plötzlich auf zu spielen und drehte sich nach dem Eindringling um.

»Verzeihung«, sagte er, »ich wollte Sie nicht erschrecken.«

»Habe ich Sie gestört?«, fragte sie.

»Nein«, sagte er. Aber sie – ihre Musik – hatte ihn doch gestört – verstört. »Ich – äh – meinte, die Musik zu erkennen.«

»Es ist Chopin«, erklärte sie.

Das sagte ihm nichts.

»Ist es in Ordnung, wenn ich hier spiele?«, fragte sie. »Ich habe nie um Erlaubnis gebeten, aber ich dachte, wenn es niemanden stört …«

»Das hab ich nicht zu entscheiden«, erklärte er. Dann sagte er: »Sie sind Australierin.«

»Verwenden Sie es nicht gegen mich«, entgegnete sie lächelnd.

»Das würde ich nie tun«, erwiderte er.

Eine Weile sahen sie sich nur schweigend an. Und dann überkam Stead ein seltsames, unheimliches Prickeln. Als seine Augen sich an das dämmrige Licht im Saal gewöhnt hatten, betrachtete er sie, sah die dunklen Haare, das verhärmte Gesicht, die tiefliegenden Augen, das schlechtsitzende Kleid und erkannte sie nicht. Doch das Echo ihrer Musik hing immer noch in der Luft, und vor seinem inneren Auge war sie plötzlich nicht mehr irgendein magerer, ausgehungerter Flüchtling. Er erkannte sie.

»Marina«, sagte er.

Einen Augenblick lang blickte sie ihn verwirrt an, dann veränderte sich ihr Gesichtsausdruck, und er sah, dass sie ihn ebenfalls erkannte. »Stead? Bist du das?«

»Ich habe nach dir gesucht«, sagte er.

Und für einen einzigen Atemzug schwankte er am Rand eines Abgrundes: vor der Möglichkeit, dass dieses lang ersehnte, für ihn unendlich wichtige Wiedersehen ihr nur wenig oder gar nichts bedeutete. Doch einen Moment später erstrahlte ihr Gesicht, und sie stieß ein Lachen aus, das wie ein Schrei reinsten Entzückens klang. Sie taumelten quer durch den Saal aufeinander zu, schoben Tische zur Seite, kippten eine Bank um, bis Stead Marina in die Arme nahm und so fest umschlang, dass sie nie wieder verlorengehen konnte.

Epilog: Sydney, 1946

Nach seiner Arbeit stieg Stead aus der Bahn und ging zu Fuß weiter nach Hause. Obwohl er diesen Weg jeden Tag ging, hatte er immer noch etwas Magisches, denn er war ihn in seiner Erinnerung so oft gegangen: durch die leuchtend blaue Abendluft, das Meer im Rücken und vor ihm das Haus an der Ecke, wo er vielleicht, wie an jenem ersten Abend, den Lockruf ihrer Musik hören würde, die ihm entgegenwehte.

Heute jedoch blieb es still, und als er durchs Frontfenster blickte, war sie nicht da, obwohl sich Noten auf dem Klavier und ihrem Hocker stapelten. Er öffnete die Tür, trat ein und hängte seinen Hut auf. Er hörte, wie Marinas Mutter in der Küche das Abendessen zubereitete. Er steckte den Kopf durch die Tür, weil er hoffte, auch Marina zu sehen, aber dort war sie nicht. Marinas Mutter lächelte ihm zu.

»Einen schönen Tag gehabt?«, fragte sie.

»Ja, sehr«, antwortete er.

Dann ging er weiter, zurück in den Flur und die Treppe hinauf zu dem Zimmer, das er sich mit seiner Frau teilte. Irgendwo in der Ferne wurde ein Konzert im Radio gespielt, und er hielt auf der Türschwelle inne, um sie anzusehen, schließlich war ihr Anblick nach wie vor ein freudiger Schock – er konnte sein Glück kaum fassen.

Und da war Marina, mit ihrem meerblauen Kleid, das sich um ihre wunderschönen Kurven schmiegte, und ihren welligen kastanienbraunen Haaren, die ihr über die Schultern fielen. Sie stand am Fenster und schaute mit dem stolzen, stetigen Blick einer Galionsfigur hinaus über die Gärten, die Hühnerhäuser, die Wäscheleinen und die Bäume, hinaus zum Glitzern des Hafens in der Ferne und den Schiffen, die dort vorbeifuhren.

»Marina«, sagte er.

Und sie drehte sich zu ihm um und lächelte.